人类命运：制度治理

从国家的诞生到全球国家制度治理的演化

王 晶 著

国家行政学院出版社
NATIONAL ACADEMY OF GOVERNANCE PRESS
·北京·

图书在版编目（CIP）数据

人类命运：制度治理 / 王晶著 . -- 北京：国家行政学院出版社 , 2024.7（2025.5 重印）

ISBN 978-7-5150-2886-6

Ⅰ . ①人… Ⅱ . ①王… Ⅲ . ①国际关系—研究 Ⅳ . ① D81

中国国家版本馆 CIP 数据核字（2024）第 076750 号

书　　名	人类命运：制度治理 RENLEI MINGYUN：ZHIDU ZHILI
作　　者	王　晶 著
责任编辑	王　莹　王　朔
责任校对	许海利
责任印刷	吴　霞
出版发行	国家行政学院出版社 （北京市海淀区长春桥路 6 号　100089）
综 合 办	（010）68928887
发 行 部	（010）68928866
经　　销	新华书店
印　　刷	北京盛通印刷股份有限公司
版　　次	2024 年 7 月北京第 1 版
印　　次	2025 年 5 月北京第 3 次印刷
开　　本	170 毫米 ×230 毫米　16 开
印　　张	20.5
字　　数	200 千字
定　　价	98.00 元

本书如有印装问题，可联系调换，联系电话：（010）68929022

前 言
Preface

从一定意义上看，人类文明发展史正是由一次次气势宏大却又精巧入微的治理革命串联而成的治理史。2000多年前的哲人亚里士多德富有洞见性地提出"人是天生的政治动物"，这个著名命题既表达了人类对政治的天然兴趣，也强调了治理在人类社会中的重要性和影响力。

人类社会从采集、狩猎文明的氏族部落，到农耕文明的封建城邦，再到工业文明的现代国家治理，以及现代多元主体的全球化治理，乃至终极走向人类命运共同体的未来治理模式，无一不是人类对命运出路的探索和实践。现今，人类站在通往数字文明的十字路口，毋庸置疑依然要凭借新一轮治理革命带领人类走向光明未来。治理创新与人类命运又一次紧紧相互锁扣，期待着人类智慧、勇气与创造力的澎湃迸发。

制度是社会的基本构成要素，制度属性与国家治理的变迁和成长，在很大程度上决定了社会发展的方向、速度和质量，制度治理是现代国家治理的重要基石。制度之于国家治理的价值和作用就在于，通过制度能够为国家治理提供一定的价值规范和具体的行为操作模式，影响和制约国家的治理道路和治理方式，从而能够保证国家治理本身所蕴含的公平、法治和正义等道德和价值内涵，因此制度优势是一个国家的最大优势，制度竞争是国家间最根本的竞争。

当今世界，全球范围内"东升西降"的趋势愈加明显，但世界治理秩序仍由西方国家主导。因此，本书首先探寻西方道路、制度建立的源头及文化基因，以此来洞察、分析和判断当今全球治理秩序、全球政经格局及全球性问题的本质，探析人类文明进步的本因及人类命运的终极目标。

本书的着眼点追溯至数千年前：近代西方文明是从欧洲"黑暗中世纪"的土壤中成长起来的，这一段影响深远的历史，恰好处于欧洲奴隶社会向封建社会转型的关键时刻。古罗马文明极盛而衰催生封建萌芽，日耳曼氏族社会跨越奴隶文明直接进入封建社会，这两条制度基因在基督教文化黏合下，孕育出西欧封建制度的独特发展轨迹。在这段神权统治下的千年历史中，法国、英国、德国各自形成具有自身特色的封建制度。当神权压迫王权、压迫人民、压迫思想到极点时，反思的潮流与反抗的力量悄然兴起，从中世纪的腐朽中生长起来的人文主义和理性主义之花结出了文艺复兴的果实，并催生了资本主义萌芽。

如果说中世纪是探究西方政治制度史的开篇，那么资本主义时代则奠定了西方国家治理与迄今为止人类文明秩序的框架。在封建社会转向资本主义社会的关键时刻，宗教思想深度融入制度设计之中，新教伦理浸润了资本主义制度的方方面面，在此基础上，葡萄牙、荷兰、法国、英国等国家像接力赛一般，一棒又一棒承担起制度创新的使命，也由此获得了大国崛起的资格与实力。欧洲文明整体性崛起是当时资本主义制度较之封建制度更加先进的必然结果，这也就解释了美国这个封建包袱最轻、资本主义制度最彻底的国家为什么能够成为主导世界的超级大国。但历史的轮回依旧，美国虽然代表了资本主义制度发展的新的高峰，但其天生的弊端、积累的沉疴、停滞的改革，逐渐熄灭了其制度活力，也必然导致面对数字文明时代，资本主义国家治理面临巨大困境与挑战。资本主义主导的全球化曾经呈现蓬勃景象，如今全球化不但没有前进，反而使全球治理陷入举步维艰的困局。

将历史的画卷从西方转向东方，中华文明曾屹立于世界文明顶峰数千年，在大部分时间创造了和平稳定、繁荣富足的发展，但却经历了由兴至衰的历史阴影。同样是在奴隶社会到封建社会的转型时刻，中华文明"和合"的文化基因，铸就了大一统国家的鲜明底色，也正是在这一底层逻辑下，衍生出紧紧围绕皇权的政府组织、军事、人才、赋税、地方管理等一系列先进制度和治理体系，有力保证了封建王朝的稳定与繁荣。但当时间来到封建时代后期，长期的闭关锁国让东方大国无法知晓世界日新月异的变化，在封建制度上的登峰造极，也就意味着面对科技革命、工业革命时故步自封的僵化与固执。当中华文明距离新兴的文明世界渐行渐远，制度从先进到落后必将扼杀进步活力，也让中国不可避免地落入近百年的苦难和屈辱历史。

中国历史上也曾经历过农民起义、从选择学习西方先进技术"师夷长技以制夷"到"戊戌变法"、从学习西方君主立宪政体再到"辛亥革命"的资产阶级革命，试图寻找中国的出路，但一次又一次的努力最终都以失败而告终。

自从中国人民接受马克思主义，在中华民族危亡之际诞生的中国共产党，担当起各个历史阶段的伟大使命。从开天辟地夺取政权到建立人民当家作主的国家，不断创新国家治理，从不忘初心自觉担负民族复兴使命到面向未来、创造人类文明新形态的执着追求，中国共产党自建党之日起就始终坚持以马克思主义为指导，坚信共产主义的远大理想，坚守为中国人民谋幸福、为中华民族谋复兴的初心与使命，以人类最纯洁最崇高最伟大的无私精神，在不断自我反思、自我革命、自我纠偏的发展过程中，持续解放思想、不断开拓创新。

时至今日，我们已经清楚地看到，中国共产党不仅彻底改变了中国积贫积弱的面貌，还让中华民族彻底从沉沦中奋起，迎来伟大复兴的光明前景，也在深层改变着世界和人类未来发展的趋势和格局。

中国共产党领导下的中国国家治理道路与制度创新驰而不息、从未停步，建立并不断完善符合中国实际的根本政治制度、基本政治制度与基本经济制度。国家治理探索之路崎岖艰难，中国经历了全能型国家治理、经济导向型国家治理、进入新时代坚持人民至上的现代国家治理的多次转变，既完成了各个历史时期的使命任务，又不断积累治国理政的丰富经验。

习近平总书记指出，治理国家和社会，今天遇到的很多事情都可以在历史上找到影子，历史上发生过的很多事情也都可以作为今天的镜鉴。当前中国国家治理体系是在中国共产党领导下，经过革命、建设、改革长期形成的，是深深地植根于中国历史土壤中的。在国家治理现代化进程中，通过推动中华优秀传统文化的创造性转化和创新性发展，使中华民族最基本的文化基因与现代社会发展相融合，经过中国共产党的转化与创新，为国家治理现代化培育了文化之根，为当代中国国家治理与全球治理提供了经验与启示。

面向新时代，习近平总书记以马克思主义政治家、思想家、战略家的非凡理论勇气、卓越政治智慧、宏大战略思维，以新发展理念为引领，提出了一系列治国理政的新理念新思想新战略，为迈向中国式现代化的创新治理提供了科学遵循与明确方向，为开创既发展自身又造福世界的人类文明新形态作出"中国样板"。

《人类命运：制度治理》共5章，力图通过系统梳理东西方制度的缘起与变迁，呈现人类社会不同国家、不同阶段的道路与制度选择，阐析国家制度治理革命的变迁与国家兴衰密不可分的关系，深度剖析人类历史的经验与教训。

第一章从西方文明与社会制度的源起出发，溯源那段文明黑暗时代的独特历史，回到前资本主义时期社会制度建立的历史现场，寻根西方文明的精神核心与制度基因。

第二章探究资本主义时代西方各国兴衰史及背后的根因，既因制度而起也因制度而落。阐述美国成为超级大国并主导全球化的进程，从而引发在百年大变局背景下对资本主义国家及人类未来全球治理的深度思考。

第三章将视野转向东方的中国，以历史的眼光审视这样一个拥有悠久历史和灿烂文化的东方大国，如何因制度的衰败一步步由兴盛走向衰落。

第四章深刻阐释中国共产党登上历史舞台，不仅改变了中国社会的发展方向和进程，创造了"地球上最大的政治奇迹"，未来还将肩负民族的向往、国家的追求、世界人民的期盼继续创造更大的人类奇迹。

第五章精细描绘在中国道路和中国制度的引领下，"中国之治"将从传统的"术治"到"法治"到"德法共治"，以中国式现代化创造人类文明新形态，最终迈向未来数字时代的全新治理。

本书关注在人类文明转型的关键时刻的精准剖析，在历史的横切面中探究治理起到的关键作用，最终聚焦人类命运与未来治理。

当今世界，技术变革日新月异，新知识、新理论、新方法层出不穷。尽管如此，面向未来的国家治理乃至全球治理，始终离不开"道法术器"的相融相济。在中国传统文化中，"道以明向，法以立本，术以立策，器以成事"。其中，"道"是灵魂，是方向；"法"是目标，是边界；"术"是方法，是行为；"器"是工具，是利器。

治理的道理其实不复杂，但是治理的智慧却无穷无尽。过去，人类曾以"术"和"器"征服世界。随着物质水平的不断提高，人类的灵魂世界却在持续倒退，对物欲的无限追求、对名利的你争我夺、"关键少数"人内心小我肆意膨胀，没有给人类带来光明，反而将人类引入毁灭之路。面向未来只有依道而行，才能帮助人们找到人类命运和未来治理的真正出路。

面向数字文明的大变革时代，无论国力大小、身处何方，哪个国家能在治理变革中抢先一步，哪个国家的治理之道更能代表先进生产力的发展方向，这个国家就能率先实现国家崛起，并引领人类文明走向未来，这是历史告诉我们的宝贵经验。同样在大变革时代，哪个国家对自身国家治理盲目自满、故步自封，放弃大刀阔斧开展治理变革的创新智慧与实干勇气，这个国家就一定会迅速落后于世界发展，这是历史告诉我们的深刻教训。

面向未来，数字文明的蓝图正在徐徐展开，传统工业文明中碎片化、层级化、阶段化、局部化的治理短板及论事不论制、信息不对称、头痛治头脚痛治脚等治理困局，都将随着数字文明发展更加凸显。但时代潮流浩浩荡荡，不会因为制度阻碍而有半分停滞，从"人治"、"法制"到"依法治国"再到"德法共治"，最终走向数字时代的无为而治终将成为现实，数字时代人类命运共同体不再是奢望，新一轮国家治理体系和治理能力现代化的治理革命必将愈演愈烈。

知所从来，思所将往，方明所去。回顾东西方国家制度与兴衰的历史，对人类未来的思考如潮水般袭来，召唤着我以前所未有的深度去思考人类自身，思考主体与客体、生命与道德、生存与死亡、超越性与局限性，去探索人类走向光明的真理之道。

目 录
Contents

第一章　黑暗中世纪　　　　　　　　　　　　　　1

　第一节　西欧封建制度的起源　　　　　　　　　3
　　一、"罗马衰退"孕育新的封建关系　　　　　4
　　二、日耳曼氏族制度瓦解，酝酿向阶级社会过渡　　6

　第二节　基督教的兴衰　　　　　　　　　　　　9
　　一、孕育与初生：早期的基督教　　　　　　　9
　　二、东西分立：王权之上的教权　　　　　　　11
　　三、斗争与衰落：基督教走下世俗神坛　　　　14

　第三节　西欧封建制度的依据与缺陷　　　　　　16
　　一、法兰西封建制度之流变　　　　　　　　　17
　　二、德意志封建制度之流变　　　　　　　　　24
　　三、英吉利封建制度之流变　　　　　　　　　28
　　四、西欧封建制度之弊端　　　　　　　　　　32

　第四节　人类文明的曙光　　　　　　　　　　　37
　　一、文艺复兴运动与新时代的曙光　　　　　　38
　　二、文艺复兴运动对欧洲及世界文明的影响　　41

第二章　资本主义时代　　47

第一节　基于新教伦理的资本主义制度设计　　49
　　一、从宗教改革到资产阶级革命　　49
　　二、基督教传统与资本主义制度设计　　51
　　三、新教伦理与资本主义制度构建　　55

第二节　大国崛起的道路轨迹和时代背景　　59
　　一、欧洲大国崛起的时代背景　　59
　　二、欧洲大国崛起的道路轨迹　　63
　　三、欧洲文明崛起的制度因素　　78

第三节　美国主导的世界秩序　　83
　　一、美国国家制度的确立　　83
　　二、超级大国的诞生　　87
　　三、美国主导的世界走向　　94

第四节　未来治理挑战　　97
　　一、资本主义国家治理挑战　　98
　　二、资本主义主导的全球治理　　109

第三章　由兴至衰的民族历史阴影　　119

第一节　分裂到统一的历史循环　　121
　　一、"和"与"合"：中华文明的文化基因　　121
　　二、秦与汉：从分裂走向统一的恢宏剧目　　124
　　三、秦、汉统一的历史启示　　129

第二节　国家治理的千年探索：基于历史的考察　　132
　　一、从统一再到统一：汉王朝的治乱经验　　133
　　二、贤君明主与制度导向：唐王朝一统天下的密码　　135

三、国家统治的四重基因　　141

第三节　闭关锁国的古老帝国　　151
　　一、闭关锁国的历史进程　　151
　　二、闭关锁国的文化与制度因素　　157

第四节　由盛至衰的封建王朝　　163
　　一、末日余晖：封建王朝最后的"盛世"　　164
　　二、由盛转衰之因：国家治理的制度瓶颈　　166
　　三、丧钟为谁而鸣？清王朝覆灭的历史进程　　169

第四章　开天辟地之大事变：先进政党的诞生　　177

第一节　开天辟地　　179
　　一、近代中国寻求变革之路　　180
　　二、马克思主义的传播与中国共产党的创立　　184
　　三、中国革命的伟大胜利　　189

第二节　勇于变革　　193
　　一、执政党的责任与担当　　194
　　二、新时代中国共产党的长期执政　　197
　　三、中国共产党的自我革命与社会革命　　205

第三节　不忘初心　　211
　　一、中国共产党作为使命型政党的鲜明特质　　211
　　二、西方"竞争型政党"与中国"使命型政党"的比较　　214

第四节　开创未来　　217
　　一、坚持胸怀天下的中华优秀传统文化　　218
　　二、马克思主义与中华优秀传统文化内在逻辑契合　　221

三、马克思主义中国化时代化的不断探索　　223
　　四、中西方文化的碰撞交融　　227
　　五、走向人类的未来　　232

第五章　中国式现代化的治理创新　　237

第一节　现代国家治理制度的创新与发展　　239
　　一、人民代表大会制度——根本政治制度　　240
　　二、中国的政党制度——基本政治制度　　244
　　三、社会主义基本经济制度　　248

第二节　中国国家治理的探索变革历程　　258
　　一、计划经济时期国家管控　　258
　　二、改革开放时期国家管理　　263
　　三、新时代人民至上引领现代国家治理　　267

第三节　新时代国家治理的战略方向　　276
　　一、中国式现代化开辟现代化新路径　　277
　　二、中国式现代化提升人类文明新境界　　283

第四节　数字治理与人类命运　　293
　　一、面向数字时代的国家治理　　294
　　二、走向人类命运共同体的国家治理　　303

后　记　　312

第一章　黑暗中世纪

文明作为一个命题，既古老，又新鲜。之所以说其古老，是因为其所关注的对象——"人类文明"，历史比任何专门领域的人类历史都要更长。之所以说其新鲜，是因为把握该问题所用的观念，以及关于未来文明发展的研究与争论，都还很新。

西方文明曾在近现代数百年的时间里取得了辉煌成就，也为全世界带来前所未有高度发达的物质繁荣，但诸多曾经不可一世的西方强国却在辉煌过后纷纷从神坛坠落。要探寻这一问题的根源，还须从西方文明的起源着手。

现代西方文明与社会制度缘起于欧洲的黑暗中世纪，这是一段笼罩在基督教神学统治下民生凋敝、思想禁锢、社会活力枯竭的历史。但也正是这段长达千年的"黑暗"历史，激发了人们对"光明"时代的向往，使得腐朽黑暗的废墟中诞生了人文主义和理性主义之花，催生了资本主义萌芽。中世纪的千年历史既包含着人类社会治理的前车之鉴，也蕴含着有助于未来治理发展的丰富智慧。探究未来治理之法，还须纵观西方文明的制度流变，从中世纪充满"信仰、幻想与幼稚偏见"的时代中寻源究底。

第一节　西欧封建制度的起源

自5世纪西罗马帝国灭亡之后，随着一系列日耳曼国家的相继崛起，西欧开始步入了封建时代。这个时候的西欧经济上以封建庄园制为主，政治上则长期处于王权羸弱、分裂割据的状态，西欧的封建社会制度正是在这样的特定历史条件下，由两个不同的社会历史过程交叉融合而产生的综合结果。一方面，西罗马帝国的奴隶制解体孕育着新的封建关系的萌芽；另一方面，日耳曼人所固有的原始社会组织开始瓦解，酝酿着向阶级社会过渡。于是，从西罗马帝国内部新生的封建的因素和日耳曼人社会内部仍然存在的氏族因素通过民族大迁徙这样的历史过程，发生了直接碰撞而逐渐融合，西欧的封建制度由此诞生了。

一、"罗马衰退"孕育新的封建关系

西欧封建制度,从一定程度上可以说是在西罗马奴隶制度的废墟上建立的。西罗马帝国在日渐衰落的时期,欧洲内外有着范围非常广泛的民族迁徙。在西方历史研究中,往往将这400年称作"民族大迁徙时期",是指在4世纪至7世纪,在欧洲发生的一连串民族迁徙活动。而在古罗马和希腊人眼中,凡是莱茵河、多瑙河以外的异族部落都是"蛮族"。因此,这一连串的民族迁徙活动又被称为"蛮族入侵"。

蛮族入侵直接吹响了西罗马帝国覆灭的号角。曾经的西罗马帝国以强权武力征战四方、开疆拓土,在政治、经济、文化等方面都创造了人类文明的繁荣景象。然而,看似强大的帝国其实自诞生之初根基就不稳固。从经济上来说,榨取奴隶和隶农的劳动是社会主要经济来源,奴隶主无意开展生产技术革新,奴隶制经济的生产力进步缓慢,在劳动力缺乏和通货膨胀的影响下,经济停滞倾向在帝国后期越发明显,奴隶制下的财富分配极端不公平,阶级矛盾非常突出;从政治上来说,西罗马帝国虽然有集权统治,却虚弱又不稳定,利益集团间的权力斗争异常激烈,缺乏强大的中央权力机构和稳定的权力转交制度;从文化上来说,西罗马帝国并没有完全继承和发展希腊古典文化,也没有形成自身成熟牢固的文化系统,东部希腊文明区与西部拉丁文明区之间始终存在文化上的较大差异。所以,当面对外来蛮族入侵时,曾经威震三大洲的西罗马帝国却无力阻止，于是野蛮战胜文明、落后战胜先进，国家分裂、经济衰败、战火纷飞的岁月成了西罗马帝国的葬礼，蛮族的进军号角奏响了帝国的哀乐。以日耳曼人、斯拉夫人、匈人为首的外来民族进入罗马帝国领地，带来持续的战争。由于西罗马帝国的经济社会基础并不稳固、政治架构并不充实，在外来民族持续入侵的冲击下，看似版图辽阔，实则虚空、脆弱的政权很快崩塌，最终导致了西罗马帝国的灭亡。

西罗马帝国的灭亡，标志着奴隶制度在西欧的崩溃。但必须强调，这一帝国能够在幅员辽阔的土地上，将多民族集中在单一的政府之下，并带来长期的和平与秩序，这些成就本身就是治理的大胜利，实现帝国治理的罗马法是古典文明对中古社会和近代社会的政治文化遗产之一。西罗马帝国灭亡之后，随着一系列日耳曼国家的相继崛起，西欧开始步入封建时代。5世纪，蛮族王国开始在欧洲大陆"遍地开花"，其影响甚至扩散到了隔海相望的大不列颠岛。然而，蛮族的大迁徙对于当时的整个地中海来说，无疑是一场灾难性的"倒退"。罗马自罗慕洛建城始，从一个城市一步一步逐渐发展为帝国中心，再到延伸为一种文明或者文化的代名词，这一过程花费了上千年时间，然而这一切却在不到200年内灰飞烟灭。西罗马帝国的覆灭不仅让那些始建于罗马时代的城池、殿宇与驿道毁坏殆尽，也让罗马原本的政治、经济与法律体系不复存在，这种彻底的、全面式的瓦解是相当可怕的，这也使得民族大迁徙成为一场欧洲蛮族化的过程。这一过程在历史上具有极为重要的意义。首先，蛮族的侵入使古典时代土崩瓦解，这也使得与古典时代有关的文化直至文艺复兴时期才又重新被提起。其次，拜占庭帝国正式退出欧洲尤其是西欧的历史舞台，而这也使欧洲日益分裂为东西两部分并且在之后的时日里东西欧之间的差异逐渐加大。最后，日耳曼人成为欧洲历史的主角，蛮族统治成为欧洲文明史的新篇，他们于这片土地上开创了欧洲的封建时代，人类史也从此步入了中世纪。

二、日耳曼氏族制度瓦解，酝酿向阶级社会过渡

封建社会是人类社会发展过程中的一个历史阶段。一般说来，它的生产方式是从奴隶社会内部产生和发展，经过奴隶革命和其他外力作用，在奴隶制度灭亡的基础上建立的一种新的制度。但由于具体历史条件不同，有些国家没有经过奴隶制的高度发展和奴隶革命的历史过程，在原始公社制发展到家长奴隶制阶段时，原始公社的残余还保存着，它却逐渐过渡到封建社会的阶段。

西欧封建制度的形成就是如此，它一方面是在罗马奴隶制度崩溃的基础上产生，另一方面是在日耳曼部落氏族制度瓦解的基础上产生的。在资本主义制度出现之前，无论是奴隶社会还是封建社会，人与土地总是紧密地捆绑在一起。在奴隶社会，由于掌握土地的大多数是奴隶主阶层，所以建立在奴隶制度之上的土地所有制自然决定了奴隶和奴隶主之间的隶属关系。而封建时期则不然，由于奴隶被解放出来，提高生产效率

的方式不再是奴役，而是地主与佃农的关系，因此土地的所有制也导致了人与土地关系发生显著的变化。日耳曼人在民族大迁徙之前一直施行马尔克公社制度，据凯撒在《高卢战记》中所载，公元前1世纪的日耳曼人，"他们没有私有的，或单独保有的土地，而且在每一个地方也仅仅居住一年。他们不多用谷物为食品，其主要食物为牛奶和家畜，他们欢喜从事狩猎"①。可见，当时的日耳曼人还未过上定居生活，农业生产还处在原始阶段；土地归于氏族所有，还没有成为私有财产；同时也看不出社会分化和阶级存在的迹象。但到了1世纪末，日耳曼人的氏族社会已经发生了巨大变化。罗马历史学家塔西佗在其所著的《日耳曼尼亚志》中记载，这时的日耳曼人已开始定居于村落，农业技术也有所改善。随着生产力的提高，日耳曼人的土地关系也随之改变，土地不再由氏族共耕，而是分配给家族成员耕种，同时不是按平等原则进行分配。社会基础的变化，显露出氏族制度解体的征兆，导致了新因素的产生。

由此可见，欧洲封建制度是基于氏族公社制度瓦解并酝酿向阶级社会过渡的基础之上形成的。其形成原因主要可归纳为以下几点：其一，"阶级"萌芽的形成。氏族贵族拥有了大量分配的土地和家畜，并使用奴隶劳动，在部落中得到越来越大的权力。②土地的分配是依据个人的地位与身份为原则，这就打破了

---

① 凯撒：《高卢战记》，任炳湘、王士俊译，商务印书馆1979年版，第143页。
② 李梓榕：《浅析西欧中世纪早期社会结构的发展状况》，《青年文学家》2017年第20期。

氏族成员间的平等关系，使若干家族占据优势地位，从而出现了氏族显贵。而随着战争的需要，一种由军事首领及其亲兵和氏族首领所组成的军事贵族阶层也相继出现了。其二，亲兵制度及品级的出现。在塔西佗时代，日耳曼人中就已出现一种与氏族制度并行的、常设的、担当作战的私人团体。军事首领拥有大量的亲兵，并且在亲兵之间设立了品级。首领蓄养亲兵，亲兵则宣誓对首领效忠，两者之间关系相对牢固。经常不断的战争，使亲兵成为以战争和掠夺为生的职业军人，同时军事首领的财富和权力也随之增长。在封建因素发展的基础上，正是这种亲兵制度的形成及品级的出现，在后来的民族大迁徙过程中形成封建等级制度。其三，奴隶的使用。据塔西佗记载，日耳曼人的奴隶都分别居住，有他们自己的家室，主人将奴隶当作农夫，让他们交予主人一定数量的谷物、牛羊或衣料。奴隶如能按数交纳，除此之外，并无其他负担。奴隶的来源虽然主要是战争的俘虏，但已有部落成员沦为奴隶。总之，上述种种因素的出现，证明在塔西佗时代，日耳曼社会正在发生着巨大的变化。

小结

欧洲封建制度是在氏族公社制度瓦解并酝酿向阶级社会过渡的基础之上形成的。罗马的奴隶制在这时暴露出严重的危机，奴隶制的生产关系已经成为生产力进一步发展的障碍，产生了封建生产关系的萌芽。入侵的日耳曼人正处在原始公社制解体的阶段，又带来有利于西欧封建制形成的因素。经过约两个世纪的反复斗争，西罗马帝国终于在奴隶、隶农、贫民起义和蛮族入侵的打击下溃亡了，这无疑是一场灾难性的"倒退"，人类史也从此步入了中世纪。

第二节 基督教的兴衰

欧洲中世纪时期的制度发展与基督教的神学统治密切相关。因而，欧洲中世纪发展史也可以说是一部宗教发展史。西罗马帝国在奴隶、隶农起义和日耳曼人入侵的内外交困中寿终正寝后，在罗马因素与日耳曼因素综合作用的基础上，中世纪的西欧封建制度逐渐形成。在这期间，基督教作为西罗马帝国唯一残存的社会上层建筑，逐渐由奴隶制度的维护者演变为为封建主阶级利益服务的思想工具，对当时欧洲社会制度的形成起到了关键性作用。在欧洲历史上绝大多数时期，政治与宗教总是密不可分的。而宗教对政治所产生的影响，也凸显了欧洲制度文明的独特色彩。认识和理解欧洲政治，必须从理解宗教政治入手。因此，探究西方社会政治制度变迁，免不了要从曾一度凌驾于王权之上的教权谈起。

一、孕育与初生：早期的基督教

人民生活苦难是孕育基督教的温床，基督教最初诞生于对腐朽的当世政治的反叛、对黑暗社会的揭露及对新世界的向往。具体言之，基督教的诞生与1世纪罗马帝国统治下巴勒斯坦地区特殊的政治和社会生态有着密切的关联。与世界上的其他宗教类似的是，基督教最早也是服务于底层民众的。因此，其诞生之初虽然没有指引教徒攻击政府当局，甚至承认"属于凯撒的东西要归凯撒"，但由于拒绝把皇帝当作神来崇拜、秘密聚集礼拜、反对暴力与军队服役等原因，对于罗马帝国来说，传播这样的信仰是危险的，针对基督教的残酷迫害经常发生。

然而，基督教的教义初心却在发展过程中逐渐异化，最终沦为统治者对民众"精神施暴"的工具。随着社会各阶层愈来愈多的人加入教会，统治者认识到基督教可以利用。2世纪后，基督教开始向罗马统治者靠拢，表示归顺，愿意俯首听命，统治者们也认识到可以借助基督教为已经危机四伏的帝国服务。313年，随着罗马皇帝君士坦丁颁布"米兰敕令"，宣布罗马帝国境内信仰基督教自由，隐忍多年的基督教终于从后台走到前台、从地下走到地上、从非法变成合法、从边缘成为正统。自此之后，基督教逐渐由被压迫者的宗教变为压迫者的宗教。曾经以"信仰自由"为旗帜的基督教，变成统治者的宗教后，立马禁止其他种类的宗教进行宣扬。基督教从此远离了它原先所依托的底层民众，摇身一变成为统治阶级对普通民众施加精神枷锁的工具。当然，此时的基督教会事实上仍是仰承帝国强大的世俗政权鼻息而生存。但是必须承认，捍卫教会在宗教中独立权的思想信念也一直存在，例如，"皇帝在教会之中，不在教会之上""宫殿属于皇帝""教会属于教士"等思想，让帝国完全支配教会政策的企图难以完全实现，这不仅导致中世纪王权不能彻底掌控教权，也为后来教权凌驾于王权之上埋下伏笔。

正因为教权实质上依靠世俗政权生存，所以随着罗马帝国的分裂，基督教的发展也开始逐渐一分为二，分裂为罗马教会与君士坦丁堡教会。两个教会同时具有各自帝国内基督教会首席的荣誉之称。虽然两者看似都将"上帝"视为天神，但在世俗领域却出现明显的分裂。面对这种分裂导致基督教发展可能遭受其他教派的攻击而使自身夭折的危险，基督教发展早期的神学思想家奥古斯丁挺身而出，他极力地倡导基督教对于拯救人类的重要作用，创立了完整的基督教神学体系，成为当时最著名的教义辩护者和神学界的核心人物。他的思想变成中世纪学校的标准教义，即哲学能够使人部分地理解真理，但必须得到神的启示才能补足，这为基督教面对476年西罗马帝国灭亡之后的一片废墟，将十字架随即插遍日耳曼人所到之处作了思想准备。

二、东西分立：王权之上的教权

在基督教产生早期，基督教的教权与国家政权并无直接矛盾，基督教认为作为神的子民，人们纳税给政府并不与作一个神国国民相冲突，并由此提出"凯撒的物当归凯撒，神的物当归给神"。但随着基督教的发展，教权与王权之争也初露端倪。尽管在476年，西罗马帝国便消失在历史的长河中，但苟延残喘的东罗马帝国还保持着天主教廷至高无上的思想统治地位，罗马教皇的上任还需要东罗马皇帝批准。然而，随着有"中世纪教皇之父"之称的格列高利一世上任，他不仅使罗马教会摆脱了拜占廷帝国的控制，还极大地提高了罗马教皇的地位而削弱君士坦丁堡宗主教的地位及职权，使得只有罗马教皇才可称为"教皇"，其地位与皇帝的地位相当。罗马教廷逐渐成为欧洲神圣不可侵犯的教皇权力的中心，但在5世纪之后的500多年时间里，罗马教廷和拜占庭教廷并不是一种绝对对抗的关系，由于王权的权威犹在，对于两个教廷来说，最重要的问题还是要将王权限制在教权之下。

在5世纪初期，教皇与皇帝之间是相互合作的关系，他们相互合作以达到彼此的目的：罗马皇帝利用教皇的神权巩固政权，教皇利用罗马皇帝的政权扩张神权，这是起初的"政教合一"。但是，中世纪中后期的教权与王权关系则发生了很大变化。基督教精神中内蕴追求独立的意旨，这使得教会开始试图让教权摆脱王权束缚。于是，教廷开始向王权发难，并将权力的触角延伸到更广阔的世俗生活领域。教权与王权之间的斗争历时250余年，成为这一时期西欧政治的主题。这场斗争的结果是，罗马的天主教会与神圣罗马帝国皇帝亨利四世进行了坚决的斗争。而由此发生的"卡诺莎之行"事件，也就是中世纪史无前例的"罗马皇帝向教皇请罪"，则把教会的权威推到了前所未有的高度。教会的权势在号称"万皇之皇"的英诺森三世在位时进入巅峰时期，他主张教皇乃是上帝在人世间的代表，只有通过教皇来授予世俗权力，王权才是合法有效的。这样一个围绕着天主教传统的"神圣"国家逐渐成型，使得教权与王权开始紧密绑定在一起。这一时期的君主是由教会所认可和加冕授权的，这在一定程度上代表着教会权力已经凌驾于世俗王权之上。从形式上而言，虽然世俗社会的政治机构与教会机构是分别设立的，但事实上世俗王权已经基本形同虚设，成为受控于教权的"指挥棒"，沦为教会行使权力的重要工具。从客观上讲，由于日耳曼人的文化水平普遍低于罗马人，甚至没有自己的文字，只能把教会当作中世纪唯一的学术保障，事实上基督教也充当了保存罗马文明的"黑匣子"。由此可见，该时期的基督教会，一方面利用社会上弥漫着的浓厚的宗教氛围，另一方面通过垄断所有文化教育机构的方式，在理论信仰层面与社会物质力量层面，尽皆处于优势掌控地位。

然而，绝对的权力往往会导致绝对的专制。正如世俗的王权到达集中的高峰必然专制一样，随着王权不得不匍匐在教权之下，教会的权势到达顶峰，它越来越背离基督教的和平主义宗旨，变得越来越不宽容、越来越残忍，甚至比当年罗马人迫害基督徒的情形更加残酷地迫害所谓的"异端"人士。同时，正如托克维尔所言，没有制约和监督的权力必然导致腐败，一统江湖的教会高高在上，不但要控制民众的"脑袋"，而且想控制民众的"口袋"，教士们所宣示的"纯净的讲坛"上其实摆放的是赤裸裸的贪婪掠夺、欺骗腐化、奢侈享乐等。他们一本正经地假装着指引信徒追寻来世天堂，自己却偷笑着、享受着今世人间。这种满嘴仁义却盗娼满肚的行径引起有识之士的忧心忡忡。他们顺应着迷茫无助的普通信徒要求，顺应着妄图对教会庞大资产分一杯羹的王公贵族要求，顺应着对教会插手世俗事务而心存不满的国王要求，指出教会要想万古长存就必须尽早改革。

三、斗争与衰落：基督教走下世俗神坛

扎根在封建经济、宗教文明和神学文化土壤中的世俗权力，决定了其政权统治只是为了小部分利益集团和特定阶层，而这样的统治初心则是注定没有生命力和未来的，这也为基督教的衰落埋下了种子。中世纪晚期，基督教的神学统治开始逐渐跌落世俗神坛。13世纪至15世纪，一批有见识的神学思想家开始认识到神学发展的危机，其中最有名的莫过于托马斯·阿奎那。阿奎那作为经院哲学的集大成者，是中世纪经院哲学体系的最后完成者和最高代表。阿奎那有选择性地接受了亚里士多德的观点，认为人有理性，人是天生的政治动物，国家是人类合群生活的需要，但他同时也认为，国王是上帝的仆人，王权是上帝赐予的，国王必须施行仁政，天堂只是对有德仁君的酬报，等等。阿奎那的设想放在今天来看，目的是实现教权和世俗王权的一种平衡，作为神学家，他一生的理想都是在推进基督教教义的普世化，而作为一名世俗的宗教学者，他

又切实地指出建立"基督教世界帝国"设想的虚无缥缈。特别是随着欧洲民族主义的不断发展，一种凌驾于教权之上的世俗权力已经成为当时民众心中所想。此外，王权派在理论上越来越占据主动地位，同时他们依靠自身的物质力量，加上民族主义的形成、民族国家思想的传播、贵族势力的削弱、城市的发展和封建主义的衰落，王权在与教权的对抗中，又重新占据了优势地位。基督教内在的分裂及民族国家意识兴起，使地方性的民族教会取代国际性的教会成为一种客观需要。罗马教廷对于世俗事务的统治力也在不断下降，特别是在与世俗国家长期的斗争中，教廷逐渐失去了对世俗事务干预的能力。最终，在席卷欧洲的宗教改革运动中，"基督教普世帝国"的梦想彻底破灭。

掌握信徒上天国"钥匙"的教会，并没有在信仰和道德上愈加崇高，而是走向了腐败、堕落，逐渐演化成为一个肮脏的藏污纳垢之所，并对社会进步和科学发展起到消极作用。教会利用其掌握拯救灵魂的精神特权，进行买卖圣徒遗物、兜售赎罪券等虚假的罪行忏悔活动，并进行神职买卖、建立宗教裁判所迫害"异端"。在这种情况下，西方的基督教文化行进到14、15世纪，内部的矛盾已经到了不可调和的地步，主要表现在理想与现实、理论与实践之间严重分裂。所以，在14世纪至16世纪，在罗马天主教会一统天下的西欧社会内部，发生了两场重要的文化变革运动，即文艺复兴和宗教改革。

文艺复兴和宗教改革运动使得"以人为中心，而不是以神为中心"的思想得到大量宣传，人的地位得以凸显。这次运动给了教会沉重打击，但是运动没有与教会正面冲突，所以教会只是被削弱了影响力。文艺复兴以后，社会上的中高级知识分子的思想都得到了一定的解放，下层人民也受到了一定影响，直到宗教改革开始。这是一场送教会去"地狱"的运动，许多不满教会行为的人纷纷加入了反对教会的行列。积压了许多年的矛盾全面爆发，社会各个阶层都有反对教会的声音响起，让教会在人们心中的信仰位置被代替，教会走向了末日，曾经站在神坛的教会，在这一刻跌了下来。

小结

中世纪基督教文化的衰落是历史的必然，它承前启后，暗示着封建制的退去与以王权兴起为代表的民族国家与城镇商业主导的时代的到来。近代欧洲的思想文化变革与现实社会制度的变迁正是在中世纪基督教文化衰落的母体中孕育而生，因此中世纪基督教文化的衰落以负负得正的方式推动了欧洲的现代化进程。

第三节　西欧封建制度的依据与缺陷

中世纪拉丁词语 feudum 的意思是封土（fief），派生出现代术语封建主义（feudalism），用来描述中世纪成长出的复杂经济社会模式。① 虽然这一模式具有丰富特征，但核心是以从领主处持有的土地，作为一种特别服役，即军事服役的回报。封土成为大多数土地的存在形式，基于封土习惯形成的是领主和封臣间权利与义务的国家治理与社会政治结构。西欧封建制度最具代表性的国家主要有三个，分别是称霸欧洲大陆的法兰西、从分裂走向统一的德意志，以及占据英伦三岛的英吉利。尽管这三个国家拥有不同的历史文化传统、民族血脉与发展历程，但若对三国的制度进行横向比较，就可以发现三国在封建制度形成的过程中有许多相似之处。然而，这些曾经不可一世的世界最强国，在辉煌过后纷纷从神坛坠落。通过回顾这三个国家的发展历程，比较总结和归纳三国在封建制度上的异同，可以在一定程度上探究西欧封建制度之依据与缺陷。

一、法兰西封建制度之流变

（一）法兰西封建制度的孕育与初步发展

法兰西作为一个国家、一个政治实体，最早应追溯到843年产生的"西法兰克王国"。从843年至1789年，近千年的岁月中法国的国家制度并不是持续稳定不变的，相反，则是经历了多重变化，值得一提的是，附庸等级制、等级君主制和绝对君主制。这一演化过程成为窥探法兰西封建制度演变和发展规律的关键。

---

① 布莱恩·蒂尔尼、西德尼·佩因特：《西欧中世纪史》，袁传伟译，北京大学出版社2011年版，第155页。

从814年至840年,西法兰克国王路易一世将国土一分为三,分别给了他的三个儿子,这就是历史上著名的"路易分土"事件。路易一世原设想通过"分土"的方式维持王朝的稳定,没承想这样的设计却给后来帝国的瓦解埋下了隐患。随着路易一世的第四个儿子查理出世,路易一世想要重新划分土地的分配,但此举却引发了法兰西大规模内战。这场战争的最终结果使得加洛林帝国一分为三。这三个王国在随后千年发展史中,分别逐渐形成了意大利、德意志和法兰西三个国家,而这三个国家也成为欧洲最具影响力的主权实体。

在上述三个国家中,法兰西便是由西法兰克王国"孵化"的。这一时期政治制度的特点是按照习俗平分国王遗产、家族世袭王位与"君权神授"。自加洛林王朝被一分为三,这种政治传统就被延续了下来。特别是在国王权威方面,西法兰克王国的国王仅仅是一种尊称,并不和地域产生直接的联系。而国王的实际权力和他的个人性格及当时的环境都有着密切的关联。由于缺乏有效的行政管理系统,王朝法律从未统一,国家的税收制度也非常疲软。国王和地方关系不紧密也造成了王朝中心与地方割据势力矛盾重重。早期封建君臣关系,主要呈现金字塔式的附庸结构。但这种低水平的政治制度,适应了早期的封建国家和刚刚建立的王权。

(二)附庸等级制:我的附庸的附庸不是我的附庸

加洛林王朝持续统治法兰西,直至911年路易四世(孩童路易)逝世,前后160余年,但加洛林家族的影响力一直持续到987年，直至雨果·卡佩被大领主与高级教士选举成为法兰西国王，拉开了法兰西下一个强大王朝——卡佩王朝的序幕。彼时，虽然法兰西是封建割据国家，但王室领地十分狭小，只限于塞纳河和罗亚尔河中游包括巴黎和奥尔良在内的分散领地。这种情况一直持续到了11世纪。在此期间，国王虽然名义上是国家的最高君主，但他的权力主要被限制在封建制的范围之内得到承认，因此也被称为附庸等级制。在这种制度下，国王和地方封建领主的关系，更像是一种封君陪臣的关系，地方对于中央，就像是"国中之国"。对于拥有一方土地的领主而言，其身份虽然是国王的陪臣，但只要在自己的领土管辖区域内，他就是拥有几乎所有权力的实际统治者，是自己领地范围内的"国王"。国王和中等封建领主的关系，必须严格按照"我的附庸的附庸，不是我的附庸"的原则，君臣关系并不能递推下去，法国国王没有权力指挥或干涉其行动。这种等级制度能够在当时保持整个社会的稳定，但却导致了一种相对松散的臣属关系，缺乏绝对的约束力。

造成这种附庸等级制的原因是多样的，但核心是由于土地是层层分封的，附庸只承认自己直接受封的人为封主，对自己封主的封主则没有臣属关系。在分封制的土地制度下，罗马法混杂着普通法，法律的适用范围存在很多模糊的领域。特别对贸易发展产生了一定的困扰。各个封建领主所管辖的领地彼此之间更是坚起高高的关税壁垒，各种"贸易保护主义"政策层出不穷，以致法国境内的各领主虽都位属同一国，但却彼此之间长期处于割据状态。法国国王为解决该问题，在很长一段时间内试图通过联姻、挑起争端等各种方式来收回各封建领主的领地管辖权，以加强君主的中央集权。但这些方式的实施效果并不理想，国王并未能如愿加强集权和巩固对世俗社会的有效掌控，反而导致一些贵族或者领主联合教会、教皇等势力把持政务，与国王分庭抗礼，在世俗社会中作为约束国王的力量而存在。

（三）从附庸等级制走向等级君主制

12世纪初，法国的政治制度出现了一些新变化。路易六世即位以来便对法国国内的政治体制进行大刀阔斧的改革，其整顿的核心在于对对国王权威形成挑战的封建领主进行有针对性地削弱。为了争取教廷的支持，路易六世对教会和教士采取了绥靖政策，与他们保持了良好的关系。依靠市民和教会的支持，路易六世极大地削弱了诸领主的权力，在他去世前，卡佩王朝在法国的统治已经比较稳固。在1148年至1150年，法国王权概念日益受到更加广泛的关注。菲利普二世即位后，在此前几位君主的基础上，进一步推进中央集权，目的是通过将权力高度集中，实现封建君主对于地方的绝对统治。菲利普二世意识到，要想获得绝对的王权，就不能忽视军队的力量。因此他开始组建一支新的武装力量——雇佣军，并用它来增强君主的权力。特别是在他所直辖的王室领地之中，菲利普二世还设置了一些行政管理的特别区域，目的是通过设置一些无法世袭的官职，任命贵族进行驻守，并将他们的任免权力集中在国王手中。除此之外，对于地方的审判权，国王也抓在手中，不允许地方施加干预。他还拥有财政监督权，宫廷每年一次检查各级官员的账目。菲利普二世的这些措施，使得国王对于地方的管辖权大大增强，国王权威不断提高。路易九世、菲利普三世都延续着菲利普二世的政策，继续利用民间和教会的力量打压贵族。在这一个世纪的时间内，法国的王权得到了前所未有的增强。但由于国王过度依赖教会来压制大领主的权力，使得国王和教会的矛盾也变得越发突出。法国的中央集权制度在这一阶段逐渐解决了中央和地方的矛盾，但却深埋了世俗王权与基督教权之间矛盾的隐患。

菲利普四世的即位对于法国附庸等级制向封建地主制的转变，起到了重要的助推作用。随着封建地主制的逐渐确立，法兰西的城市逐步发展起来，商品经济迎来长足发展，随之而来的是社会分化的出现，社会等级制将法国社会划分为三个部分：教士等级、贵族等级和第三等级。这种等级上的划分凸显法兰西社会等级和天主教思想传统的密切关联。例如，天主是万物的主宰，救世人于苦难，因此教士作为天主在人间的"代理人"，应是最高贵的等级。贵族作为骑士，职责在于保卫天主教与消灭"异端"，他们的社会地位虽不及教士却也是尊贵可敬的，远高于第三等级。相较而言，第三等级既非教会，又非贵族。他们必须辛勤劳动，生产各种必需品来养活与侍奉教士与贵族。而在财富占有方面，特权等级与第三等级之间存在明显的差别和尖锐的矛盾。在看似安定的法兰西国家内部，实际上暗流涌动，不安的情绪从第三等级不断蔓延开来。

与前任相似，菲利普四世也绞尽脑汁地思索改革教廷的方法。即位之初，菲利普四世就通过设置高级法院和审计院，来分散原王室会议的权力，以加强王权。他将自己的影响力扩展到了广大民众之中，利用特权阶级与民众之间逐渐激化的矛盾，赢得了广大民众的支持。但在推行改革政令时，却屡屡受阻，原因是当时中央政府的财政出现了严重问题。经济上的困难加剧了国王和教皇的冲突，为了有足够的财力应付与英国的战争，菲利普四世对教会施加了更大的压力，特别是他没收了法国教会的财产并强征什一税，可以说严重伤害了法国教会的利益，引起了教皇卜尼法斯八世的极大不满。为了增强王权，菲利普四世召开了法国历史上第一次三级会议，而这次会议的召开象征着法国从附庸等级制向等级君主制转型的完成。这一会议不仅见证了法国王权走向鼎盛，还目睹了法兰西封建王朝走向衰落、直至灭亡。

（四）大革命前的旧制度：绝对君主制

绝对君主制是法国政治制度发展史上一个独具特色的阶段，作为封建等级社会较高发展阶段的一种政治制度形式，推动实现中世纪与近代相交时期法国社会的巨大进步。与此同时，绝对君主制将法国的封建制度推向顶峰，但也加剧了社会矛盾，最终导致封建王朝的衰落乃至瓦解。

法国绝对君主制经历了一个较长的发展时期，在路易十一在位期间，绝对君主制的雏形就已经出现。到了弗朗索瓦一世执政时期，国王的权力已经大大增强，绝对君主制已经完全取代了等级君主制，三级会议对于教皇权力的限制也初见成效。但随着王权逐渐扩大，三级会议对王权的限制也在逐渐减弱，在弗朗索瓦一世统治期间，国王对于国家的统治已经基本稳固，各种行政和司法机构已经掌握在弗朗索瓦一世手中，这在客观上也使得教会不得不听命于国王。这不仅进一步巩固了王权，而且还为绝对君主制披上了合法性的外衣。对于国家的管辖方面，弗朗索瓦一世通过监察官来削弱地方大贵族的权势和控制地方政权。为了打压这些贵族对于王权的挑战，弗朗索瓦一世不惜采取高压措施，甚至对贵族动用死刑，以保证王权的绝对权威。

在弗朗索瓦一世去世后的100年间，虽然由于战争等因素的影响，绝对君主制在一定时期内受到挑战，但这种制度所体现的优势为历代君主所青睐。到了"太阳王"路易十四统治期间，法国建立起了更为完整的中央机构。路易十四力图将自己塑造成为"上帝选中之人"，自诩"天主在人间的代表"。因此，路易十四将权力的边界延伸到了几乎所有的权力机构，没有任何机构能够对他的权力加以限制。在路易十四的主导下，法国还采取了"系统立法"的方式，先通过国王及大臣制定和颁布一系列法律，使社会各主要领域的立法系统化，然后再借助这些法律来维护国王的绝对权威。为了进一步将权力集中在自己手中，路易十四通过两种方法加强中央集权：其一是将督办官制度固定下来，扩大其职责范围以监督地方的警察和司法机关。其二是对贵族迁居与圈养，给予地方上的大公和贵族极高的荣誉和地位，同时却要他们迁移至巴黎以此来削弱其在地方的影响与势力。

总之，在路易十四执政期间，封建王权不仅形成了对于教权的绝对压制，还沉重打击了贵族势力。在这期间，法国的封建王权发展到了顶峰。路易十四去世以后，法国的封建王朝从极盛转衰，逐渐走向了没落，再也无法回到"太阳王"时期的荣光。

二、德意志封建制度之流变

（一）早期封建王权阶段

德意志王国建立于10世纪初期。正如前文所提到的，德意志是法兰克王国的"继承者"之一，其在加洛林帝国瓦解后，获得了莱茵河以东的统治权。但在很长一段时间里，相比较邻邦法兰西，德意志是脆弱且松散的。在德意志王国，部落的公爵掌握很大的权力。尽管这些公爵之中有不少是由国王任命的，国王拥有理论上的任免权，但他们与国王处于一种相互制衡的关系中，如果公爵需要某种"保护"，恰好国王能够提供这种"保护"，政治合作就达成了。相反，二者则会处于一种"脱节"状态。在处理与公爵之间关系的问题上，亨利一世显得相当谨慎。他一方面承认公爵的自主性，另一方面又利用一些小的封建领主和教会的影响力，试图去削弱公爵们所产生的影响。实质上，王权尽管看上去至高无上，但对于那些自由贵族而言，是缺乏实际约束管辖能力的。不仅是国王，那些公爵、伯爵也很难在层层分封的制度背景下，对于自由贵族加以强有力的限制，导致自由贵族能够不断地扩充自己的实力，这就形成了一种恶性循环。

  11世纪的德意志，封建主义因素还是比较薄弱的。在萨克森王朝和法兰克尼亚王朝各位国王及皇帝统治下，封土-封臣的关系在国家结构中已经发挥了一定的作用。各公爵、大部分主教和侯爵，帕拉丁伯爵和其他一些伯爵，通过封臣关系纽带与国王联结起来。但是这些公爵并不构成捍卫王朝的基础。国王的权威实际来自两个方面：其一是加洛林王朝遗留的组织，其二是帝国教会。迟至12世纪至13世纪，德意志仍然有大量自由农的存在。农村公社长期存在，这些公社在经济上自给自足，彼此没有任何的经济联系。这些情况都非常不利于德国实现封建王朝的统治。这一时期德国形成了非常具有特点的领地制经济，这是一种封建领主占有土地奴役农奴和依附农的经济形式。农奴或依附农定期按一定数量给领主缴纳贡赋并服劳役，领主完全依赖农民的赋役生活。同西欧其他地区相比，德意志地区封建化的进程比较缓慢，而且各地区不平衡。11世纪后，德国社会的封建化进程才进入一个较快发展的时期。村社的公有地和农民份地逐渐被封建贵族所兼并，有时整个村社都从属于一个封建主。封建领地转化为世袭地产，农民则成为世袭依附农或农奴。这种情况在西德意志和西北德意志尤甚。不仅如此，城堡的普遍出现加速了德意志封建化的进程。到了11世纪的下半叶，许多自由贵族和以亨利四世为代表的王权之间的矛盾已经逐步激化，结果是自由贵族开始筑起大量的城堡，并围绕城堡建立起专属于他们的独立政治单元。由于这些城堡的主人对于他们所管辖的领域有着绝对的权力，这也使得他们与下属之间存在封君封臣的关系。各地以城堡为单位的割据局面出现了，这就是后来为人所熟知的封建伯爵权。通过这一时期德国封建制度发展的特点，可以清晰地看出德意志封建主义与法兰西封建主义的巨大不同。这种封建主义对比法国相对成功的模式，只能属于一种未完成形态。①

（二）叙任权之争

在亨利四世执政期间，虽然地方割据势力撕裂着德国社会，但最严重的问题并不在外部，而在王朝中央。1075年，教宗格列高利七世在宗教训令中提出，罗马教会是由天主教独自建立的，因此教皇的权力并不受到世俗君主的限制，也就是说，所谓的国王对于主教的任免权，是对教权的侵犯。这种观点显然得不到当权者亨利四世的承认。在亨利四世的规划中，罗马教廷只不过是他控制德意志的一种手段，对于德意志和意大利北部所有主教叙任权的限制，可以保证他的权力至高无上。为此，他不惜与教皇格列高利七世发生激烈的冲突。

在此前的很长时间内，格列高利七世一直是教会改革的中心人物，他力图加强教权，使之凌驾于世俗统治权力之上。

---

① 侯树栋：《封建主义与德意志王权》，《北京师范大学学报》（社会科学版）2005年第6期。

这实际上就引发了教权与王权的激烈交锋。然而，就在教权与王权之争进行得如火如荼之时，亨利四世的暴毙打破了这种平衡。其后，叙任权又经历了10多年的斗争，每位即位的教宗都力图通过挑起德意志国内的叛乱以削弱皇帝的权利。直至亨利五世时，神圣罗马帝国皇帝最终放弃了对绝对王权的追求，放弃了部分权力，这才被教廷重新接纳，并重新获得了对神圣罗马帝国统治的合法性。

在这场教权与王权的斗争中，一方面，德意志皇帝失去了叙任权，丧失了对王国教会的控制；另一方面，伟大的奥托大帝所托付的地位丧失，使得皇帝的神圣性黯然失色。自此以后，德意志王权彻底衰落，开始进入小邦林立的时代，而传统的封建制度也已名存实亡了。

（三）从"国王－封臣"到"领主－农奴"

德意志的封建制度在前期与后期有很大不同。以亨利五世时期神圣罗马帝国王权的衰落为界限，可以分为两个时期：前期是"国王－封臣"制度的典型，后期则是"领主－农奴"制度的典型。而"领主－农奴"这个社会史维度的封建制度，是在德意志王权衰落、各诸侯国家林立时才得以发展起来的。这时候，国王已经无力对王国教会进行控制，而罗马教廷又鞭长莫及，许多乡村教堂由封建领主控制，从而形成了农奴对领主的全面依附关系，这就是"领主－农奴"关系产生的原因。

这种"领主－农奴"制度与英国圈地运动之后形成的农奴制有一定的相似性。这种相似性表现在，它们都是西欧封建社会中涉及农民对于土地有关经济地位和法律身份的政治制度。对于农民而言，他们被无情地捆绑在这种制度上，封建土地所有制的建立使得农民建立起了与地主紧密的依附关系。由于农民世代被束缚在土地之上，因此他们受到了封建地主的无情剥削，而这种剥削制度发展到极致，农民成了依附于封建领主的农奴。

三、英吉利封建制度之流变

（一）从诺曼征服到五级贵族制

与法国和德国的封建制度不同，英国的君主立宪制政体在人类制度文明史发展中独树一帜。英国的封建制度起源要追溯到忏悔者爱德华时期。由于英国国王忏悔者爱德华去世前未确立接班人，引起了诺曼底公爵威廉与哈罗德的继承纷争，这场纷争以大贵族哈罗德（哈罗德二世）被拥立而结束。由于威廉曾救过哈罗德，哈罗德为报救命之恩，答应如有朝一日当上英格兰国王，便让贤于他。1066年10月，在黑斯廷斯威廉与英国国王哈罗德二世决战获胜后，直取伦敦，自此征服者威廉加冕为英国国王，为威廉一世，开启了英国一个新的历史时期——诺曼王朝时期。

为了尽快获得对英吉利的统治，征服者威廉对于那些反抗自己的盎格鲁-撒克逊贵族采取了强硬的措施，剥夺他们的土地，并将这些土地分封给那些随他征战的法国封建领主。这些受封者按照约定，将会向威廉提供捍卫国家的骑兵。同时，这些受封者在他们的土地上进行再分封,并且他们也要求再受封者向他们提供军队。通过这种方式,封建土地的所有制也就迅速建立起来。因此,威廉一世虽然依靠法国贵族进行着统治,但是制度层面却沿用了英国的旧制。1086年,他召集所有封臣,让他们都向他宣誓并效忠,使得"我的附庸的附庸,也是我的附庸"。

威廉一世所制定的这项措施在此后几十年间得到进一步贯彻。然而由于幼子约翰篡位称王,一切的平静又被打破。英国国王与掌握权力的大贵族之间的矛盾被进一步激化。英国大贵族们利用群体力量,迫使国王签署了《大宪章》,申明国王不得擅自征税、滥用刑罚,比较全面地申明了僧俗两界贵族和商人等阶级的利益和权利,并可监督国王反抗暴政。宪章诸多条款虽属封建主义性质,但以后可以比较自由地解释,因此成为西方宪政的源头。另外,贵族和骑士阶层的分化及中产阶级的崛起,客观上对后来英国两院制的发展也起到关键性的作用。英国中上层阶级从此有了一个以群体力量对抗王权的依托机构——议会,并一步步强化着议会的立法权、财政权和对行政的监督权,英国议会也因此被称为"议会之母"。12世纪至13世纪英国法律制度和司法体系迅速更新。领主司法特权被大量剥夺,王室法庭地位上升,并随着专业司法机构和人员的专业化,以及陪审团的出现、神判法的废除和宗教干预的终结,形成了独具特色的普通法,英吉利法律体系自此问世。至15世纪,五级贵族体制逐渐定型。以贵族为核心的御前会议在议会出现的情况下，演变为权势较大的具有常设性质的咨议会。它伴随王位争夺和内外战争的腥风血雨而演变，成为以后枢密院和内阁的先驱性机构。13世纪以来，治安法官获得维护地方秩序和司法的权力，对郡守实行监督，并由此更新着岛国的地方管理体制。

（二）都铎王朝的君主专制制度：盛极而衰的转折

都铎王朝是英国近代社会的开端，它被后人视为英国君主专制历史上最黄金的时期，诞生了包括亨利七世、伊丽莎白一世在内的多个对英国乃至整个欧洲历史产生重要影响的君主。在他们的统治下，英国完成了从封建主义向资本主义的过渡。

在亨利七世主政期间，他通过政治联姻方式，成功地迎娶爱德华四世之女伊丽莎白为王后，将"玫瑰战争"中势不两立的两个大家族联合起来，进一步增强了都铎王朝的合法性。亨利八世则进一步加强对地方的监管。他委派郡督监视各地军队和贵族，拆除城堡，解散贵族亲兵，不遗余力地巩固王朝的统治。在亨利八世的改革措施中，对后世影响最大的当数他的宗教政策。在他的力推下，英国进行了宗教改革，使得都铎王朝逐渐发展至鼎盛时期。此后，伊丽莎白女王在亨利七世与亨利八世为其建好的"集权君主制大厦"中，进一步巩固了英国的君主专制制度。

搭建在都铎王朝之上的君主制并非东方的绝对君权，而是在一定程度上受到限制的君主制。这种君主制的独特之处在于如下几个方面：在政治机构设置上，以新的枢密院取代贵族咨议会；在地方上，则是扩大了各个郡地方长官的特权；在司法机构方面，都铎王朝设置了一系列新式法庭，以此来规范君主王权。也就是说，都铎王朝的国王权力并不是完全不受限制的，也正是这种有效的限制，刺激了英国在经济领域和文化领域率先迎来了资本主义发展的黄金时期。

（三）走向衰落的君主制：资产阶级革命与资本主义曙光

到了16世纪末期，英国的封建君主制度已是明日黄花。从英国内部来看，由于从事资本主义生产模式的新阶层在社会层面的影响力不断扩大，那些曾经"世受皇恩"的垄断性商业集团的利益正在逐渐流失。面对这样的局面，两个阶层之间的矛盾和直接对抗一触即发。而在思想领域，宗教改革以后整个欧洲社会出现了一些新的变化。教会的影响力已经被极大地削弱，随之而来的是国王对思想领域施行了更加严格的控制。从英国外部来看，英国与西班牙之间的战争进一步影响着世界格局的变化。英国凭借先进的船只和海战技术击溃西班牙的无敌舰队后，英吉利崛起的外部障碍已经消除。新兴的资产阶级贵族免除了船队遭袭的后顾之忧，他们的主要精力转向与专制君主对国家权力的争夺之中。这一局面到17世纪后更是极大恶化，英国的君主专制制度显示出行将崩溃的征兆。

斯图亚特王室统治英国后，詹姆斯一世父子为了重新获得对国家的绝对掌控，对内避开议会征收税赋，对外向天主教国家示好，以获得外部支持。其专制主义政策与贵族乡绅和其他社会阶层对立，导致矛盾被不断激化。随着1640年长期议会召开,英国出现了两个政权。这种情况使得国家内部显得非常混乱,治理难度加大。此后,英国又经历了以"残余议会"为代表的共和国,再到由护国主掌控的护国政体的演变,直到斯图亚特王朝复辟。但是,复辟所带来的政治逆转是极其有限的。随着资本主义经济的发展,资产阶级和新贵族的势力增长要求在英国的政治生活中提高自己的地位,同时需要有更多的有利于资本主义经济发展的政策措施出台。但是当时的英国是封建君主专制的政治体制,在这种政治体制下,资本主义的发展受到了政治体制的压制,于是资产阶级与新贵族采取暴力革命的手段推翻了斯图亚特王朝的统治。这场革命因为没有出现流血牺牲就获得成功,史称光荣革命。光荣革命的胜利意味着英国封建君主制灭亡。

四、西欧封建制度之弊端

有学者指出,比较法兰西、德意志和英吉利的封建制度可以发现,西欧的封建制度在客观上孕育了近现代西方的立宪主义。一些扎根于西方立宪主义的新制度和新理念在西欧封建制度逐渐走向瓦解的过程中不断被发展出来,如契约精神、地方自治、多元权力共存、有限政府、等级秩序、司法至上、结社自由、工具主义国家观等,这些思想成了近代西方宪政体制形成和发展的基础。资本主义制度取代封建制度并不能简单以社会制度的更迭加以概括,究其原因,各国的封建制度瓦解都有其特殊的历史背景,而彼此之间的共性特征却能够从一个侧面解释其历史必然性。

从兴盛到衰亡，似乎是一种社会制度和政治形态跳不出的规律。但实际上，深刻品悟这种变化的进程，我们能看到不同权力结构调整构成中，新社会阶层与传统势力集团的利益之争，从中窥测到政权变动的历史规律；更重要的是，一种社会制度，特别是前文所言的西欧封建制度无法在宗教改革和资产阶级革命后延续，其原因在于制度的治理活力已经不再。它既无法调适、解决已经出现的各种社会问题，也无法从根本上解决社会阶层之间的矛盾。对于一个政权而言，治理的本质属性是调动社会资源、平衡社会利益、增进社会活力、解决社会矛盾。一旦无法实现这些目标，政权的合法性就会受到挑战，直接受到冲击的便是整个制度体系。

首先看法国。从附庸等级制到等级君主制再到绝对君主制，法国千年的封建文明史，实际上就是一部王权不断强化、中央集权不断强化的历史。现在我们谈及法国的封建政治制度，关注的便是绝对君主制下独特的法兰西政治文化。即便是在"太阳王"路易十四执政时期，绝对君主制的种种弊病也不断暴露出来，社会矛盾的激化在封建社会前期可以通过高压手段加以遏制，但在封建社会后期，随着资本主义经济的不断发展，整个法兰西封建制度摇摇欲坠，绝对君主制的缺陷也就暴露出来。这个强大帝国之所以会走向衰亡，其中一个关键性的原因在于封建专制制度已经成为资本主义发展的桎梏。从治理的视角而言，经济上封建土地所有制严重束缚了法国资产阶级的发展。而且制度的僵化使得一些利益既得者,特别是那些教会阶层和封建贵族更是成为制度圈养下的社会蛀虫,形成尾大不掉之势。为了满足他们的私利,国家赋税不断加码,给新兴资产阶级和广大的民众带来了沉重的社会负担。特别是在路易十五执政期间,资产阶级更是失去了参与国家政权的权利,国家政权完全被封建贵族霸占,资产阶级的利益诉求无法得到切实的满足。法国的衰落是法国封建制度走向灭亡的历史缩影,日益强大的资产阶级正在酝酿着一场举世震惊的革命。

相较于法国,德国的情况显然更加复杂。尽管德国地方诸侯承认德国皇帝的国君地位,但德国并没有形成牢固的封建专制制度,中央对地方的约束能力较弱。国王没有足够的经济实力和军事力量来遏制地方诸侯的权力,同时他的统治也缺乏社会基础,难以争取教皇的支持。特别是在叙任权之争中,德国皇帝失败之后,整个帝国的权力实际上落在了教皇手上。王权的衰落直接导致德国由统一走向分裂,德国王权的衰落和历代君王错误的对外政策也有着很大关联。与邻邦法兰西相比,历代德国君主都野心勃勃地想要建立一个像古代罗马帝国那样的大帝国,因此他们把主要的精力放在对外扩张而不是巩固和捍卫王权上。既然德国皇帝把精力都放在对外扩张上,那么国内的统治就必须依托强大的地方封建主,这样造成的结果就是大封建主的地位大大提高。这其中最明显的标志便是选帝制度的确立。选帝制度看似实现了"轮流坐庄",保证各个大封建主权力的平衡,但实际上,每当有封建主被选中成为神圣罗马帝国皇帝，就拼命地希望扩大自己的领地。由于他们本身并没有形成对其他任何地方的约束力，这就使得各个地方大封建主各自为政。

最后再看英国。如果说法国和德国封建制度的衰落是由于内部无数次的权力斗争，那么英国这座封建专制君主制的高塔似乎是在一夜之间崩塌的，而造成这个状况的原因是多样的。一方面，圈地运动导致封建经济基础逐步瓦解，削弱了封建专制统治的基础，大量农民失去土地之后，被迫进入城市的工厂成为工人，圈地者也由封建领主变成了剥削工人的资本家，这客观上促进了资本主义经济的发展；另一方面，英国的统治者非常重视保护工商业的发展，进一步促进了国内资本主义经济的发展壮大。特别是伊丽莎白女王先后多次资助商船开辟新航路，在世界范围内寻找原材料和市场，进一步拓展海外市场。资产阶级迎来了发展的黄金期，而他们最终成为英国封建专制制度的"掘墓人"。

当我们纵观西欧诸大国封建制度发展的历史，不难看出，尽管封建制度在中世纪早期对于解放和发展生产力、维护王朝稳定及对抗基督教会权力等方面起到关键性的作用，但这并不意味着封建制度可以维持长久的制度优越性。在中世纪晚期，尤其是经历地理大发现和文艺复兴运动之后，西欧封建制度的弊端逐渐暴露，主要表现在如下几个方面。

第一，在封建社会晚期，随着地理大发现对全球各地方的开拓，世界范围内商品经济得到了快速发展。但是由于封建统治阶级仍然牢牢把控国家政局，对于资产阶级的发展产生了严重的阻碍。这形成了一种巨大的张力，在经济层面资本主义的发展使得资产阶级已经成为先进生产力的代表，而在政治和社会层面，陈旧落后的封建制度仍在苟延残喘地延续着高压统治。尤其是17世纪中叶到18世纪末期，封建王权专制日渐影响到了经济发展，并成为资本主义经济发展的主要障碍，于是新兴资产阶级开始通过革命的方式谋求建立新的制度与政权组织形式。中世纪走向终结，西方国家在世界制度文明中占据了先进的地位，率先迈向现代化。从治理的层面来看，资本主义制度取代封建专制制度，显然是一种巨大的进步。

第二，在意识形态方面，封建的思想传统严重束缚了人们的思想解放进程。在宗教改革之前，无论是在法兰西、德意志还是在英吉利，教会对于民众生活的影响不但是深层次的，而且是多维度的。基督教神学倡导唯心史观，限制了人们开拓基督教思想之外更多的自由、民主、开放、包容的理念。实际上，封建君主、教会和民众之间已经形成了三重的矛盾体系，无论是君主和民众的矛盾、教会和民众的矛盾或是君主与教会的矛盾，实际上都是在争夺思想上的主导权。对于新兴的资本主义萌芽而言，它的发展需要更加宽松开放的制度环境、需要有更加深层且多样的文化土壤。

第三，西欧的封建制度不能顺应资本主义发展的潮流，只能体现包括国王、贵族等极少部分群体的利益。新航路开辟以来，由于世界原材料产地和世界市场被打开，欧洲国家的资本主义萌芽出现，一个新的社会群体即资产阶级出现了，他们强烈要求国家能够给予他们更大的贸易和政策自由空间，以满足他们发展资本主义经济的需要。在封建制度的影响下，国王追求的是个人私利，各个封建领主追求的也是在他们的封地上攫取更多利益，资产阶级虽然为国家的发展作出了巨大的贡献，但是仍旧无人能够代表这个阶层的权益。久而久之，他们的权利实际上在法律和制度层面也疏于保障，引发了他们极大的不满。而缺少支持的资产阶级，在发展的过程中面临的重重阻碍可想而知。

小结

西欧的封建制度在15世纪以来，已经是"明日黄花"。制度的缺陷尽显，封建主义与资本主义、封建君主与资产阶级的矛盾即将成为社会的主要矛盾，一段血雨腥风的资产阶级革命将要登上历史舞台。

第四节　人类文明的曙光

欧洲中世纪的千年历史虽然总被世人概以民生凋敝、思想禁锢等黑暗印象，但也正是从这黑暗、腐朽的废墟之中萌生了人文主义与理性主义之花，迎来了人类文明的曙光乍现。在中世纪这漫长的千年中，以欧洲各国为主的西方世界基本完成了从奴隶制社会向封建制社会的过渡，部分国家出现了资本主义萌芽并孕育出资本主义社会制度的雏形。然而，封建王朝内部的既得利益群体显然不愿意看到资产阶级势力不断壮大、挑战他们的权威。因此，他们努力遏制资本主义萌芽的发展。但随着商品经济的发展，一股思想解放的暗流正在欧洲大陆内涌动。

一、文艺复兴运动与新时代的曙光

阿利盖利·但丁所作《神曲》的横空出世，通常被视为文艺复兴运动的开端。在14、15世纪之时，从意大利的佛罗伦萨兴起了"古典文艺之复兴"潮流。意大利由于具备非常优越的地理位置，它作为联通欧洲和非洲、地中海和大西洋的主要地区，吸引了全世界各地的商人前往。它不但变成整个欧洲最为富有的地区之一，而且在北部还兴起了一大批具有世界性影响力的大型城市。彼时的城市虽然不像当代的全球性城市一般具有超高的辐射力与影响力，但是作为社会经济得以迅速发展的重要载体，城市为人们提供了发展商品经济的重要平台，同时客观上也促进了新文化氛围的出现，这也为后来文艺复兴在意大利佛罗伦萨、威尼斯等城市的出现奠定了基础。英国学者西奥多·帕克曾经说过："城市向来就是文明的壁炉，光和热从那里向寒冷、黑暗的世界辐射。"[①] 经济上的自由发展，创造了人文关怀上的一种宽容精神，这种宽容的氛围对资产阶级思想家提

---

① 程德林：《论西欧中世纪后期的知识氛围》，《首都师范大学学报》（社会科学版）2001年第3期。

倡的"自由、民主"等观念的传播弥足珍贵，也为市民社会的成长提供了有利的空间。

总之，通过远距离考察那段历史，我们知道，中世纪封建社会向资本主义社会转变之时，文艺复兴与资本主义经济的兴起起了无可替代的促发作用。在这个大背景下，市场的发展与壮大、自由与民主观念的普及、市民社会的成长等因素裹挟在一起，形成一股历史洪流，推动着社会形态的转变和社会观念的变化。如此，城市市民逐渐提高了对世俗文化的需要，文化教育随之兴起，统治者尊重知识及人们认同知识价值等现象都随之出现，西欧良好的知识氛围逐渐培养起来。在这个过程中，整个意大利成为思想解放的摇篮，追求知识成为最时尚的词汇。过去由教会和贵族所垄断的教育机会，逐渐被更多人所获得，这也使得人们开始以新的视野、新的知识、新的理念、新的文化去迎接崭新的世界。在这样的大环境下，人们开始思考的问题是应以何种姿态去迎接新的时代，什么样的理念才是为人们所公认的，哪些思想应当得到更广泛的传播。这样，人文主义、理性主义、科学主义取代了旧时的愚昧、封闭和故步自封，成为新时代的主流。

文艺复兴就像是西方文明从古代迈入近代的一束火把，照亮了黑暗的中世纪。究其原因，在于文艺复兴与生产力、生产关系之间复杂的矛盾关系。当封建的生产关系难以适应生产力发展的要求，思想启蒙便先于社会革命迸发出来。彼时，教会对人们的思想控制已经阻碍了人们对于自由生活的要求。工商业、手工业的发展挑战了原有的封建经济秩序，文艺复兴与其说在"复兴"，不如说是一种新的思想在"诞生"。这种思想借助古希腊人文主义的影子，实际上传递的是资产阶级"人本主义"的新质。

个人主义的回归对于当时整个欧洲社会的发展来说都有着持续且深远的影响。当我们谈到西方国家的道德、伦理、价值观，总是离不开个人主义。可以说，资本主义制度就是建立在个人主义基础之上的。个人主义中的个体，是指作为独立个体的人，是作为每一个单位的个人。这意味着个人本身就是最高的价值归属，所有社会活动的最终评判标准都是是否能够满足个人的需求。这种价值评判的准则，要求个人有权利对关涉自己核心利益的事情加以支配，而不是受到他者的限制。任何以强权的形式对于个人施加的影响，一旦侵犯到个人的核心利益，就是对个人主义的否定。在文艺复兴时期，个人主义成为一种标杆，这种标杆意味着人在作出选择时，更多地考虑到了世界之内的个人，宗教中的自我，而不是外在的他者。个体本位唤醒了在欧洲沉睡了千年的人文主义思想，更是使人经受了一次精神上的涅槃。个人主义在价值观上的再选择使人将关注点从天堂和上帝转向了世俗社会和人类本体，人的现实性使得对于人的关注成为时代的潮流。这客观上刺激了资本主义经济的发展，也促进了资产阶级人本思想的出现。而这种人本思想的具体化，就是要取代封建专制制度，建立起一种新的制度，这是人类进入新历史时期的开始。

不过，现在看来，相比紧随而至的16、17世纪的宗教改革及18世纪的思想启蒙运动，文艺复兴运动在西方文明发展史中所起到的作用，象征意义要远远大于实质意义。它最重要的意义就在于公开地、振聋发聩地撕下了那时基督教世界普遍存在的"宣称的与实践的不统一、说一套做一套"的虚假面具。总的来说，这场运动有很大的局限性，它的成就主要表现在感性领域，表现在文学艺术方面，缺乏理性的批判精神。也就是说，相比发端于亚平宁半岛的文艺复兴运动，发生于欧洲中部和西部的宗教改革运动和思想启蒙运动，对西方历史发展的影响力更大。

二、文艺复兴运动对欧洲及世界文明的影响

（一）文艺复兴是世界历史上第一次资产阶级思想解放运动

文艺复兴挑战了中世纪以来君权神授的思想，是世界历史上的首次资产阶级实现解放的思想运动。文艺复兴无论是从推动世界文化发展角度，还是从促进人民思想觉醒的角度来说，都为资本主义的发展提供了必要的思想文化准备。在欧洲漫长的中世纪，无论是教皇还是国王，他们都对外宣称自己是上帝的代表，是上帝派遣他们来到人间进行统治的，以此作为他们统治合法性的依据。显然，当基督教神权受到挑战后，君权神授也失去了其号召力。文艺复兴运动的出现打破了宗教教会主宰世俗世界的局面。如果说此前的很长一段时间，基督教神权与世俗王权的关系处于相互博弈期，那么随着文艺复兴，以及

此后的宗教改革和思想启蒙运动，基督教神权彻底走下神坛，自此再也没有能力影响世俗世界和干预国家政治。文艺复兴打破了中世纪以来基督教神秘主义的传统，有力地推动了宗教改革运动。文艺复兴打破了欧洲思想界在封建高压下"万马齐喑"的局面，促使欧洲从以神为中心过渡到以人为中心，唤醒了人们积极进取精神、创造精神及科学实验精神，它对推动反封建的革命斗争起到了积极作用，促进了资本主义经济的发展，为消灭封建制和资本主义制度的确立开辟了道路。

文艺复兴在人类文明发展史上标志着一个伟大的转折。它是当时社会的新政治、新经济要求的反映，是新兴的资产阶级在思想和文化领域里的反封建斗争。又因其在传播过程中为早期的资本主义萌芽发展奠定了深厚基础，也同时为早期的资产阶级积累了原始财富。文艺复兴运动首发于意大利，后经传播由地中海沿岸转移到大西洋沿岸，出现了如罗马、佛罗伦萨、威尼斯及尼德兰等一系列新型城市，资本主义工商业开始茁壮发展，资本开始源源涌入新兴资产阶级的囊中，也为新航路的开辟、宗教改革及今后的资产阶级革命或改革提供了必要条件。故而，文艺复兴运动是一场弘扬新兴资产阶级文化的思想解放运动。

（二）文艺复兴带来了人文主义的回归，同时破除了基督教思想的禁锢

文艺复兴名义上是为了恢复古典的文学艺术，实际上是当时新兴资产阶级借此名义来发展科学技术、变革社会生活，摆脱

封建专制主义的束缚，要求一切以人为中心，关心人、尊重人、恢复人的自然本性，给人以个性自由和人身自由，强烈反对以神为中心的封建教义和文化蒙昧主义，认为人是伟大的，追求人生幸福与快乐不仅无罪还应该加以提倡。只有这样，人的创造力潜能才能被激发出来，人完全可以掌握自己的命运。这就是以人为中心的"人文主义"基本思想，体现了以人为本的价值主张。文艺复兴极大地推动了社会历史的进程，既预示了中世纪"黑暗时代"的结束，也表明了人类对自由平等的美好社会的不懈追求。

文艺复兴前是神的时代，文艺复兴后人成了主流。文艺复兴运动最重要的历史意义不在于复兴了古代的文学艺术，而在于通过对古代异教文化的复兴，热情地讴歌了一种充满人性要求和感性魅力的现世生活态度，从而使人从中世纪的虚幻理想中觉醒过来，这就是人性的觉醒。文艺复兴的核心是人文主义，反对教皇的专治，反对封建思想的束缚，追求精神自由和人权至上。这既反映了当代资产阶级的诉求，又为广大劳苦人民提供了新的精神支柱，这种观念影响深刻且久远，渗透在目前欧洲人的生活方式和思想观念的方方面面。

文艺复兴唤醒了沉睡上千年的人文主义价值观。这种人文主义价值观可以说是整个文艺复兴的理论精髓。它主张个性解放、反对中世纪的禁欲主义，倡导科学文化、反对蒙昧的世界观。在政治上，它主张人权，强调个体价值的回归，等等。后来英国的君主立宪制与法国的民主共和制，无一例外都体现了人的核心作用。人文主义的理念，让人们重新去认识人，去发现人，从人的角度去思考世界，注重人的权利的实现，将人放在与神同等重要甚至更重要的位置。随后的宗教改革运动、思想启蒙运动中涌现出的一大批优秀的学者，如卢梭、孟德斯鸠、马基雅弗利、洛克都肯定了人的价值。与此同时，由于人文主义的回归，传统的经院哲学受到了挑战，一大批新式大学在此期间涌现出来。例如，牛津大学、剑桥大学、杜伦大学都在这一时期实现了改革，出现了更多新式学科，这为此后的思想启蒙运动孕育了大量的人才。

（三）文艺复兴推动了欧洲科学水平的极大提高

在文艺复兴时期，由于禁锢人们的思想枷锁被摘去，整个欧洲社会呈现出蓬勃发展的势头。思想上的解放直接带来了科学技术的进步。其中最具代表性的科技成果主要有：

第一，活字印刷机的出现。1440年前后，来自神圣罗马帝国美因茨的金匠约翰·古腾堡发明了一种活字印刷机，这使印刷大量书籍、杂志和报纸成了可能。活字印刷机成为欧洲大众文化传播的工具。这小小的发明给欧洲社会带来了惊人的影响。首先，大众传媒的发展使得欧洲的文盲率快速下降，阅读不仅成为人人具备的一项基本技能，而且通过这个过程获得知识的人口也在不断上涨。其次，在中世纪很长一段时间内，教会掌握着对《圣经》的解释权，而活字印刷机出现以后，越来越多的人可以自行阅读、理解《圣经》的教义，这对于解放思想、突破基督教神学的束缚有着非常重要的影响。不仅如此，思想解放、民众知识水平的提高，直接导致了此后宗教改革和启蒙时代的到来。

第二，日心说的提出。在此之前，亚里士多德的地心说一直受到人们的推崇。率先提出地球和众行星绕太阳运行，即日星说的科学家是尼古拉·哥白尼。1543年，他在《天体运行论》一书中指出，太阳和地球是运动的，静止只是相对的，这种观点与圣经中的教义相对立。因此，他的日心说在当时没有得到响应。后来，哥白尼的天文学观念由伽利略和开普勒得以佐证。牛顿的万有引力定律，更为日心说宇宙观提供了有力的依据。布鲁诺在宣传日心说时，对基督教的教义逐一进行了反驳和否认，认为神灵主宰世界的学说完全是无稽之谈，宇宙空间决不存在神和上帝，进一步打破了基督教对人们思想的禁锢。

第三，罗盘的广泛使用。尽管在文艺复兴之前几千年，中国就有使用罗盘来判断方位的记载。但在西欧，随着文艺复兴的到来，罗盘开始广泛地在航海方面得以使用，加之文艺复兴时期学者和专家对地球的形状和大小有不同的解释，也提到其他大陆存在的可能性，这一切直接促进了欧洲大航海时代的到来。地理大发现让欧洲发现了新大陆，在世界范围内打造了殖民体系。这一殖民体系直到20世纪中叶以后，才慢慢退出历史舞台。

第四，火药技术的使用，让欧洲军事实力开始腾飞。随着地理大发现的到来，欧洲殖民者发现使用火门枪和火炮等火药武器能够极大地提高军队的战斗力。到了16世纪，欧洲对于火药技术的掌握已经趋于成熟，他们的船只上不但搭载了大量的火炮，而且许多军队也配备了火枪。这加速了欧洲国家在世界范围内殖民侵略的步伐。

小结

文艺复兴为当时的欧洲带来了光明的曙光。一方面，文艺复兴的思想解放带来了科学技术的进步，为之后的资产阶级革命和工业革命奠定了基础；另一方面，科学技术的进步与创新促进了人们思想层面的进一步发展，思想的启蒙进而推动了社会政治制度的革新，文艺复兴中自由、平等观念为政权世俗化及君主立宪制的出现作了铺垫。

第二章　资本主义时代

如果说中世纪是探究西方社会政治制度史的开篇，那么资本主义时代则奠定了西方社会制度与迄今为止人类文明秩序的框架。这既是一个充满了文明、进步、发展和创新的时代，也是一个充斥着杀戮、征服、战争与暴力的时代。在这个时代，人们拥抱自由、民主，充满了对美好生活的向往；在这个时代，人们也经历了苦难，承受着道德伦理对人类文明的考量。可以说，资本主义时代的到来，将人们从封闭割据推向了一体化、全球化，从过去一些碎片状的文明片段，整合成了整个人类世界历史的壮阔篇章。

以大航海时代为起点，西方国家抢占了进入工业文明的先机，近现代科学技术、市场经济和金融体系的蓬勃发展，造就了西方国家领先于世界的经济社会发展成就。航海之"术"突破，让西班牙、葡萄牙成为海上霸主；金融律法之"术"突破，让荷兰迈向鼎盛；军事战争之"术"突破，让法国、德国先后称霸欧洲大陆；工业革命科学技术之"术"突破，造就了英国成为日不落帝国……西方国家通过建立适用于当下的治理之"术"和"器"，抓住时代机遇实现了此起彼伏的大国崛起，为人类文明的发展作出了不可磨灭的巨大贡献。

然而，当资本主义发展到近当代，这些曾经世界最强国的辉煌逐渐褪去后，不适应人类社会进步的阻碍因素日渐显现。当今世界面临百年未有之大变局，在这个"危"与"机"并存的时代，只有各国摒弃意识形态偏见、革新治理理念、相互学习不同政治体制的优势与长处，国家才能走在正确的"大道"之上，世界格局变化才会摆脱充满风险的"修昔底德陷阱"。

第一节　基于新教伦理的资本主义制度设计

随着封建王朝的逐渐衰落，资本主义时代开始走上了人类历史的舞台。但是，资本主义制度构建的过程及资本主义精神原旨，都与基督教基本教义和新教伦理紧密相关，甚至可以说，资本主义制度设计在很大程度上是基于宗教的。因此，对资本主义制度的探究还要从宗教改革运动论起。

一、从宗教改革到资产阶级革命

当历史进入16世纪，新兴资本主义生产方式已经在欧洲具备了充分的影响力，生产力的发展在极大程度上推动了欧洲资本主义的萌芽。而随着新兴资本主义生产方式的产生，代表资产阶级利益的新贵族与大地主、大领主为代表的旧贵族之间的矛盾日趋激烈，阶级矛盾逐渐激化。尽管在王权和教权斗争的过程中，英、法两国的国君获得了更多对国家权力的主导能力，但这并没有能够给资本主义的发展提供更多的空间。教权也好，王权也罢，目的都是在于保障既有利益集团的权益，而非资产阶级的利益。文艺复兴之后，这样的情况得到一定的改观，在很大程度上，这与整个欧洲社会的思想解放有着密切的关联，而体现资产阶级利益的一些思想，如个体自由、平等、竞争等，也越发受到人们的重视，这些为宗教改革提供了思想的沃土。

正如历史上的多次思想解放运动，宗教改革运动也是在知识阶层中最先出现的。实际上，宗教改革运动的导火索是马丁·路德的《九十五条论纲》。在这篇文章中，马丁·路德揭露了一个非常发人深省的事实——赎罪券并不是通往救赎的唯一手段。在他看来，赎罪券不但无法使人获救，而且还会影响到教会的正常运转。这一观点由于与天主教会的统治思想存在显著的差异，而在欧洲范围内引起了广泛的讨论，最终发展成为基督教自上而下的宗教改革运动。

宗教改革运动对于欧洲资本主义发展产生了极其深远的影响，不仅奠定了新教基础，还瓦解了天主教会所主导的政教体系，为后来欧洲资本主义的发展及多元化的现代社会奠定了基础。在漫长的中世纪，尽管在法兰西、德意志和英吉利，国王和教会之间的权力之争从未停歇，但基本上都保持权力在国王和教皇之间来回摇摆，并不会出现权力流散的局面。但是在宗教改革之后，这种情况发生了很大的变化，突出表现为人们可以根据自己的理解去阅读《圣经》、解释教义，这就为思想解放打开了大门。不仅如此，思想上的解放也让人们有更多的机会发展文化和教育事业，一些新的思想，特别是科学的观念得到广泛传播，人们开始从禁欲和蒙昧走向理性与开放。在宗教改革之后，欧洲的资产阶级开始逐步取代封建君主和领主，成为欧洲潮流的领导者。

二、基督教传统与资本主义制度设计

基督教传统与资本主义制度的设计构建有着密不可分的联系，基督教的许多经典教义理念，如契约主义、共同体意识、平等思想与人权观等理念对于资本主义制度设计的影响十分深刻。

（一）契约主义

资本主义制度在西方的兴起跟契约主义是分不开的，社会契约论对资本主义国家的塑造起到十分关键的作用。洛克、卢梭、孟德斯鸠、休谟都有过对契约主义的探讨，他们一致认为社会公共权力的合法统治必须建立在人民同意的基础上，用休谟的话来说，契约论者都会断言："每个合法的、臣民对之负有效忠义务的政府最初总是建立在人民同意和自愿的契约之上的。"[①]这并不是一种等级上的压迫关系，而是建立在相互一致的合意基础之上的。也就是说，人们为了某种诉求，在相互意

---

① 休谟：《休谟政治论文选》，张若衡译，商务印书馆2010年版，第123页。

见一致的情况下，选择放弃一些自己的权利，从而来实现这种诉求。

早期基督教思想中孕育着一些契约主义的理念，在资本主义制度兴起后就逐渐演化为资本主义社会的基本伦理。具体而言，有以下几点：第一，人与人之间是相互平等的。如果缔约的双方无法做到对等，也就不存在平等缔约的关系。没有平等条件的缔约，必然是一种严格的等级秩序。第二，自由和理性的原则。除平等之外，契约主义还体现着自由和理性。这里的自由包括缔约的自由、不受他人胁迫而进行选择的自由等。这里的理性意味着每个人都可以经过理性思考，决定自己是否缔约。契约主义的观念与封建时期的思想意识存在显著的差别，这种差异性客观上也决定了文艺复兴和宗教改革后整个欧洲社会的思想形态发生显著的变化。

（二）共同体意识

实际上，基督教对人类世界的统治，就是一种意识形态控制，是在整个基督教世界搭建起上帝的神圣不可挑战的威仪。它从东地中海的城市中脱颖而出，改造、重组，甚至创造了"欧洲"大陆，规范并"调和"欧洲大陆上的权力争夺，并一直希望建立一个统一的基督教国家。共同体意识则依托于基督教世界大一统思想的影响。

千年的基督教传统深刻地影响着欧洲人的整体性特征，基督教发展的历程与欧洲封建制度、资本主义经济发展也呈现亦步亦趋的特征。在欧洲中世纪，人们常常把人世间看作天国的对照，天国是由上帝来统治的，那么人世间也理应有一位主宰者作为上帝的化身统治人间，这样的观念为中世纪欧洲的教皇统治提供了合理性依据。宗教改革以后，尽管基督教神学在欧洲大陆的统治瓦解了，但却残存了共同的历史根源和宗教意识，至今仍对欧洲认同产生持久的影响。基于不同国家在基督教文化上的共性，欧洲各国逐渐形成了价值上的共同体，以及在精神层面的共同体。这也就是后来我们经常所言的"基督教世界"。似乎宗教以一种无形的力量将奴隶制国家以来的诸多欧洲国家，聚拢在对神学崇敬的周围。这种无形的力量，就是"基督教共同体主义"。受其影响，所有基督教徒似乎都成为基督教共同体的一个组成部分，而对于其他非基督教国家和人民来说，这个共同体显然是排他的。总之，共同的信仰为人们创造了共同的生活目标，共同的世界观、价值观，以及对整个基督教世界的集体认同，也成为欧洲形成共同价值的基础。

　　这一方面激发了民众对共同宗教信仰的认同，另一方面也促成了民族主义的兴起。宗教改革打击了罗马教会的权威，使欧洲各个国家建立起具有民族性的宗教体系，激发了人们的民族意识和民族精神，推动了近代早期的民族运动。在此后的100多年间，民族主义在欧洲社会逐渐迸发出巨大的能量。在工业革命前夕，资本主义已经被包容在一个由竞争性的地缘政治国家所组成的文明中，基督教不再能规定这种文明的基本统一体。实际上，除了说它是一种"欧洲"文明外，很难用其他说法来描述这种统一体的性质。一种共同的欧洲人加基督教的认同意识散布得更为普遍，而这种身份认同不是由某个超民族的权威组织带来的。到了18世纪中期，资本主义经济关系和一系列拥有军事力量垄断权的领土型国家联合起来。特别是20世纪70年代以来，随着欧洲一体化趋势的不断发展，欧洲共同体所代表的精神共同体更是激发了人们对于共同精神理念在制度层面的影响。

（三）平等思想与人权观

基督教的教义与教规，从制度原则和运行形态上都与现代宪政的人权核心有相通之处。基督教的教义中关于平等的思想推动了人权理念的发展，也在一定程度上改变了社会中女性和奴隶的地位。基督教早期的教众大多是社会底层的贫苦大众，因此其教义必然是在一定程度上代表和反映其需求的，其教义中有几条鲜明体现了关于平等的理念：一是所有人在上帝面前尽皆平等，都为上帝之子民。二是所有人的原罪平等。基督教认为，所有人生来都带有原罪，即上帝面前人是没有贫富贵贱之分的，上帝面前只有罪人。他们虽然要求自己的信众服从于神，但不允许信众之间存在不平等。这些思想进一步推动了基督教在民间尤其是底层平民间的传播普及，也为之后资本主义政治、经济制度的确立打下了一定基础。

人权原则和人权制度，不仅有平等主义的理念，更重要的是基督教戒律中出现的权利观念。"天赋人权说"是基督教世界观的产物。因为上帝先造人，而后才有政府，人权是上帝给的，政府的存在是上帝许可的，但人权是在政权之上的，因为民主是民众选出政府，且人权是永恒的，政权是经常更换的，所以民众的权柄比政府大，不能把政权绝对化，然后把人权相对化。由于强调人权，因此基督教认为政府的权力应该受到限制。尽管人的肉身在人世间，但是他们的灵魂在别处，国家无权干涉人类的精神生活。这种观念使国家无法为所欲为。在基督教诞生和发展的很长一段时间内，基督教得不到社会的认可甚至被政府所压制，因此基督教对于政府的不信任，对于权力的不信任，使得他们主张对权力加以约束。因此，基督教主张国家权力的有边界性，"有限政府"的理念在欧洲非常具有影响力。

三、新教伦理与资本主义制度构建

对于基督教对资本主义制度构建究竟产生了怎样的影响，德国社会学家马克斯·韦伯曾作出了深入研究。马克斯·韦伯在《新教伦理与资本主义精神》一书中详尽阐述了新教与资本主义制度之间的密切关联。韦伯指出，"来世观念、禁欲主义、宗教虔诚与讲求实际利益的资本主义之间并没有直接的冲突，两者之间反而存在着一种极其密切的关系"。越放手发展资本主义，新教徒在社会中人口的分布状况和就业结构的调整就越发明显。在工商业界的经营者、资本所有者及现代大型工商业的高级技工中，新教徒占绝大部分。新教与天主教存在显著的不同。天主教徒更为平和，极少展露物欲，宁可过一辈子收入不高而且生活简朴的日子，也不愿意为了名利而去冒险。相反，新教徒似乎对征服和挑战世界有着更大的憧憬。天主教和新教在人的归宿这一问题上，有着显著分歧，天主教徒更重视来世的观念，而新教徒则更看重现世的享乐。事实上，自宗教改革以来，新教伦理和资本主义的时代变迁越发具有紧密的关联性，这种关联性客观上促进了科学技术的发展、经济水平的提升及整个资本主义社会制度，如法律、制度、宗教等多方面的融合与进步。韦伯揭示出资本主义精神实际上传递了勤勉、刻苦、谨慎、竞争等思想，倡导人们把资本投入生产和流通的全过程，并将经济至上的理念传递到其他的社会领域。这也就从客观上形成了一种带有普遍主义色彩的社会精神气质，这种气质就是资本主义精神。

资本主义精神与新教伦理之间的关系十分密切。例如，加尔文教推崇"预定论"，即上帝仅救赎部分世人而非所有人，这一部分世人的身份也就是被上帝选中的"选民"，只有这些早就被预定好的"天选之子"才能得到救赎，其他普通人即便如何努力也无法解救自身。这种"预定论"抑或说是"宿命论"在一定程度上导致了人们的经济财富焦虑，因为这种说法下人们证明自己是"被上帝选中的人"的衡量标准主要是世俗职业上的成功，从而世俗经济上的成就不再是为了创造和挥霍财富，而是成了一种印证上帝对自身恩宠的神圣天职，这也就推促产生了以勤奋刻苦地创造财富为事业核心的资本主义精神。

过去，宗教对于人的束缚是粗放的、唯意志的、松散的，而16世纪以来，这种影响的方式出现了变化，一种从私人空间到公共领域全方位的控制，正在基督教世界蔓延开来。对于当时的英国、荷兰等一些国家来说，它们非常欢迎这种宗教的回归。在这些当时经济最为发达的经济体中，统治阶级并没有对教会对人的控制表达任何的不满，相反则从保卫这种专制情绪中产生了一种英雄主义。

在宗教改革中，出现了一系列新式宗教，它们都是来源于基督教的传统，因此并没有脱离基督教的基本教义。这些宗教有路德教、加尔文教、英国国教等。这些新教对资本主义制度的建立及资本主义经济的发展起到了重要的作用，比较有代表性的是加尔文教。相比较其他的新教，加尔文教不仅强调内在的信仰，还更加重视外在的行为。加尔文教主张人们不仅要做到内心的自省，更重要的是，还要在外在的生活与工作中，以淳朴、友善、节俭的美德约束自己。一定意义上说，资本主义要求信徒们克制欲望、倡求节制。这些理念在深层次上是与早期原始积累阶段的资本主义文化理念相契合、与资产阶级经济生活相适应的。

加尔文教不仅为资本主义追求财富的初衷提供了道德上的合理解释，还从经济学的角度对资本主义经济发展，如对信贷、银行存在的必要性和利息的合法性等，进行了论证阐释。这些观念不仅在神学上受到了肯定，而且也成为市民阶层的经济诉求。特别是和新兴资产阶级力量的壮大紧密结合在一起，从而衍生出了一种新的道德价值及社会理想。加尔文教对追求财富和事业上的成功所赋予的神圣性将新兴资产阶级紧密团结起来，其所内含的节俭要求也使其逐渐演化为资本主义社会发展的精神动力。

概言之，基督教新教对资本主义的发展所产生的作用归纳为如下三点内容：第一，入世精神。新教徒追求在现世积极工作，追求现世的幸福，从而荣耀上帝的心以赚取资本，在这个过程中，得到上帝的肯定。这在很大程度上促进了资本主义经济的发展。第二，禁欲主义。这种禁欲并不是千年中世纪流传下来的禁欲主义，并不是要对人性进行抹杀。新教中要禁的不是对于金钱的渴望，而是好逸恶劳的态度和由财富所带来的肉欲和懈怠情绪。真正的禁欲不是让人们不追求财富，恰恰相反，是要在持续的劳动中获得自身的价值，而这些激励了财富的积累和经济的发展。第三，功利主义的世界观。从当下来看，功利主义也许带来了人类社会发展中出现的享乐主义、金钱至上的观念，但是在资本主义发展初期，功利主义传递了这样一种职业伦理：要在不断努力奋进的过程中，以追求功利的行动证明自身的价值。综上，新教伦理在推进资本主义制度的构建、资本主义精神发展中，起到了不可替代的重要作用。

小结

基督教作为资本主义上层建筑的一部分和西方文明的主流意识形态，对西方国家资本主义制度的产生发挥了特殊而深远的作用。在漫长的历史进程中，基督教所宣扬的原罪、堕落、救赎等观念，深深渗透到西方社会的方方面面，西方的人权与民主、民族观、政治制度、权利制度的构建，以及法律面前人人平等重要信条，造就了西方国家延续至今的社会制度和道德观念的基石。

第二节　大国崛起的道路轨迹和时代背景

研究各个国家政治制度的成长发展历程，回望强国的崛起之路，对比各国崛起的历史曲折与当下时代的和平与竞争，可以以史为鉴，回顾历史、总结经验，从历史中汲取智慧和力量，学习不同政治体制的优势和长处，深度思考未来治理之路。

一、欧洲大国崛起的时代背景

当我们回顾世界大国，尤其是欧洲国家的崛起历史，不难发现它们都存在一定的相似之处。欧洲国家之所以能够在大航海时代到来以后率先崛起，一个重要的原因是它们独特的地缘优势和对广袤大海探索的激情。当代对欧洲问题展开研究的学者存在一个共识，即欧洲近代文明发源于地中海。自然条件决定了地中海比汹涌的大西洋在夏季水面更平静，在古代人们更容易乘坐帆船横渡。在地理大发现之前，欧洲航海技术还不足以远涉大西洋，因而地中海便成为欧洲商贸的中心地带。这是因为地中海地理位置非常特殊，它不但连接了欧、亚、非三大洲，而且将当时欧洲最主要的一些国家，如法国、意大利、西班牙、葡萄牙等都连接在一起，地中海以其得天独厚的地理条件曾经让亚平宁半岛上的威尼斯、佛罗伦萨等城邦国家领世界风骚一时。地中海的特殊性还在于，地中海沿岸的欧洲国家在宗教信仰方面具有相似性。由于它们的生产方式突破了原始的畜牧或农耕经济，商品经济十分发达，这为后来地中海沿岸国家率先开始走向大西洋奠定了基础。

资本主义生产方式虽然起源于地中海沿岸，但在迈向近代的过程中随着自由贸易市场不断扩大，开始渴望走向更为广阔的全世界。随着地中海地区贸易经济的不断发展，有形市场的逐渐扩大，城市繁荣程度的逐步提高，资本主义生产方式终于冲破封建领主庄园经济的桎梏。威尼斯便是一个典型案例。其发展之路不但种下了后世资本主义发展的基因，而且还建立了强国雏形。威尼斯人当时形成一种近乎"一切向钱看"的意识，他们在宗教上不相信神，更不信任主教，只相信自己的获取。因此，他们使威尼斯的政府表现形式就像一个"商业公司"。不过，威尼斯作为伸向地中海亚平宁半岛上的一个城市共和国实在是太小了，当历史的洪流需要开辟一条由大西洋绕道好望角到达东方、一条横穿大西洋直达"新大陆"的崭新航路之时，威尼斯"地利"不在，风光不存。欧洲人必须另辟蹊径，开辟一条不同于从地中海经波斯湾到东方的新的贸易路线，来得到他们梦寐以求的香料。于是，大航海时代随之来临，半岛之上的各个城邦国家衰落下去也就成了必然。勇于探索和冒险的欧洲人不再满足于在地中海里做二手贸易了，而是希望到更大的海洋里搏击风浪，追求更大的利益。大航海时代（15世纪至17世纪），实是资本主义扩张的前夜，人们对于金钱与自由的向往奠定了资本主义制度逐利性的主基调。

大航海时代与地理大发现不仅让欧洲人"发现"了世界的版图，更重要的是，还发现了巨大的发展潜力和广阔的商品市场。当欧洲的坚船利炮抵达美洲、非洲和澳洲之时，原住民友好地向他们拥抱，换来的却是屠杀与暴乱。世界殖民体系在非洲、美洲、澳洲迅速建立起来，美其名曰为这些"荒蛮之地"带去了"和平"、"信仰"与"文明"，实际上就是用这些地区完全不能接纳的基督教神学思想和残酷的殖民体系，扼住了当地人民自由发展的咽喉。面对比较落后的原住民，欧洲侵略者俨然对他们进行了"降维打击"。殖民体系在一个多世纪内，在世界范围内建立起来，原先的欧洲秩序被拓展至全球。这种殖民体系给欧洲国家带来了巨大的财富，无论是教会或是国王贵族，无不盆满钵满。但这种殖民体系却没有能够给欧洲广大民众带来幸福生活，反而是使欧洲各国贫富差距被进一步拉大。而且廉价原材料和农产品的涌入，加速小手工作坊的破产，让底层民众的生活变得更加困难。原有制度体系之下的生产关系已经无法满足生产力发展的需要，无法推动社会历史发展的前进，这是封建专制制度的末日黄昏，亦是新的时代与新的制度到来前的晨曦与破晓。

世界殖民体系和地理大发现，直接促进了欧洲经济的发展，随之而来的是生产力发展水平的进一步提高，这也促进了科学技术水平的进一步提升。在完成了资本的原始积累后，随着瓦特改良蒸汽机，欧洲国家迈向现代化的进程拉开了序幕。18世纪上半叶，工业革命在最发达的棉纺织业最早出现，以"飞梭"、珍妮纺织机、改良型蒸汽机为代表的一批工具投入使用，欧洲正式进入"蒸汽时代"，第一次工业革命到来了。在18世纪以来的100多年时间内，欧洲完成了对于世界其他地区的完全超越，起先是在经济层面，后来随着生产力的逐步提升，生产关系为适应生产力而不断变革，经济基础的变化使得文化、制度等上层建筑也都实现了跨越式发展。先进的生产力促使了制度的改变，而相较于封建制度更为先进的资本主义制度，也为欧洲大国的崛起奠定了制度基础。反观过去的一些强国如中国、奥斯曼帝国等，由于受到封建制度的桎梏，生产力得不到发展，也未实现制度层面的变革，都逐渐没落下去，世界格局由此完成"西升东落"的转换。

由此可以看出，制度因素对于国家的崛起与大国地位的变化是有至关重要的作用的。如果把一个国家的实力变化看作因变量，那么科学技术和制度因素就是两个最重要的自变量，大国之崛起固然离不开科学技术的进步，但更与一个国家用什么样的制度组织各种生产要素和治理要素，充分发挥各个要素的活力有关。

二、欧洲大国崛起的道路轨迹

（一）海上的探险者：葡萄牙

欧洲大国的崛起与衰落，都离不开制度因素在其背后的作用。15世纪的欧洲，已处于资本主义扩张的前夜，为了筹集商品经济快速发展所需的货币和资本的原始积累需要，又因为奥斯曼帝国控制了亚欧的陆路通道，欧洲新兴资产阶级开始探寻新的通往亚洲的通道。这一运动始于资本主义制度的萌芽对于资本原始积累的需要，整个过程却几乎贯穿了人类的近代史。航海探索不仅开辟了新航线、发现了新大陆，还带来了全球物资和贸易的流通，推动了商品经济的发展，催生了工业革命，开启了人类走入世界历史的开篇。

如此一项浩大的航海探索运动，它的序幕却是由不起眼的葡萄牙王国拉开的。当时的葡萄牙即将成为一个近代意义上的民族国家，但其能成为大航海时代的开路先锋，则是时势使然。首先，相较于欧洲其他国家，葡萄牙最大的优势便是在地缘方面。葡萄牙的地理位置决定了它势必要以海洋作为朝着大国发展的方向。由于背靠强大的西班牙，葡萄牙除了出海探险之外，没有太多可供选择的道路。其次，葡萄牙在欧洲国家之中，面积并不大，而且在很长时间内，由于一直是西班牙的属地，所以葡萄牙在欧洲事务中，并没有太多的话语权。由于国力不够强盛，葡萄牙民众的权益往往也很难得到保护。再次，葡萄牙是个资源比较匮乏的国家。在工业革命之前的很长时间里，国家的发展主要依靠本国的土地和资源。但是葡萄牙国内面积狭小，资源比较有限，国王即便想要横征暴敛，也无法发掘更多可供挖掘的财富。从这些方面来说，葡萄牙向海上进行探险具有必然性。最后，由于葡萄牙处于伊比利亚半岛之上，而伊斯兰国家与伊比利亚半岛隔海相望，这就使得葡萄牙也有一定的外部危机。总而言之，这些原因促使葡萄牙的发展必须依托于远航。

每当历史转折的重大时刻都会有重要人物出现，而重要人物的出现也加快了历史重大时刻的到来。对于葡萄牙来说，这个人便是亨利王子。他是带领葡萄牙率先起航大西洋的最重要人物，对于当时的葡萄牙改变对外政策起到了关键性推动作用。在他的带领下，葡萄牙成为当时第一个世界性的帝国。在此之后，达·伽马对于海洋的探索更是远远超出了葡萄牙沿海的地区。1498年5月，达·伽马开辟了从大西洋沿岸，绕过好望角前往印度的航线。这条航线的开辟直接终结了此前阿拉伯人对印度洋的绝对控制权。为了获得长久的商业利益，船队变成了舰队，探险变成了殖民，控制变成了统治，武力占领成了葡萄牙保障其商业利益惯用的手段。1511年8月，作为第一位并非出身王室而被葡萄牙国王曼努埃尔一世授予公爵称号的阿尔布克尔克，占领了作为中国重要藩属国的马六甲（中国明代称为满剌加），继而最终占有了欧洲人梦寐以求的香料群岛——摩鹿加群岛（今马鲁古群岛）。这当然也动摇了当时中国的朝贡体系，即一种以中国为主导的"自古昔帝王，居中国而治四夷"的东亚国际秩序，这一时期成了"葡萄牙历史上最富裕的时期"。

葡萄牙对新航路的开辟，西班牙对新大陆的发现，为欧洲的权力中心从威尼斯、热那亚等意大利的城邦转移到伊比利亚半岛奠定了坚实的基础。这两个国家成功的经验很相似：都是比其他国家先行一步，通过百折不挠的精神，发现通往富裕远方的航路，开展了对其他大洲的掠夺和贸易，从此开始了积累巨额财富的过程。它们这种行为的意义是非凡的。历史地看，抛开殖民掠夺的性质不谈，"到东方去"新航路的开辟和地理大发现序幕的拉开，有两个积极的意义。一方面，改善了人类的知识结构，加速了人类文明的进程，使本来相互隔绝的世界各地联系在一起，使在东西方长期对抗中，尤其是面对蒙古军队的进攻，面对穆斯林的冲击，只是处于守势的西方，终于处于优势地位，逐步成为世界的中心，并且最终奴役东方；另一方面，西方世界发展的中心斯时则自然地逐步从地中海沿岸转移到大西洋沿岸，世界强国之路也就从亚平宁半岛上的城邦国家威尼斯、佛罗伦萨过渡到大西洋边的新兴的民族国家葡萄牙、西班牙。之后，通过宗教改革运动和思想启蒙运动的推波助澜，曾经的强国之路再次在大西洋中转向沿岸的荷兰、法国、英国、美国，它们先后完成了资本主义强国的接力。

在资本主义强国崛起之路上，相对于那些绝难重复的先行者的成功经验，导致它们很快衰落的失败教训更应引起我们的注意。正如前文所述，欧洲大国的崛起与衰落，可谓成也"制度"，败也"制度"。从大国兴衰的历史来看，制度是一个非常关键的因素。以葡萄牙、西班牙两国为例，两国在开辟新航路后，在物质上积累了巨额财富，逐渐步入世界舞台的中央，但强国地位难以长久保持，反而是被英国和法国等国家后来居上，究其根本，是因为政治制度限制。在新航路开辟后，葡萄牙和西班牙迅速掌握了巨额财富，然而在腐朽的政治制度之下，这些财富却只被贵族和国王用于奢靡消费，不用于扩大生产、革新技术、促进科技进步，结果非但不能为自己找到可持续发展的动力，反而造成了一种只有增长而没有发展的陷阱。除此之外，两国在政治上仍旧追求专制的中央集权，在思想上追求一元的正统天主教，绝不容忍所谓的异端出现。这样的制度下，它们既没有将积累的原始资本用于提高生产力，也没有主动变革去建立先进的制度和调整生产关系，却盲目追求自己国力所达不到的目标，因此逐渐耗伤了元气。与之相反，同样位于大西洋沿岸，同样取得地理优势的尼德兰、法国、英格兰，不仅能够紧紧抓住历史给予的契机，还能在经济制度和政治制度上实行一个又一个创新。终于，面对欧洲其他后起之国的追赶，气喘吁吁的葡萄牙和西班牙尽管拼尽了全力，最终也不得不丢失了领跑的优势。历史的舞台把它的灯光打在了后来的强者身上。纵观葡萄牙、西班牙日渐没落与英国、法国逐渐强盛，可以看出，一个国家的兴起必然是因为实行了一种见长的、先进的制度，一个国家的衰落也定然源起于其腐朽、不革新的政治制度，因此，制度创新是大国崛起的关键因素。

（二）海上马车夫：荷兰

葡萄牙和西班牙逐渐淡出历史舞台后，"海上马车夫"荷兰成为下一位"接力者"。荷兰又称尼德兰王国，在成为海上霸主之前，荷兰在很长时间内仅仅是西班牙的一个行省。但是荷兰在地理位置上具有独特性，它毗邻比利时和法国，又与英国隔海相望。虽然国土面积不大，但是却有着漫长的海岸线。16世纪中后期，荷兰逐渐脱离了西班牙的控制，在资本主义经济的促动下，逐渐成为西欧国家中最早实现崛起的国家。

在西班牙统治期间，荷兰的商品经济实际上就已经得到了较快的发展。由于荷兰所处的地理位置比较特殊，非常便于开展贸易和对外殖民，因此也是整个西欧地区手工业、纺织业最发达的地区。到了17世纪，西班牙更是加紧了对荷兰的剥削，西班牙有一半以上的税收都来自这个地区。不难想象，封建王朝对荷兰的剥削，与资产阶级发展资本主义经济是背道而驰的。如果荷兰无法从西班牙的高压统治中"松绑"，就很难进一步解放和发展生产力。但是西班牙统治者显然不希望失去这块沃土，他们加紧了对荷兰民众的剥削，采取了诸如禁止荷兰商人进入西班牙港口、禁止他们同西班牙属地的贸易往来等手段，从而实现对荷兰的进一步控制的目的。

荷兰意识到想要获得发展，就必须脱离西班牙的专制统治和思想禁锢。随着欧洲文艺复兴的不断发展，荷兰也掀起了以"破坏圣像"为代表的反封建斗争，其目的就是为了反抗传统基督教会对新教徒的迫害，推翻西班牙殖民统治。这样的局面显然是西班牙统治者无法接受的，于是西班牙皇家军队与荷兰抵抗军爆发了激烈冲突，这也拉开了荷兰独立战争的序幕。直到1581年7月26日，由奥兰治亲王威廉执政的"联省共和国"宣布成立，建立了商业资产阶级和贵族联盟的寡头政治。由于在联省共和国中，荷兰省最大，经济也最发达，所以也被称作荷兰共和国。荷兰共和国政府是由各城市和省组成的联盟，是一个松散的联合，但或许正是这种松散，让荷兰共和国的权力机构愿意倾听企业家和商人们的意见，从而营造了一个宽松自由的商业环境。荷兰可谓是自生自发资本主义的典型，其独立后所实行的这种共和政体使得国民享有了充分的自由和民主权利。在共和国政府里，虽然作为国家公仆的执政官——政府首脑掌握着很大权力，但这样一种政府模式主要是为大众（相对君王一人而言）的私人的利益服务。当时，荷兰很多企业家慷慨捐助，政府建立起社会福利制度，大力资助科学研究和发明创新，提高居民的收入水平，这些都成为经济发展的软实力，极大地激发了人们创造财富的积极性，像磁石一样吸引了欧洲的科技精英和商人。这种转变既是作为人类历史上第一次成功了的资产阶级革命的重要成果——建立了欧洲第一个资产阶级共和国，也为经济的持续发展营造了一个宽松自由的商业环境，为荷兰资本主义的发展创造了条件。因而，可以说，荷兰的崛起在很大程度上要归功于当时的政治制度所赋予的宽松经济环境。

在16世纪的后半叶，荷兰的资本主义迎来了黄金发展时期。荷兰人用三桅商船即大型平底船运输货物,不但运力更强,而且价格低廉,到1600年时荷兰便已经拥有近万艘船,并组建了当时世界上最大的商船队。由于荷兰在造船方面的突出优势,在那一时期荷兰一直充当着其他国家,诸如英、法、西班牙等国之间交通运输者的角色。在海军军舰方面,荷兰更是具有压倒性优势,荷兰的海军军舰的数量几乎超出英、法两国海军的一倍,使他成为当之无愧的"海上马车夫"。更为重要的是,荷兰人发明了股份制企业、证券交易所、商业银行、信用体系等一系列金融手段,大大加快了资本主义的发展,可以说,在整个17世纪的100年里,荷兰建立了海上霸权,并助推荷兰经济飞速发展。

然而,失败永远比成功要容易。过度依赖外界的经济和各行其是的地方政权使荷兰受制于人,频繁地介入战争及英、法的崛起,更是让荷兰的财源愈加减少。

一方面,荷兰的经济主要依靠外界,而实体经济弱小。实际上,荷兰本身资源不多,经济繁荣过多地依赖对外贸易。当18世纪到来,英、法逐渐从内部混乱中抽出身来,采取高关税和对本国企业进行高额补贴的办法与已占据垄断地位的荷兰展开竞争。曾经拥有先发优势的荷兰并没有进行有意识的制度改革,致使其在发展到一定阶段后,国家的财富仅聚集在少数人手里,而无从流通到下层社会,因此无法继续扩大生产与消费。简而言之,就是内需刺激不足。因此,经济主要靠商业贸易的荷兰,并没有出现类似英国的工业革命。在这种情况下,荷兰的实体经济非常弱小，工业规模较小且无竞争力。更何况，商业贸易在当时还受到保护主义和军事禁运等因素干扰，这使得荷兰时常受制于人，有时荷兰的部分投资者们甚至会血本无归，对荷兰经济的总体繁荣造成了极大危害。由于荷兰始终没有形成相应的监督体系，也没有建立相应机构进行宏观调控，最终导致投资银行侵害小投资者的利益，荷兰的金融优势转变为劣势。

另一方面，荷兰的政治制度对其进一步发展也形成制约。正所谓"木秀于林，风必摧之"，繁荣的荷兰引起了贪婪的欧洲各国君主和资产阶级的垂涎。以贸易立国的荷兰，本应需要强大的国家实力和军事力量予以保证其立国之本。可是，依靠利息就能过上不错生活的荷兰人却逐步养成了一种安于现状的国民精神，对于不断增加的衰退信号无动于衷。当荷兰因不断地卷入战争而支出大量军费，地方政权各行其是，导致各海军部破产后，没有武力支撑的荷兰商船就成了他国海军和海盗最喜欢袭击的对象。荷兰共和国陷入一片混乱，最终被作为法国附庸的巴达维亚共和国取而代之。深究荷兰军事力量薄弱的原因，主要还是没有适时地进行政治制度的变革与调整。事实上，在17世纪时，荷兰是欧洲最重要的军事强国，然而荷兰虽然较早地成了共和国、拥有了议会制度，但是却未能着手进行现代性建国。作为现代化的先发国家，荷兰过于依赖自生自发的因素，而不是积极地去建国立宪，这就导致荷兰的政治制度对其进一步发展形成了制约。对当时的荷兰来说，就建国立宪而言，本有两种选择。一是像美国一样，结束邦联的松散状态，建立一个强大的联邦政府，同时走向民主共和国，把国家建立在公民个人的基础之上，而不是依赖贵族、家族、教会等中介组织进行统治。然而，当时掌握实权的大议长德维特并无意向这个方向推进，他过于重视商业阶层的利益，而非平民的利益。二是像光荣革命后的英国，实行君主立宪。实际上，当时荷兰的奥兰治亲王正是后来在英国实行君主立宪的英国国王威廉三世，然而当时掌权的德维特却不想让奥兰治亲王就任国王，甚至剥夺了其执政权。之后，随着英荷战争的爆发，常年的征战耗干了荷兰的金库，自生自发走向商业国家的荷兰由于没有现代国家制度作为保证，逐渐沦为二流国家，其领先地位逐渐被英国所取代。

（三）大陆霸权的崛起：法国

在腓力二世执政期间，法国迎来了封建王朝时期的第一个高潮，也是最早的兴盛期。腓力二世实现了法国由诸侯割据、纷乱不止迈向中央集权最重要的一步，他不仅建造了巴黎城并确立了其无可撼动的首都地位，并且不断加强王权和扩张王室领地。其后，虽然法国的领土及疆界继续处于不断变化之中，法国王室的领土归并历程仍然充满着各种棘手难题，但是，经过英法百年战争，法国终于扫清民族统一征程中最大的障碍，为日后在欧洲大陆扩张打下了基础。当然，法国的统一并不是单纯依靠军事的征服，王室在领土归并过程中，更多地是借助继承、婚姻等非军事手段。这种既通过豪夺也通过巧取的手段获得的产业，随着王室威信的日益提高和王室实力的不断增强，从对王权的向心趋势上看，是不断地得到了强化。

当法国历史行进到波旁王朝时，开始了加速度发展。亨利四世为此王朝的首任国王，他在法国长期的混乱之后，重新建立了一个统一且蒸蒸日上的国家。亨利四世的政绩可以说是十分完美的，他对宗教采取宽容对待的方式，这在那个时代是极为难得的，他出于法国民众多是天主教信徒的考虑将天主教立为国教，但同时又给予了新教徒充分的信仰自由，赢得了民心。除此之外，他还倡导充分实现经济发展，要达到让每个法国农民的锅里都能拥有一只鸡的标准。

法国封建王朝的转折点发生在"太阳王"路易十四执政时期。他以绝对君主制建立起一个强大的法兰西帝国，为了宣扬君权神授和维护君主的权威，他打压法国贵族和教会势力，重用有非凡才干的中产阶级，建立起成熟的外交和法律系统，保证了法国政府有条不紊地运转，为国家经济的发展提供了稳定的环境。在他看来，若想获得至高无上的权力，还必须统一法国的宗教信仰，禁止宗教自由，所以他对新教徒施加压力，限制新教的权利。尽管其粗暴的政策让很多新教徒被迫迁往其他国家或地区，造成了人才的流失，但在那一时期，这样的绝对君主制对于增强皇帝的权威、捍卫强大封建王朝的绝对统治却大有裨益。路易十四所推行的绝对君主制使法国的封建王朝达到了强盛的顶峰，但也暗中埋下了一颗"定时炸弹"。国王权力的极度膨胀，压抑了法国资产阶级的产生与发展，资本主义虽在那时"破土而出",却未能在封建王朝中找到合适的土壤。这种矛盾在酝酿、在激化。

资本主义与封建制度的矛盾激化于1789年席卷法国的大革命中,这场革命而后波及了整个欧洲社会。在大革命迸发出巨大能量之前,法国社会中三个等级之间的矛盾和张力已经越发显著了。处于第一等级的教士和第二等级的贵族占据了社会的统治地位,却并没有为整个社会发展创造任何实质性的财富,而是通过压迫和榨取第三等级的利益,从而获得更多的财富。而资产阶级和市民阶层作为第三等级,处于绝对的被统治地位。他们任劳任怨,但是却强行被第一、第二等级剥夺了大量的收入,生活困苦。在这样的情况下,三个等级之间的矛盾逐渐发酵。在18世纪末,第三等级为主体的革命力量已经逐渐形成。这其中,农民和城市平民成为革命的主力军,而资产阶级凭借其经济实力、文化素养和政治才能,成为革命中的领导阶层。因此,法国大革命从其性质上来说,是一场资产阶级的革命。这场革命向资产阶级揭示了两点:第一,法国人民群众的力量不可忽视。每当到了革命的紧要关头,人民群众都会推动革命的发展。因为贵族的压迫,法国人民承担着沉重的税收,却毫无政治权利。同时,资产阶级虽然赚取了大量的金钱,却同样接受着贵族阶级的剥削。正是因为这一点将双方团结起来,并且爆发了革命。第二,旧贵族与资产阶级的矛盾已然达到了不可调和的地步。在这场斗争中,双方只能坚决斗争到底,直至其中一方消失。此后,法国的封建统治被推翻,资产阶级取代了旧贵族成为社会的领导者。这场法国大革命结束之后整个欧洲的封建制度都为之震动，并且给予了欧洲其他封建势力沉重的打击。

回顾法国的强大之路，可以看出其受制度因素影响很大，既成于集权，也败于集权。它在历史上的强大与英国谋求强国的路径是一致的——中央集权，但后者经过"光荣革命"，逐渐走上了一条追寻"自由"之路，即注重分权的道路，而法国经过集权的巅峰，在"民主"的呼啸中砍下君王的头颅之后，却并未实现制度上的变革，而是再次走向了独裁。集权与专制往往是一对"孪生子"，向前迈出一小步，就有可能演变成极权，甚至恐怖的政治统治。在王朝时代，走上法国舞台的一个个君主的表现是如此；在法国大革命中，它的表现还是如此，不仅让欧洲大陆的君主们胆战心惊，还让早已实现了资产阶级君主立宪革命的英国也感觉如芒在背。法国的强大及衰落让我们认识到，集权式的统治是一把"双刃剑"：既可以强大至让他国胆寒，也有可能从内部轰然塌陷。

（四）日不落帝国：英国

英国早期的历史就是一部不断被征服的历史，这也造就了英国民族的多部族融合"基底"。从公元前500年开始，凯尔特人从欧洲大陆进入大不列颠岛，他们作为岛上最早的原住民奠定了最初岛上文明的基调。此后数百年，大不列颠岛经常遭遇来自罗马帝国的入侵，在这一背景下凯尔特人与欧洲大陆涌入的盎格鲁人、撒克逊人和朱特人的后裔逐渐融合，最终形成了后来的英国民族的基底。"入侵者的熔炉"循环往复了1000多年，从而使英国人很难成为完全脱离于大陆的独特民族。尤其是中世纪时期的王朝战争及基督教信仰影响，使此时的英国人十分自然地自视不列颠只是一个跨越英吉利海峡的大帝国的一部分，形成了浓浓的"大陆情结"。但是，当英法百年战争结束，英国失去在大陆的领地而不得不"退出了欧洲"，英国人的民族意识就被强烈地哺育出来。他们认识到自己是个岛国，这个岛国上的居民应该自成一体，应该有自己的语言，形成自己的民族。于是，从"诺曼征服"之后长期作为英国官方语言的法语逐渐被英语取代。百年战争对英国的民族认同和国家意识的塑造产生了重要影响，强化了英国人对自身身份和独特性的认识。

在百年战争后的一个多世纪里，随着英格兰统一民族的发展成熟，英国也逐步实现了国家大战略的根本性转变。海洋战略在伊丽莎白一世时期得以提出，奠定了英国迈向世界性大国的重要一步。得益于良好的地缘环境，虽然在欧洲争霸的过程中屡屡受阻，但英国却为自己打造了一种全新的发展面貌。在伊丽莎白一世时期，英国经济迎来了飞跃式发展，资本主义的兴起使得这一阶段被后世称为"黄金时代"。同时，英国在美洲的殖民地也开始不断扩张，这使得英国成长为当时欧洲最强大的"日不落帝国"。

手工业与对外贸易的出现为英国成为当时欧洲最强大的"日不落帝国"奠定了经济基础。众所周知，早期的英国是以羊毛出口而闻名的，然而15世纪以后由于销售受阻、价格优势不再，使得其羊毛出口方面受到沉重打击。但在这一过程中，英国人发现出口工业制成品的利润远比出口原料要高。于是，16世纪至17世纪英国诞生了一大批资本主义生产方式的手工工场，这使英国的社会经济产生了深刻的变化：资本主义的生产关系开始冲破封建行会的藩篱逐渐占据主流；手工业的普及使农村地区自给自足的谋生型农业向商品化的农业生产过渡；统一的全国市场日益成型，同时对外贸易也越来越被重视。都铎王朝为增加王室收入、巩固王权也乐于支持发展海外贸易，这也为后来大英帝国大规模的海外扩张奠定了最初的基础。然而，这一时期英国的国力相比葡萄牙、西班牙、荷兰等早期殖民主义国家还不算强大，于是英国利用海盗劫掠葡萄牙、西班牙等国的商船以积攒实力：伊丽莎白一世上台后向海盗颁发私掠许可证，这意味着海盗对别国船只的抢劫行为获得了英国官方的保护。进入17世纪，英国对外的殖民拓张已扩展到了南亚的印度，印度在之后长达300年里都成了英国最大的海外殖民地，同时也是英国实现全球性战略的重要市场和原材料来源地。

英国封建制度走向衰落的临界点，是在詹姆斯一世继承斯图亚特王朝后。詹姆斯一世自上台伊始便鼓吹"君权神授"，声称国王是上帝在人间的代表，蔑视一切对国王权力加以限制的制度和代表。在统治期间，他曾三次解散议会。对于英国的对外贸易、海军建设、殖民地管制等多个方面，詹姆斯一世并不感兴趣，这引起了人们对于国王的强烈不满。他的继任者查理一世变本加厉，更是大肆搜刮民财，这些政策大大阻碍了英国社会经济的发展，引起了人们强烈的不满。由于皇室生活极度腐化，加之国王横征暴敛、压榨人民，使得民间怨声载道。不仅如此，从15世纪开始英国盛行圈地运动，剥夺了大量农民的土地，失去土地的农民只得投入其他产业，进而为工商业积累了大量劳动力。国内市场扩大了，财富也随之增加了，新的资本主义农业逐渐产生并随之壮大。

封建统治者与新兴资产阶级的矛盾在17世纪的中叶迎来了爆发，并在1688年光荣革命时达到高潮。在这之后的英国以高姿态对当时的欧洲头号强国——法国的霸权提出挑战，英国通过九年战争和西班牙王位继承战这两场战争的大获全胜，维持了欧洲大陆各方力量的稳定平衡格局，并在此期间将自身力量逐渐发展至欧洲以外的地方。之后的40年，为维护自身利益和进一步开拓海外力量，英国又依靠奥地利王位继承战和七年战争摧毁了西班牙与法国的所有海上力量并接替了它们在海外的几乎全部的殖民地。自此，英国辉煌的历史开启，"日不落帝国"逐步形成。尽管在随后的美国独立战争中，英国失去了北美最重要的一块殖民地，但"日不落帝国"的荣光一直持续到了20世纪中叶，直至美国成为资本主义势力的中心。

可以看出，同其他大国的崛起一样，英国近代的崛起也是在国际战略环境、国外战略选择、国内社会经济基础及政治制度等多种因素的综合作用推动下而逐步实现的。而这一切都得益于英国政治制度在当时的先进性，有效解放了生产力，创造了稳定的国内政治环境。英国是最早确立宪政制度的国家，其在光荣革命后确立了君主立宪制度，而政治制度的确立则为国内适合资本主义发展的安定的政治环境奠定了基础，为实现稳定的经济发展保驾护航。正是英国稳定的政治环境使其保持了国内政策的连续性，形成了注重传统的惯例，奉行渐进、连续的政策，有利于实现国家长远的发展战略，而不至于使国家的政策因为政治动荡的环境朝令夕改，这也就避免了其发生像法国大革命那样激进的变革。

三、欧洲文明崛起的制度因素

无论是葡萄牙、荷兰、法国和英国，欧洲文明的崛起似乎成为折射世界文明发展的一面镜子，透视了人类从近现代走向现代的历程，同时也凸显多样性的文明进步在不断变化发展的社会历史进程中彰显的绚烂多姿。实际上，欧洲文明的崛起绝不仅限于军事上的政府和殖民领域的侵略，更重要的是制度与文化层面对整个人类社会所产生的影响。

当我们审视欧洲大国的崛起历史，不难发现，欧洲似乎以一种不同于世界其他地区的方式迅速实现了崛起。在人类文明的历史长河中，有着多个文明并存的盛世，如中华文明与古埃及文明、古罗马文明与古印度文明等，这些文明虽然盛极一时，却没有能够在世界范围内建立起一套基于本文明的世界秩序。甚至这些文明中的绝大多数，包括古埃及文明、古印度文明等，都沦为欧洲国家的殖民地。

欧洲国家的独特之处，并不是它们的文化有多高明，归根结底，欧洲文明的崛起是在先进生产力基础上一种更先进的制度取代旧制度的体现。欧洲文明的崛起，从根本来说是因为当时出现了相对更先进的资本主义制度，这种制度适应了资本主义的生产方式，能够最大限度发展生产力。从荷兰和英国成为世界霸主的过程中我们就可以发现制度在其中的重要作用：荷兰人民成立了联省共和国，自己管理自己，重点发展商业、海上贸易，开创了一些资本主义的商业规则和制度，正是通过这些制度措施，荷兰使人民变得富足、国家变得富强，成为海上的霸主。虽然后来由于国土面积、人口等天然短板，逐渐失去世界霸权。但直到今天，荷兰人的生活依然很富足，并且荷兰人所开创的商业规则作为一种制度规范依然不同程度影响着世界。英国通过光荣革命建立了资本主义制度，消灭了封建割据势力，将全国整合成一个统一的大市场，并且通过制度和法律确保了资产阶级的利益和资本主义的发展，这使得英国的制度成为当时世界上最先进的制度。地理大发现后，欧洲国家在世界范围内建立起的制度和秩序，使许多其他国家失去了独立性，面临主权沦丧、民众沦为二等公民的悲惨结局。欧洲国家对于世界其他地区的征服，也是一种更"先进"的社会制度对于"落后"社会制度的征服。可以说，相比封建制度上的优越性，是欧洲大国崛起的决定性因素之一。

具体而言，资本主义制度的先进性对于欧洲大国崛起的作用主要体现在以下几个方面：首先，资本主义生产关系的萌芽对于促进经济增长发展有着重要作用。美国经济学家道格拉斯·诺斯和罗伯特·托马斯在《西方世界的兴起》一书中提出，一国之经济增长与发展最根本的因素在于其国家的上层制度设计，而一个国家或社会内部好的制度设计应当是能为个人提供适当经济刺激的，这是决定社会经济增长的关键要素。可以说，资本主义制度的出现保护了个体生产资料的私有，对私有产权的保护鼓励了资本不断用于扩大再生产的投资。按照诺斯和托马斯的观点来说，无论是西方中世纪还是封建庄园经济体系中，近代工业产生的一个关键性因素就是产权地位的变革。之所以把产权作为突出关键要素来讲，是因为产权对私人所有财产的合法保护对于任何企业都是至关重要的，而一个国家或社会拥有相对健全完善的产权保护制度才能有效合理地保护个人财产，从而获取民众信任，社会经济的发展才能有稳固的基础。在理性经济人理论逻辑下，只有投入产出成正比才会促进经济的增长，人们才会愿意付出包括金钱、时间在内的成本。产权制度的确立使个体财产的私有制得到了保障，每个人都可以通过努力工作致富，个人积极性被调动起来，从而促使整个社会的经济发展呈现稳定向上的发展势头，社会经济发展越发具有活力。资本主义制度对私有财产的保护，一定程度上激发了个人创造财富的积极性，从而促进了经济的增长发展，为欧洲大国崛起奠定了经济基础。

其次，资本主义的萌芽催生了一系列激励创新、保护创新的现代性制度。政府在制度上保障了人们的知识产权，整个社会成为一个有高水平创新效率的组织。制度上的有效率表现在如下几个方面：一是解决技术和机制层面频繁出现的"搭便车"现象，英国在18世纪就确立了立法保护公民发明专利的制度，在当时来说非常先进。二是保障个人和组织在推进创新和发展的过程中能够获得足够的收益，非常著名的案例是苏格兰科学家瓦特和实业家博尔顿改良的蒸汽机，国家保护他们独享专利收益权30年，有力保护创新发明的经济收益。三是采取激励措施，鼓励更多人参与到社会经济的发展进程之中，在1756年英国工业中心伯明翰就有这样一个社团月光社（lunar Society），科学家、工程师、仪器制造商、枪炮制造商每个满月日相聚交流最前沿的科学技术、最有潜力的生产变革，创新如同一种潮流吸引着社会精英参与其中。这三方面问题的解决，直接带动了欧洲一系列现代性制度——包括股份制、汇票制度、保险产业、信用体系等制度的产生与发展，而这些制度的产生又客观上推动了欧洲经济的良好发展。从封建制度迈向资本主义制度，一个突出的标志是以国王为代表的传统贵族的权力受到了限制，这就为后来民间最大限度释放由平等、自由、开放、正义等理念带来的巨大能量，提供了基础和保障。

最后，资本主义制度的出现为人们思想上的解放提供了制度性保障。人们思想的独立、自由是解放发展生产力，从而促进经济发展、实现大国崛起的前提。思想的自由解放，首先要保证人们的独立思想不会受到迫害，因而现代法律体系的建立就变得尤为重要。欧洲各国崛起的一个重要因素就是人们的思想自由得到了制度性保障，这种制度就是成熟的法律体系。解放和发展生产力的一个关键性要素就是要解放思想。解放思想的目的是让人们能够自由地思考，自由地安排生活，自由地发展个人和推动社会的进步。从文艺复兴以来，西方制度先行国家围绕着资本主义宪法逐步确立了保障思想自由的法律制度，并与法律制度的完善相互促进、互为基础，为西方打造了在当时看来非常先进的思想工具，成为后来西方塑造世界秩序的理论基石。

小结

任何政治关系都是一定的阶级关系的体现，资本主义民主制度的历史进步性，并不能掩盖它的局限性。自资本主义生产关系确立以来，西方资本主义国家虽然在资本积累、分工细化和市场扩张等方面确实取得了较快发展，但是随着生产力的发展，当代资本主义市场体制越来越表现出难以适应生产力和生产关系发展的需要，表现为资本主义制度难以修复的"市场失灵"，无法避免的周期性经济危机，并由此引发了诸多社会公平和贫富差距拉大等方面的现实问题，这就为当代西方许多国家的社会治理造成了困扰。

第三节 美国主导的世界秩序

第二次世界大战是迄今为止人类历史上规模最大的战争，也为世界制度秩序与国际治理体系架构迎来了一次重新洗牌。战后的欧洲变成了一片废墟，美国则得益于其自身的综合实力与有利地位，并抓住了世界秩序中心转移的契机，一跃成为世界超级大国。二战后的美国在拥有了更强实力的同时，也向世界强势推出了它所设计的国际体系。尽管美国一直积极地对国际秩序进行着周密部署，但其立足于自身利益最大化的许多设想时至今日不仅没有实现，相反却使其自身陷入重重困境之中。究其原因，是因为资本主义制度内生的矛盾与时代发展已不相适应，霸权主义与强权政治也和国际关系民主化的潮流相违背。因此，国家治理需要不断变革，过去的辉煌不代表未来，世界治理制度亦要不断变革以适应新时代的要求。

一、美国国家制度的确立

美国作为一个仅有200多年历史的"年轻"国家，却在二战以后一度成为主导世界秩序的超级大国，不仅国土面积位居世界第四，综合国力更是处于全球领先地位。"年轻"的美国之所以能够迅速崛起，还得从其制度确立谈起。

美国的建立与另一个资本主义国家——英国息息相关。1620年，第一批清教徒乘"五月花"号帆船驶入北美新英格兰地区的普利茅斯港，为了创立一个不同于欧洲的公民自治社会，他们签订了美国历史上第一份政治性契约——《五月花号公约》，美国几百年的根基就建立在这短短的几百字之上，信仰、自愿、自治、法律、法规……这些关键词几乎涵盖了美国立国的基本原则，对《独立宣言》和美国宪法都产生了巨大的影响，被人们称为美国精神的先驱。1776年7月4日，殖民地代表在费城召开了第二次大陆会议，由乔治·华盛顿任大陆军总司令，发表《独立宣言》，宣布美利坚合众国正式成立。1787年通过美国宪法，成立联邦制国家。从1861年至1865年，美国爆发了南北战争。亚伯拉罕·林肯领导北方的自由州战胜了南方的蓄奴州，美国从此结束了"半奴隶半自由的状态"，开始全面实行自由资本主义，走上了快速发展的道路。

由于美国在建立之前，一直是英国的殖民地，管理模式沿用英国的资本主义民主体制，没有经历过封建君主制，所以它是近代列强中资产阶级革命最纯粹最彻底的国家。独立后的美国在继承英国议会制度的基础上，抛弃君主立宪的封建过渡政体，直接建立起世界上第一个三权分立的资本主义民主国家，其政治制度是当时最先进的民主制度。1787年，在费城举行的联邦会议决定国家政府有税收、铸造货币、调整商业、宣战及缔结条约的权力，同时采取孟德斯鸠的三权分立原则，立法、行政、司法三大机构互相制衡，但这其中又以掌握行政和军事大权的总统为核心。美国在当时所施行的"总统共和制"及一系列政治制度也为美国的崛起，打下了坚实的政治基础。

美国自制宪会议后,便走上了联邦制的发展道路。1787年在费城召开的制宪会议确立了联邦主义原则,并制定了《1787年美国联邦宪法》取代《邦联条例》。美国联邦制主要包括两方面的内容:一是联邦与各州的关系,二是各州之间的关系。联邦政府和州政府的分权合作是美国联邦制的首要特点。这种分权是以"中央集权"为前提的分权,以分权为基础的地方自治;这种地方自治并不是一种与联邦政府相隔离的自治,而是一种对联邦政府具有很强依赖性的自治。主要是因为美国经济发展的需要,不得不要求"中央集权",充分利用社会资源形成美国国内统一市场。这种中央集权也不是无限制的"集中包揽",公共福利事业如果全权交予联邦政府实行,不仅不符合地方的自治主义传统,还难以有效促进地方社会经济发展。最为严重的是,过量的中央补助会让联邦政府背负沉重的财政压力,破坏地方独立性。所以中央必须依靠地方,因地制宜地实行分权合作的模式。联邦宪法以列举的方式划定了联邦政府的职权范围。这些权力可分为三类:一是授予权,由宪法明文授予国会、总统及联邦法院。二是暗含权,指那些虽无明文规定,但可以从授予权中引申出来的权力。三是共有权,这是联邦政府与州政府共享的权力。它包括征税、借贷、管理选举及建立法院等。

美国立国之时,华盛顿等人力主摈弃政党歧见,所以当时并无政党之争。可是建国不久就出现了两个资产阶级政党:一个是以汉密尔顿为首的联邦党,另一个是以杰佛逊为首的反联邦党。后来,这两个派别几经分化、改组,直至南北战争前正式建立民主党和共和党，此后它们轮流执政，正式形成了两党制度。美国总统选举实际上是决定由哪个政党执掌政权，成为新的执政党，这是美国两党实现轮流执政的一种方式。一般来讲，共和党主张小政府、大社会，它反对扩大政府在经济和社会事务方面的预算开支，但却主张扩大国防预算开支。而民主党赞成政府采取更积极的行动来推动社会福利事业和控制企业活动。

美国最基本和最重要的选举制度就是选举人团制度，但这也是其最具争议的宪法制度之一。用选举人团的方式间接选举总统和副总统是美国的独创，也是美国与当代其他总统制共和国在政治制度上的区别之一。该制度让候选人以州为单位，而不是以选民为中心展开争夺，这样一来人口稀少的州自然就不受重视。由于实行"胜者通吃"的规则，两党就不会花太多精力在本党势力根深蒂固、稳操胜券的"票仓"州投入竞选，而是以关键的摇摆州为战场大做文章，这就使竞选活动失去了了解国情、与选民充分沟通、改进施政纲领的意义。例如，在2020年大选中，民主党候选人拜登和时任总统特朗普就集中在佛罗里达、宾夕法尼亚、密歇根、俄亥俄、北卡罗来纳等摇摆州展开"白热化"争夺，其他州反而无人过问。因此有美国人抨击选举人团制度歪曲民意，是美国政治制度中"最丑陋的怪兽"。由于选举人团制度存在的诸多内在制度缺陷和政治缺陷，因此自其创立以来，废除和改革选举人团制的呼声不断。但由于受到提出和通过宪法修正案的复杂程序和激烈的党派斗争的阻碍，废除和改革选举人团制度的努力步履艰难。因此，在未来相当长的时期内，美国围绕选举人团制的争议仍将持续。

二、超级大国的诞生

（一）从地中海到太平洋：世界秩序中心的转移

美国在二战以后之所以能够迅速崛起成为世界超级大国，除了依靠自身的制度因素以外，还与世界秩序中心从欧洲转移向北美大陆这一外部因素紧密相关。可以说，二战是世界经济与政治中心转移的一次分水岭。在二战以后，欧洲彻底失去了世界政治、经济中心的重要位置，美国在世界政治、经济等层面的影响力逐渐提高，世界秩序中心开始逐渐由大西洋沿岸向太平洋地区转移。

从1648年威斯特伐利亚和会以来，世界秩序的中心就在欧洲。尽管地区性的争端和摩擦不断，但是以民族国家为基本单位建立的国际体系还是维系了200多年的相对和平。然而，第一次世界大战打破了这一相对平静的局面。第一次世界大战是一次"绞肉机"式的战争，既没有真正的赢家，也没有彻底的输家。也正因如此，才埋下了第二次世界大战必然爆发的种子。英国历史学家爱德华·卡尔在其代表作《二十年危机》中提出，英法的绥靖政策不可能给欧洲带来真正的和平。果不其然，巴黎和会上列强对于欧洲势力范围的瓜分酝酿了新的世界大战，世界再一次被拖入战争的泥潭。二战过后，传统的欧洲大国，如英国、法国、德国、西班牙、意大利，均是满目疮痪。战争使得它们人口锐减，工业城市被夷为平地，军事实力也被严重削弱。反观世界其他国家，特别是美国，则在二战中大发"战争财"，一举成为世界上最具领导力的国家，其政治、经济、文化、军事等方面的影响力与此前相比不可同日而语。

随着二战后美国的崛起，世界从诸国纷争逐渐走向两极格局。以美国为代表的资本主义阵营与苏联为代表的社会主义阵营在波罗的海的斯德丁到亚得里亚海边的里雅斯特拉下了一道横贯欧洲大陆的"铁幕"，世界进入冷战时期。在这一时期，美苏为争夺世界主导权展开了激烈竞争，从1945年开始，直至冷战结束，苏联解体后以美国最终取得胜利告终。总体来说，以美国为中心的世界秩序主要表现为美国在文明形态与意识形态层面上的主导。

从文明形态层面来说，西方文明开始在世界历史的舞台上大放光彩。在西方，文明的形成似乎是多样的，海洋文明与游牧文明共存。两种文明形态在"民族大迁徙"后逐渐趋于融合，最终生成了独具西方色彩的文明形式。值得注意的是，在20世纪中叶之前，西方文明的中心始终没有离开过西欧，从古希腊至古罗马，再到漫长的千年中世纪，资产阶级革命以来的法兰西、英吉利、意大利等，这些国家都是典型的受基督教文化深刻影响的西欧国家。过去的所谓世界秩序，实际上是一种欧洲秩序。这种秩序在《威斯特伐利亚和约》和《维也纳协定》签署以后，更是表现为一种现代民族国家体系下的国际秩序。然而，在二战结束后，美国的迅速崛起导致世界秩序的中心由大西洋地区向太平洋地区迁移，世界中心从英国转移到美国。无论是从国际条约的制定还是从国际制度、秩序的建立方面，美国都扮演了关键性的角色。

从意识形态层面来看，则表现为以美苏为首的两大阵营的意识形态对抗。意识形态因素对于世界秩序的影响，推动了战后国际秩序的形成。事实上，意识形态因素对于欧洲政治格局的影响早已有之，欧洲的战争史几乎可以用意识形态对抗史来解释。但与西方历史上的宗教战争不同，美国在二战后塑造国际秩序方面面临的并非宗教性的挑战，而是社会主义与资本主义两大阵营的对抗。以苏联为首的社会主义国家在二战结束后迅速发展起来，特别是在东欧地区，包括波兰、罗马尼亚、保加利亚、匈牙利、捷克斯洛伐克、南斯拉夫、阿尔巴尼亚、民主德国八个欧洲国家成为社会主义国家，在世界其他地区也出现了包括中国、老挝、古巴等多个社会主义国家。对于美国而言，原先设想争霸世界的梦想破碎。为了对抗以苏联为代表的社会主义阵营带来的威胁，美国加速了其战后秩序的部署，这些也间接推动了世界战后秩序的迅速建立。

（二）美国在二战后对国际秩序的架构

随着反法西斯盟国军事行动的发展，结束战争和安排战后世界而产生的一系列政治问题需要迅速解决，特别是战后塑造新的世界秩序问题。为此，美国总统罗斯福、英国首相丘吉尔与苏联领导人斯大林于1945年2月在苏联黑海北部的克里木半岛的雅尔塔，举行了一次制定战后世界新秩序和列强利益分配问题的关键性的首脑会议。此次会议最终对于战后秩序的安排被称为雅尔塔体系，与开罗会议、德黑兰会议、波茨坦会议一道，共同构成了战后国际秩序的基础。

战后国际秩序的整体架构有如下几方面的特点。

第一，从组织、思想、社会等方面遏制法西斯主义复苏。二战的残酷性让世界各国都认识到，持续的战争并不符合人类的共同利益，和平与发展仍是时代的主潮流。而在维持和平与发展的方式上，世界反法西斯联盟首先考虑的是如何遏制法西斯主义的复苏。于是，以英、美、法、苏等国为代表的国家开始在德国推行"非纳粹化"行动，同时美国也在日本开启了以消灭军国主义为目标的民主化改革，并制定了1947年的"和平宪法"。

第二，雅尔塔体系倡导的和平、民主、独立原则，对战后世界的发展起到了极大的启示作用，从一定意义上而言，它决定了战后国际秩序的主潮流。不仅如此，雅尔塔体系提供了一种相对和平与稳定的制度环境，从一定层面上而言，这一体系也为后来两极格局向多极格局演变提供了良好的基础。

第三，联合国是雅尔塔体系中延续至今最重要、最有影响力的机构。联合国建立的初衷是为了能够更好地维护国际和平与稳定，帮助协调解决国际间争端，秉持尊重国家领土完整和政治独立，不干涉各国独立主权与内政的基本原则，不论是在缓和国际紧张局势、解决地区冲突，还是在促进世界各国经济、科学、文化合作与交流，抑或推动国际安全与国家福利发展等方面都发挥着积极作用。但在主导设计和筹建战后国际制度进程中,国家利益是美国政策计划的主要依据。联合国的建立无疑顺应了国际社会的呼声,但美国主张建立普遍安全制度的政策更多的是基于自身的利益考量,目的在于通过主导国际政治和安全制度,服务于美国的国际安全战略、维护美国的安全利益,同时借助国际安全制度确立美国在世界政治、经济层面的影响力和地位。总而言之,联合国在当今世界上仍然起着非常重要且不可替代的作用,是目前最具影响力的国际组织。

第四,在雅尔塔体系确立过程中,到20世纪40年代末,以美国为首的资本主义阵营和以苏联为首的社会主义阵营形成了两大意识形态对立的阵营,此后随着北大西洋公约组织与华沙条约组织的相继成立,两大阵营展开军事对峙,终于形成了意识形态对抗的"两极格局",冷战就此爆发。毫无疑问,冷战具有强烈的意识形态色彩,美国为首的资本主义国家试图对苏联等社会主义国家采取除"有限战争"和"全面战争"之外一切手段和敌对行动,主要目的就是要遏制共产主义,推行西方的价值观,服务于美国在世界范围的霸权。

总的来说,二战结束以后,在美国的主导下,战后的国际秩序逐步建立起来。通过这套国际秩序,美国在二战后确立了其世界超级大国的地位,并力图在世界范围内建立起自己的霸权,这套霸权主要包括经济秩序及政治安全秩序。

美国主导的世界经济秩序,首推布雷顿森林体系。二战之前,包括美国在内的世界各主要资本主义国家都经历了经济大萧条，德意日三个法西斯国家发动战争也和这场经济大萧条有很大关系。因此，当二战进行到一半时，美国就已经提出日后要避免类似大萧条的经济危机。至于如何避免，美国就提出在国际货币金融和贸易领域建立一整套新的制度，大家都要按照这个新的制度规则执行。为了让其他国家都愿意加入这套制度中，美国牵头让由44个国家或地区政府代表所组成的代表团齐聚布雷顿森林，召开战后世界贸易格局划分及货币协定的国际会议。参与会议的44个国家、地区的代表中有一半同意在《布雷顿森林协定》上签字，并决定成立世界银行（The World Bank）和国际货币基金组织（International Monetary Fund）。世界银行和国际货币基金组织的成立意味着以美元为国际主要储备货币，使美元与黄金挂钩、其他国家货币与美元挂钩的"双挂钩"作为基本模式的布雷顿森林体系正式形成，这一体系的主要内容包括：其一，美元与黄金直接挂钩。其二，其他国家货币与美元直接挂钩。其三，实行"可调整的钉住汇率制度"。总而言之，布雷顿森林体系确立了美元的霸权地位，使美元成了国际通用货币，也在一定程度上推动了国际贸易的发展和全球化。

从布雷顿森林体系存在的积极意义来看，其对于维持二战后世界金融秩序和货币体系稳定，推动全球经济的紧密联系起到了一定作用。在金本位制下，各国高度重视外部平衡，国内经济往往带有紧缩倾向。而布雷顿森林体系下各国更重视内部平衡，经济恢复加快，失业率降低，战后困难时期得以度过。

不仅如此，布雷顿森林体系还在很大程度上促进了世界贸易的发展，这也直接促进了二战后新一波全球化浪潮的到来。除此之外，美国通过投资、信贷、采购和劳务等方式向世界输出大量美元，一定程度上扩大了世界购买力，并使世界各国间的汇率相对稳定，避免了由汇率浮动而引起的经济动荡，客观上对国际贸易发展是有利的。

二战后美国主导的政治安全秩序，可从两个方面来观察。首先，表现在权力秩序。所谓权力秩序就是权力如何分配的问题，就是由哪些国家来主导整个世界的运转和发展的问题。这其中最具影响力的组织和制度便是联合国。可以说，联合国是美国主导下建立的，如果没有美国的参与，在20世纪40年代末50年代初，联合国无法建立并得到良性的运转。联合国对于世界政治和安全秩序的建立所产生的影响不言而喻，它在一定程度上维持了世界的总体和平与相对安全，在很大程度上限制了世界范围内热战的爆发。对于保障全人类的人权、自由和发展都起到了重要的作用。然而联合国也存在潜藏的弊端，特别是到了今天，这些问题越发凸显出来。例如，联合国虽然是为了实现和平而建，但却在二战后70多年的实践中，多次未能阻止战争的爆发。

其次，在美国主导下最具影响力的军事机构当属北大西洋公约组织，简称北约组织。北约的目的是与以苏联为首的东欧集团国成员相抗衡，若某成员国一旦受到攻击，其他成员国可以及时作出反应、联合进行反击。看似北约组织的目的是应对苏联等东欧国家的军事威胁，但实际上，北约成了美国控制欧洲的军事力量和防务体系，并借助北约组织实现美国的全球战略目标。美国通过马歇尔计划对欧洲进行经济援助，从经济上控制和影响欧洲国家；通过主导建立北约军事集团组织，将欧洲的军事力量和防务体系掌控在美国主导的北约手里，从而使欧洲国家唯美国马首是瞻。通过以上操作，美国将欧洲国家与自己捆绑在一起，使欧洲的对外政策基本上都是跟随美国的脚步。

三、美国主导的世界走向

虽然美国在世界范围内对国际秩序进行了周密的部署，但随着冷战时代的终结，旧的国际秩序开始受到多方面的挑战。冷战后到新世纪以来，美国先后遭遇了包括"9·11"恐怖袭击事件、2008年国际金融危机和2020年新冠疫情在内的多次危机。而美国对这些危机的应对，也显示出自冷战结束后美国在对外战略、经济模式和社会治理等方面的内生矛盾日益积累和叠加。

进入20世纪70年代，二战后发达资本主义国家经济高速增长的黄金期便告一段落，迎来了经济停滞和通货膨胀并存的滞胀危机。在应对滞胀危机的过程中，美国尼克松政府于1971年宣布美元与黄金脱钩，与此同时在海湾地区进行了一系列的外交操作，使美元找到一种新的锚定物——石油。但石油并不具有黄金那样的国际货币地位，因此美元与黄金脱钩事实上意味着美元货币和信贷的释放，意味着整个全球政治经济体系被置于美元霸权之下。因此，维持战后国际货币制度运行的布雷顿森林体系走向瓦解。布雷顿森林体系的解体再加上战后发达资本主义国家经济发展的黄金30年中所积累的大量过剩资本，这些因素都迫切要求在全世界范围内加强资本的流动，为资本获取利润创造条件。于是，资本的全球流动成为大势所趋，以减少政府干预、放松资本管制为主要特点的新自由主义政策从美国开始迅猛崛起。

在1980年的美国总统竞选中，里根开始狂热地攻击政府对经济和资本市场的干预，要求推行一种"小政府、大市场"的发展模式。由美国所领导的新自由主义变革使美国经济的特征发生了以下重大变化：一是美国金融垄断资本控制了全球实体经济的产业链，同时也使本国产业发展日益走向空心化。在这一轮新自由主义全球扩张中，美国金融资本获得完全的主导地位。它通过资本输出大量投资、控制其他国家的实体产业，并在此基础上重塑了全球产业的价值链。二是新自由主义变革使美国以证券资本为主要形式的虚拟经济获得迅猛发展。在虚拟经济急剧膨胀的背景下，世界各国的过剩资本都向美国汇聚，美国逐步发展为全球资本市场的中心，同时也成为全球金融投机的中心，成为一个资本主义的"大赌场"。

新自由主义变革使美国自由民主制度的运行发生了重大变化。新自由主义的背后是金融垄断资本的利益。美国金融垄断资本不是自由竞争的小资本，而是垄断性的大资本；不是美国这个民族国家范围内的资本，而是全球性的资本；它不只控制着全球实体经济的产业链，同时也控制着全球的虚拟资本市场；它不仅要控制市民社会，还会涉及和操纵国家权力，使国家在一定程度上成为资本积累的工具。在这种背景下，美国民主制度也越来越货币化、金融化，甚至沦为金钱政治。诺贝尔经济学奖得主保罗·克鲁格曼说："比起想象中的民主国家，美国更像一个寡头政权。"

但是，这种金融垄断资本的积累也包含自身的矛盾。2008年源于美国的金融危机便从侧面暴露了这种美式资本主义的弊端，这场席卷全球的金融危机的爆发绝不是偶然的。当金融投机分子不择手段地将不良资产打包和伪装成优质资产出售的时候，再漂亮的泡沫也终有破碎的那一刻。美国经济学家海曼·明斯基在20世纪八九十年代就成功地预言了此次危机，他说，谨慎的资本主义已经让位给大胆的资本主义：大多数人都想要借钱，而银行也愿意借，因为这样银行才有利可图。由此，放贷人和借贷人创造了一个自我实现的上升螺旋，或者说"泡沫"。明斯基将这个不顾后果的借贷体系称为"庞氏金融"。从次贷危机到金融危机，再到席卷全球的经济危机，胆大妄为的美国资本家最终搬起石头砸了自己的脚。

然而，受金融危机影响最大的人却不是资本家，在美国社会最底层挣扎的民众才是最大的受害者。随着贫富分化的不断加剧，底层民众的愤懑情绪不断积聚，不安全感持续上升。这一切导致社会矛盾开始爆发。2011年美国发生了"占领华尔街"运动，人们打着"99%反对1%"的口号控诉美国现状，随后运动逐步扩散并席卷了包括欧洲在内的几乎所有发达资本主义国家，将矛头直指美国华尔街的金融垄断阶层。2021年，愤怒的民众聚集在华盛顿并暴力冲闯国会大厦，试图向政治精英们传达平民对民主的定义，重挫了所谓美国民主的全球公信力。

> **小结**
>
> 美国尽管在二战后一直积极地对国际政治安全秩序进行部署，但时至今日，其许多设想并未付诸实现，相反却陷入了重重困境之中。这也表明，国家治理需要不断变革，过去的辉煌不代表未来，世界治理制度亦如此，必须不断变革以适应新时代。美国在国际范围内政治和安全领域的制度安排，必须随着新型国际关系的特殊性接受质询与挑战，尤其是在文化和制度层面重新深度思考未来治理之路。

第四节　未来治理挑战

自文艺复兴至今，资本主义国家治理体系通过资本全球化衍生出的全球治理体系，同样是以资本为中心。然而，随着时间的推移，资本主义制度自身固有的弊端不断显现和加重，周期性经济危机频现，并演化为时下的系统性危机。近年来，西方社会的治理危机本质上是西方社会的制度危机，表现为民主政治体制失范、市场经济发展乏力、多元文化矛盾激化、民族分离主义兴盛、地方政府挑战中央权威、地方和中央关系陷入困境，以及在国际关系上一些新兴国家挑战西方霸权而导致全球治理难题，等等。面对数字时代的加速到来，人们不禁疑问，身陷系统性危机的资本主义社会能否应对未来治理的严峻挑战，进一步促使人们深入思考资本主义体系、资本主义国家治理及未来全球治理的走向与出路，这也为全球治理体系变革打开了新空间、提供了新契机。

一、资本主义国家治理挑战

（一）顶层设计——治理思想缺失

没有"道"，所有的"术"都只是昙花一现，不可持续，不会长久。科学系统、面向未来、契合时代的理论体系，是指引国家治理的思想总纲，决定了这个国家将以何种道路、去向何方。西方资本主义国家大多数以自由、民主、人权为建国和治国之本，但时至今日，在理论与现实的巨大张力面前，让国家治理者手足无措、进退失据。尤其会导致政府的"有形之手"越发式微，政府、市场、社会三者会发生严重失衡与矛盾，市场经济"巨兽"让政府和社会变得越发渺小和无能为力。源头思维、系统思维、整体思维等治理思想的缺失，也进一步导致了无法进行跨区域、跨系统、跨领域的综合施策，这也是当代西方资本主义国家普遍面临的主要治理困境。

1. 经济领域的治理挑战——资本主义自由经济的内外部失灵

市场经济是伴随资本主义生产关系的产生而发展起来的。

西方资本主义国家曾得益于市场经济体制，在资本积累、分工细化和市场扩张方面获得了较快发展。然而，随着生产力的发展，当代的资本主义市场经济体制越来越难以适应生产力发展的需要，当生产关系无法再适应生产力的发展，上层建筑无法适应经济基础时，就会表现为资本主义制度难以修复的"市场失灵"，由此带来的经济危机以周期性叠加型的方式呈现。从经济领域来看，这种"失灵"主要表现为资本主义自由经济的内、外部失灵。尽管西方经济社会也积极尝试通过建立宏观调控体系、公共管理体系和反垄断法律等制度缓解市场失灵与社会矛盾，但并没有根除外部失灵带来的影响。其原因一方面在于政府受自己所代表利益的影响，在进行国家干预时不可能做到公正客观；另一方面新自由主义所称的"政府失灵"给政府干预的合理性戴上了枷锁，以致政府干预仅在危机期间才能正常运行。

内部失灵则是由于市场经济本身存在的主体不平等、市场边界泛化和经济虚拟化倾向等问题所带来的市场失灵。在私人资本势力强大的西方资本主义国家，面对市场经济"内部失灵"所带来的问题，尝试通过强化工会力量、建立社会福利制度和财政税收制度等方式来化解。但实践表明，这些政策和制度只在一定时期内起作用，很快又会被更大的经济困境所阻挠。因为市场经济的"内部失灵"根源在于劳资之间的内在矛盾，是资本的趋利性本质使然。如果限制住资本的趋利性，势必会影响到市场经济本身的资源配置机制的发挥，在资本主义生产关系下是不可能长期存在的。二战后,欧洲国家普遍的高福利制度,也是建立在有较大的经济增量基础之上,一旦这一经济增长的速度放缓了,条件不具备了,福利制度将不可持续。

自由市场经济创造了物质丰富的世界,同时也创造了物欲横流的社会,对商品和金钱的顶礼膜拜,这正是商品拜物教和货币拜物教的真实写照。虽然西方国家一直试图寻找有效解决市场失灵的方案,并形成了不同的市场经济模式,但这些不同的市场模式并不能从根本上解决问题,"市场失灵"还日益滋生和放大了社会不公、贫富差距拉大、种族歧视等社会现象带来的问题,更加困扰着这些国家,而资本主义制度本身是无法冲破其桎梏的。

2. 政治领域的治理挑战——资本主义民主制度的困境

从政治领域来看,这种治理挑战表现为民主制度正在失去原有的吸引力。经济秩序上出现的种种问题,在全球化不断深化和复合相互依赖趋势不断发展的背景下,迅速蔓延至政治领域。尤其是随着制度带来的不公平、不正义深刻地影响到国际社会的发展,人们对于资本主义的信任危机已经从对政策的抉择和执行的怀疑,逐步上升演化到对所谓资本主义民主制度本身的制度设计上来。当代资本主义民主制度的困境突出表现在两个方面。

"民主政治"与"经济自由"变得越发不能兼容。当代资本主义建立在理想化"市场"概念之上的"经济自由",实际与资本主义宣称的"民主政治"存在深刻矛盾。自由市场经济是资本主义社会产生和发展的基础，所彰显的是资本的力量，而民主所要彰显的是民众的力量，所要维护的是人民大众的利益。另外，民主的主要功能在于民主能够对权力进行制约，并使权力受控于公众的意见，而在资本主义生产资料私有制和以资本为主导的经济社会结构中，民主的这一功能却难以得到有效发挥。在西方资本主义国家的实际政治生活中，民主并非真正为人民当家作主或"多数人的统治"，而所谓的"民主政治"也受制于资本权力并不能带来社会的真正公平正义，只不过是以"自由"来限制"民主"而已。

"民主输出"与民主制度的野蛮化和军事化。以美国为代表的资本主义国家总是习惯将西方的民主看作"正统"的且"唯一"的，看作放之四海而皆准的"真理"，而对于不符合它们标准的民主，则动辄就贴上"邪恶"的标签。冷战时期，受冷战环境的影响，"民主输出"被打上了清晰的时代烙印，成为以美国为代表的资本主义国家遏制战略的重要组成部分，而反共也成为其"民主输出"的重要特点。冷战结束以后，资本主义"民主输出"的战略并没有停止，如2001年和2003年美国发动的阿富汗战争和伊拉克战争，2011年利比亚的政权更迭，还有今天依旧处在动荡之中的叙利亚、乌克兰，所有这些都与以美国为代表的资本主义国家在全世界进行所谓的"民主扩张"有着很大的关系。它不仅对现行的国际秩序造成了严重冲击，而且还引发了地区的动荡和不安。总之，以美国为代表的资本主义国家将自己的民主准则和民主观念作为"普世价值"，企图用其"民主"来"改造"世界，使各国逐步成为美国模式的"民主化"和"资本主义化"，其结果不仅没有带来世界的和谐与安宁，反而严重扼杀了社会的和平和多元的社会文化。历史的发展一再证明，任何人的设计和愿望要获得人们的普遍认同，都是有条件的，它必须适合人类绝大多数个体的生活方式和切身利益，只有在主观和客观上都具备条件的价值选择，才有可能实现，否则，只能以失败而告终。以"美式民主"为例，这一制度是结合美国国情而逐步形成的，并仍在不断根据国情变化反复调整，但这种民主模式并非适用于所有国家，如果不考虑其他国家和地区的特殊情况而采取硬性移植的做法，其结果只能是南辕北辙，适得其反。

总之，当今时代，资本主义民主制度的合法性和有效性都受到了严峻的挑战。这些制度安排包括代议制民主、多党制、普选制、三权分立原则等，在过去的几百年间成为资本主义国家在世界范围内宣扬包括民主、自由在内"普世价值观"最有力的武器。特别是从20世纪90年代以来，随着东欧剧变、苏联解体，资本主义取得了对社会主义的"阶段性胜利"，美国学者弗朗西斯科·福山甚至欣喜若狂地表示"历史终结了，终结于资本主义制度"。然而，进入新世纪以来，资本主义民主制度无法满足民众对于自由、民主和公平生活的向往，而且还恶化了社会中的种种问题。加之自由主义经济没有能够给世界带来普遍的繁荣，资本主义民主政治更是陷入难以自救的泥潭之中。这样的恶性循环使得人们对资本主义所宣扬的"民主"产生怀疑，甚至对资本主义制度本身有了质疑，民粹主义便是这一社会现象的直接反映。

当前世界进入新的动荡期，各国面临的挑战和困难都前所未有的艰巨，有些国家使出了贸易战、科技战、金融战、舆论战甚至军事威胁等花样奇招，但这些都只是无法根治问题的"术"，只有探寻出适合本国发展的"道"，即探寻出科学系统的治理思想，并用其指导构建完善的现代治理体系，才能真正实现国家的长治久安。

（二）政党困境——治理认知缺失

西方国家的政治运作基本上是以政党为载体的，执政党和反对党经常实现角色互换，"你方唱罢我登场"的钟摆效应成为常态。随着政党博弈愈演愈烈，政客为取悦舆论或特定选民，往往特立独行走极端，一味坚持不符合客观实际的"政治正确"，导致缺乏理性和包容的"否决政治"盛行，从而加剧了政治极化和朝野矛盾。西方政党政治的发展实践一再证明，西方的政党制衡与博弈，往往会以裹挟民意、绑架国家利益、加速国家政治极化和社会分裂为代价。[①]

以美国为例，美国的一整套资本主义民主制度，都建立在其独特的选举制度和政党政治之上。这套制度是西方资本主义民主制度的一个代表，它曾经令美国引以为傲，也曾长期维持着美国这架庞大机器的稳定运转。但随着美国社会经济发展日益不平

---

① 柴尚金：《政党博弈恶果频现 西方政党政治陷入泥潭》，《人民日报》2017年7月2日。

衡、贫富差距日益增大、族群撕裂日趋严重，社会矛盾日趋激化，过去能勉强维持的民选制度和政党政治开始发生咬合错位，并让美国资本主义制度的根基发生了动摇。本应在一国当中占据最高比重的民众方为美国执政之根本，也是执政方向，但美国政党往往被精英阶层把持：选举前，为了选票；当选后，为了利益。精英阶层作为西方社会统治阶层拥有规则制定权力，但作为权力让渡的条件，精英阶层本应有义务为广大普通民众谋求相应的福利。但是，由于市场经济的趋利本性，随着贫富差距加大，底层百姓分享的红利只不过是利益集团巨大"蛋糕"中的边角料。如此模式所造成的结果就是，在政治选举中钱权交易大行其道，民主政治的运作严重走形变样，单边主义、民粹主义及保护主义在美国肆虐开来。

（三）数字时代——治理文化缺失

西方的文化源自基督教，自16世纪以来，西方借助宗教改革、思想启蒙运动和工业革命建立了资本主义制度，走向现代化。但基督教"人性恶"的信仰和伦理，也把资本对物质、对金钱的追求发挥到极致，从而决定了西方治理文化中的精致利己、丛林法则、零和博弈等特征。

文化底蕴的缺失。美国是目前世界上最大的移民国家，得益于欧洲带来的先进技术经验和美洲丰富的原材料，在这短短两百年间，美国的经济、政治和文化等领域都得到了极大的发展，更是取得了众多举世瞩目的成就。但正如王尔德曾经说过的："美国是唯一一个从野蛮到堕落的国家，这期间并无任何文明。"从某种程度上说，美国是直接步入了更高一级的社会状态，并没有经历文明建立的过程，文化底蕴缺失，缺乏厚重文明的根基。

文化内核的精致利己。西方文明起源于海洋文明，推崇的是弱肉强食的"丛林法则"，强调的是极端的个人主义，尽管它调动了个体的积极性，使个体的潜力得以充分发挥，但这种以结果作为唯一导向的价值观正是精致的利己主义。美国以利己主义为旗号，吸引了来自全世界的崇美者，并且利用这些崇美者建设美国、发展美国，维护美国的霸主地位，也就是所谓的"美国梦"。美国在很短的时间内走向巅峰，又开始在傲慢和偏见下不断地走向衰落。美国当前遭遇了前所未有的危机，内部的深层次矛盾全面激化，内部的撕裂全面加剧。美国的各个阶层之间、种族之间、政党之间的矛盾始终无法调和。因此，美国在内部矛盾激化的情况下，开始变得特别的极端。

正因为文化上的长久缺失，才最终导致越来越加剧的内外部矛盾。美国虽然强调"民主、自由、平等"，但实际上却永远无法实现。因为美国的文化中缺少实现"民主、自由、平等"的前提——公平、正义。在美国这样一个高度发达的资本主义国家，由于社会财富集中在极少数人手中，其"民主"只能是"金喇叭"的民主，其"自由"只能是少数资本家的自由，其"平等"也只能是同种族同社会阶层之间的平等。对于美国政府来说，他们处事的方式就是"胡萝卜加大棒"，而这种以利相诱、以武相胁并举的处事方式最终只能加剧其内外部矛盾，并受到国际社会的孤立。

文化包容性的缺失。从最近几百年的历史看，西方殖民其他国家，都伴随宗教的传播及教会的传教。从思维方式看，这种基于人性本恶论，带有非黑即白、非此即彼的特征，一神论又难以包容其他"异教徒"，具有形而上学色彩。这种文化包容性的缺失，导致了不同文化制度直接的冲突，战乱此起彼伏。而事实上，一种文化想消灭其他所有文化，这是永远不可能且做不到的，因此西方霸权的衰落也是文化缺乏包容性的一种必然。

西方世界在工业革命之后发展出的是技术主义、竞争主义，在政治上则是民族主义、殖民主义，在文化上则是个人主义、享乐主义，再也没有形成一个天下主义的国家来统一西方世界。20世纪前半期，人类经历了两次世界大战，无数生灵涂炭的教训，今天的人类不能再像过去的帝国那样依靠武力来统一，因为在核武器时代武力统一就意味着人类同归于尽，而人类也绝对不可能依靠西方的民主制度来实现统一。因此尽管西方世界在经济和科技上影响了世界，在政治和文化上却完全无法为世界建立一个整合和统一的符合全人类共同利益的"世界国家"。

正在到来的"数字文明"是继"农业文明""工业文明"后的第三次文明，它不仅带来了新技术、新理念、新观念、新模式的变化，而且还对社会生产、人们的生活、社会的经济形态、国家治理等方面均产生了重要而深远的影响。未来人类社会治理开出的"药方"不是武力和军事,不是民主和选举,不是西方的霸权,而是文化和文明引领世界。未来,人类的命运已经不可避免地紧紧联系在一起,文明的主题也应当超越"文明冲突论",在多元中求共识、在差异中求会通,尊重文化多样性,尽可能"求同存异",促进全球的"共建共享、共赢共荣",而早已经习惯于工业文明的西方如果无法改变其自私利己的文化基因,就很难适应数字时代的新文明。

(四)关键少数——治理人才缺失

人类社会已来到工业时代向数字时代跨越的重要节点,亟须有未来思维、系统思维、利他思维、哲学思想的杰出领袖型人才带领人类用数字化思维和数字技术,帮助促成国家治理体系的变革和治理能力的提升。

有利于全人类的全球治理模式的构建需要有治理思想和治理能力的领袖人物,他们有能力在顶层设计上发力,以观念创新突破僵化的体制机制,为国内和全球融合注入新观念、新思想,是具有能够超越传统管理模式的治理思想和勇于变革能力的领导者,是具有人类情怀、能够感召天下的领导人。

以美国为例,美国的治国能人并不稀缺。但近些年来其在选用治理人才的素质与质量方面却有所下降,这是因为在其选举政治体制之下,素质与能力过硬的治国能人标准却被错位地当成了选票的标准,这就致使选举标准与德才之间不直接挂钩,从而产生了"谁表演得好,谁就会拥有更多选票"的情况。毋庸置疑的是,美国政治制度在其社会发展中所发挥的作用是重大的,在表面上,美国政治生活正常运转与否和总统之间是没有太大关系的。可是,政治周期不同,当国家正常地发展之时,即使治理人才素质相对平庸,亦能够得心应手。而在历史的关键发展阶段,如若"关键少数"作出了错误的决定,那么其国家所遭受的损害也会非常巨大。

(五)竞争主轴——治理能力现代化缺失

国家竞争本质上是国家治理竞争,国家治理竞争本质上是国家治理制度和治理能力的竞争。西方资本主义国家想提升治理能力,需要不断进行国家治理的变革,要深知过去的辉煌不代表未来,治理体系必须不断变革,以适应新时代。

当今,人类文明面临以数字智能为核心的新世界,这不是数千年来人类习以为常的物理空间上的定居也不是游居,而是一种全新的数字化生存方式、生产方式、社交方式,需要一系列以治理变革为核心的新的生存适应。数字化转型是一场深刻的治理革命。未来属于瞬息万变的数字时代,基于大数据和人工智能实现的360度互联互通,治理将呈现与以往任何时代都不同的特点。数字时代将重构生产力与生产关系、上层建筑和经济基础的辩证关系,生产力与生产关系相适应的时间会持续缩短,趋近于零延时。过去是生产力的发展推动生产关系变化,未来则可能是生产关系的变革驱动甚至引领生产力要素的发展。由此,人类社会必定会发生历史性巨变。

在这种全新挑战下,只有各个国家文明互鉴、通力合作才能携手进入新世界,如若个别国家踟蹰在新世界门口,固守在旧思想、旧理论、旧秩序中止步不前或"换汤不换药",就会导致在生产力高速发展的阶段出现严重的结构性短板,导致治国理政各领域问题频出,反过来严重制约数字时代的生产力发展。数字治理是应国家治理和社会治理需求而形成,国家对社会、政治、经济、文化及环境等各方面的治理势必要成体系,而数字化正是帮助国家建立治理体系的一个重要手段。但是,当国家数据被各个组织垄断割据,而形成一个个巨大的信息孤岛,数字化治理就是无本之木、无源之水,更谈不上以国家的未来发展为基础而进行顶层制度的设计。

二、资本主义主导的全球治理

全球化是不可逆转的历史趋势,全球治理仍将在维护和推动经济全球化上发挥重要作用。但是资本主导下的全球化在当代世界出现了巨大困局,"黑天鹅""灰犀牛"等全球挑战层出不穷,南北贫富差距拉大、"逆全球化"浪潮高涨、金融资本主义剥削等危害不断加深,都证实了资本逻辑是造成当代全球化失序、失衡、失能等诸多问题的根本原因。

(一)资本扩张与全球治理的历史进程

对于全球化的源起,可以回溯到二战后、19世纪初、工业革命、地理大发现,甚至更早。全球化缘起的主要力量是技术创新,不同时期国际政治经济秩序决定了全球化所能到达的广度和深度,而核心大国的社会经济目标成为加速或推动全球化的关键力量。

1. 大航海时代的全球化1.0

历史学家汤因比认为,"十五世纪的航海大发现使人类的脚步从一个大陆跨到另一个大陆之上,从而实现从草原到海洋的革命性变革"①。15世纪末的地理大发现被视为全球化的开端,因为远洋航行和地理大发现首次突破了海洋的阻隔,建立了连接世界各大洲的海上通道,打破了世界范围内互相隔绝的状态,使世界逐渐连成一个整体,其在客观上为全球化提供了地理环境和发展前提。

新航路开辟后,逐渐形成了以欧洲为中心的世界市场和全球性经济关系,促进了世界的商品生产、流通、交换、消费的跨地区进行和世界市场的扩大;促进了世界范围内人才、资本、科技的自由流动,以至各地区经济的共同繁荣和共同进步;推动世界经济的优劣互补和市场经济自由竞争的发展。与此同时,也为发达国家对落后国家的经济掠夺敞开了门路,形成世界范围内悬殊的贫富差距,外来经济的强势导致某些国家的民族经济惨遭沦为附庸的命运。

由于这一时期的贸易都是建立在自然经济基础上的,还没有出现基于生产分工的交换,因此无论是在广度还是在深度上,全球化尚处于萌芽或初起阶段。

2. 英国主导的全球化2.0

19世纪中叶,英国作为当时世界头号经济强国和海上霸

---

① 汤因比:《文明经受着考验》,沈辉等译,浙江人民出版社1998年版,第60页。

权国家，开始推行贸易自由化和金本位制等一系列措施，并推行一套它认为适合的全球经济和政治秩序。英国将人口输出世界，进行贸易，在殖民地采购生产原材料，并带回英国，使用英国的人口和技术进行工业生产，这让英国成了名副其实的世界市场，英国人真正地将整个世界连成了一个整体，而英国就是这个整体的中心。到第一次世界大战前，世界经济达到前所未有的整合水平，英国的技术、商业、语言和经济政治管理模式也深刻影响了那个历史时代的世界。

这一时期，英国主导的国家间的经济协作一度给人类带来空前的发展机遇。然而，全球化的展开并不完全是出于造福人类的善意，企业家和政治家追逐财富和利益的欲望使他们在全球拓展，并且不惜使用暴力手段，迫使他国签订不平等条约，攫取别国的资本和财富，全球化的过程同时也是英国等国在世界范围内建立殖民体系的过程，给被殖民国家和人民带来了巨大的伤害。

这一时期，"日不落"帝国殖民地系统见证了自由贸易和国际联盟的巨大能量，英国的成功似乎预示着现代化的唯一道路：对内——市场经济、民主法治、公民意识；对外——自由贸易、条约体系、均势平衡。总体而言，全球化2.0体系是一个东西方零和博弈和大分流的时代，所有其他文明全部臣服在西方文明脚下，在其碾压下匍匐生存。

3. 美国主导的全球化3.0

两次世界大战以后的全球化3.0版是以美国及美元主导的全

球价值链和货币体系独霸天下。在政治上，美国主导构建了雅尔塔体系，并成立联合国、建立由五大国为主的安全理事会；在经济上，布雷顿森林体系的建立确立了美元世界货币的地位，并成立世界银行和国际货币基金组织，在国际贸易方面保留了关贸总协定，成为后来世界贸易组织（WTO）的雏形。这一时期的经济全球化实现了资源在全球范围的优化配置，加速了商品、技术、信息、服务、货币、人员、资金、管理经验等生产要素跨国跨地区的流动，国际经济组织和规则不断完善，世界经济日益成为紧密联系的一个整体。

美国主导的全球化3.0体系似乎更加包容，更符合正义原则，最贫穷的人也可以从中分享收益，条件是需要加入全球食物链结构和使用美元结算。然而，过剩流动制造危机循环、洗劫外围国家，金融经济货币体系危机连连，地缘断裂带上纷争不断，同时气候环境、网络空间、恐怖主义、大规模杀伤性武器、传染病毒等全球性挑战此起彼伏。值得注意的是，这类全球性议题大多是涉及广义的安全，尤其是非传统安全，甚至包括技术创新引发的不稳定性和不确定性。这既是全球化、信息化在极大解放和发展社会生产力的同时带来的副产品；也是各国政治、经济、宗教、文化等矛盾交织激化，文明冲突日益扩大的结果；更是国际合作规则体制机制缺失，各有算计、不能形成合力、无法有效应对所面临的困境。这些全球化挑战的凸显，促使世人从人类发展方式转变、国家治理模式改革、全球治理体制机制创新等方面寻找解决方案。

可以说，美国主导的全球化3.0既是全球化高度发展也是其主要矛盾爆发的一段历史记录，它始于国际经济和金融中心，终于每个民众的家庭生活和财富涨落。这就需要以更广阔的视角，更具系统性和历史感的框架，对全球化大趋势进行深入的系统化理解。

（二）资本逻辑的发展困境和世界秩序的失衡

黑格尔说过，"人类从历史学到的唯一教训就是，人类没有从历史中吸取任何教训"。人类一直活在一个竞争资源的文明形态当中，农业社会人们争夺土地、水源，工业社会人们争夺资本、能源、技术，人类始终没有脱离原始的敌对情绪，任何一个失控的冲突，都会让世界走入黑暗，在这种文明没有被更高阶的文明取代之前，人类的竞争无法避免，也导致了今天全球化的乱象与世界秩序的失衡，今天的世界正面临着1871年以来最严重的一次经济衰退，人类面对着同一战、二战和大萧条时期相同的经济危机，冷战后的世界秩序正在崩溃。曾经的美国是一个伟大的国家，它把人类工商文明发展到了顶点，今天的美国告诉我们，这个文明正在不断的危机中走向"脑死亡"。全球化的世界重心虽还在美国和欧洲，但是亚洲的经济占比即将超过世界的一半，世界重心会不会重新回到亚洲，这已经成为包括美国和欧洲在内的西方世界的集体焦虑，更是对西方主导的资本主义和全球化的重大挑战。随着美国和西方中心主义的没落，世界已经显露出了多元化和多极化的特征。

资本在当代的经济发展中扮演着重要的角色，但资本逻辑的悖论也决定了资本主义主导的全球化的进程始终蕴含着内在的矛盾性，这种矛盾性不可避免地反映在全球治理中，在2001年的"9·11"恐怖袭击事件、2008年国际金融危机、2020年新冠疫情及2022年俄乌冲突、今天的巴以冲突等冲击之下，全球治理逐渐陷入困境，出现了明显的治理赤字、信任赤字、和平赤字和发展赤字，给当代的全球治理带来了巨大的挑战。

1. 资本逻辑下的全球治理不"全球"

冷战后，随着全球化的迅猛发展而出现的全球治理，由于美国等西方国家在全球化中占据着中心地位，在全球治理中拥有着主导权，因此全球化往往被认为是"西方化"，全球治理被看作"西方治理"或"大国治理"，全球治理的广泛性和民主化长期缺乏，全球性的机制是存在的，但是它们更多是由少数大国所支配，广大中小国家的代表性和话语权都非常弱小。

2. 资本逻辑下的全球治理机制

二战后构建的全球经济治理机制，是以大国协调为主、中小国家参与为辅的"中心－边缘"治理范式。发达国家位于治理中心，是实质上的治理者；发展中国家处于边缘，常常沦为被治理者。此外，全球经济治理机制带有霸权色彩，未充分体现发展中国家和非国家行为主体的权力和权利，缺乏普遍代表性。随着全球化深入发展，国际权力格局发生深刻变化。一方面，新兴大国群体性崛起促使国际权力从传统大国向新兴大国转移；另一方面，国际权力由国家行为主体向非国家行为主体流散。尽管国际权力格局发生了深刻改变，但现行全球经济治理机制并未发生相应变化,滞后于国际权力格局的演变。全球经济治理机制显失代表性,难以体现发展中国家和非国家行为主体的权力和权利,打击了其参与全球经济治理的积极性。

3. 资本逻辑下的全球治理少担当

2008年国际金融危机之后,西方发达国家在参与全球治理及提供公共产品等方面的意愿和能力都在下降。一方面,西方国家基于在全球化及在制度中的优势地位,大谈"本国优先"的理念,采取"逆全球化"等贸易保护主义政策,人为地割裂世界经济的普遍联系。俄乌冲突爆发后,联合国安理会机制和欧洲安全机制陷入空前危机,大国政治重新回到全球治理舞台,全球相互依赖的脆弱性极大地挑战了全球治理合作。另一方面,在新冠疫情等冲击下,美国等国家在工具理性的主宰下时常采取"退群""甩锅"等不负责任行径,减少对全球治理中公共物品的提供,搞排他性的小多边主义,从而加剧了在治理诸多全球性问题方面的"集体行动的困境"。同时,国家中心主义和民粹主义思潮的泛起,进一步冲击着全球治理中的全球主义的价值认同。

4. 资本逻辑下的全球治理现状

面对随物质生产实践的发展而来的资本主义在生产力水平、产业结构、劳动力结构、资本的社会化程度等方面出现的新特征及全球化越发陷入发展困境的客观事实,资本主义不得不作出相应调整,试图以此矫治全球化,使其走出困境,但结果却与预期大相径庭。值得注意的是,2016年以来,英国脱欧公投、美国总统大选、欧洲难民危机及世界部分国家和地区的地缘政治冲突无不释放出"逆全球化"的信号,这是资本主义全球化发展到新阶段的产物,是对全球化出现的矛盾与问题采取的阶段性应对举措。但当今世界需要的不是围绕少数超强资本主义国家循环往复的全球化格局,而是全世界所有国家都能平等参与、能够实现全世界所有国家的稳定与发展、最终有利于全人类的自由与解放的新型全球化。

"历史的终结"让美国狂欢了几十年,却忘记了只要有人类,历史就不会终结这一常识。在世界失去方向的今天,只有找到新文明的出发点,人类才会终结从前的历史,才会走向更高级的文明。

全球化的进程需要全球化的合作、全球化的治理和制度体系。世界各国都应以全球化的负面影响为鉴,不能听任全球化进程只受野性的资本逻辑和市场力量支配,需要建立一种持续、民主、公正、平等与合理的发展共识和全球治理之道,必须有驾驭全球化的相应制度安排和机制合作,为国际社会提供公共产品,否则,全球化的社会成本太高,将从根本上制约全球化的发展。

小结

马克思和恩格斯在《共产党宣言》中指出:资产阶级生存和统治的根本条件,是财富在私人手里的积累,是资本的形成和增殖。这一科学论断穿透历史的烟云,仍然可作为我们剖析当前资本主义社会危机的锐利武器。在它的烛照下，我们可以清晰地看到：正是资本与政治、文化的"联姻"与"合谋"，才使得危机在当代资本主义社会经济基础和上层建筑的整个链条中蔓延，成为一种系统性存在。当前资本主义社会系统性危机的出现，为马克思主义真理性和社会主义制度优越性提供了最新佐证，与所谓"历史终结论"相比，马克思、恩格斯的结论显然更有现实依据和说服力。面对当今的"西方之乱"，世界各国都应有所自省和自觉，站在时代的高度并从人类对更好社会制度探索的高度去思考，摒弃意识形态偏见，相互借鉴不同政治体制的长处与优势，构建与时代潮流和未来国家治理相互适应、相互支持而不是相互抵触、相互冲突的制度体系，共同探讨人类未来全球治理之道，才能站在历史正确的一边，站在人类进步的一边。

经过数十年的演进，原有的全球治理体系已经难以有效应对国际经济面临的新问题。当前，全球经济治理体系进入加速变革的关键期，呼唤推进改革的新智慧，变革全球经济治理体系已成为共识。在全球经济治理体系变革中，片面坚持本国利益优先的观念和做法只会带来国与国之间更多的矛盾和冲突，唯有跳出资本逻辑，突破固有的西化思维的束缚，全球化才能找到真正的出路。世界各国特别是主要大国应从大局出发，以对全人类高度负责的态度，寻求共同利益，推动达成共识，负责任地推进全球经济治理体系变革，不断提升全球经济治理体系的公平性、包容性和可持续性，不断提高全球经济治理的效率与水平，推动经济全球化走向全球经济一体化的机制体制建设健康发展。

第三章　由兴至衰的民族历史阴影

当我们把历史的画卷从西方转向东方，会看到一些不同于西方文明的景象。西方文明与东方文明虽不同源同流，制度发展轨迹也不尽相同，但在历史长河中却都曾散发出璀璨耀眼的光辉。中华文明在绵延5000多年的浩瀚历史长河中，曾长期屹立于世界文明之巅，并在封建时代形成了非常优越的国家治理模式。相较于西方世界，中国大一统王朝的中央集权式管理，在大部分时间创造了和平、稳定的发展环境。同时，在中华优秀传统文化数千年一以贯之的深刻影响下，奠定了以儒家学说为中心的治理体系，以天下为己任的情怀在历朝历代都被歌颂、被鼓励，在与农业经济相适应的制度体系保障下，励精图治、雄才大略的皇帝不断涌现，创造了一个又一个盛世。

然而，封建时代的中国治理模式，其本质目的是维护皇室的统治稳固，保障统治阶级的利益。"普天之下莫非王土，率土之滨莫非王臣"，天下的一切财富都属于皇帝，而并非属于创造这一切财富的百姓。尽管士人都在追求"圣贤文化"，儒家的道德、仁爱等观念已融于治理体系的方方面面，但由于制度无法对权力产生制衡，权力始终未被关进制度的笼子。因此，尽管中国曾经无比之强盛，甚至在某些历史阶段遥遥领先于西方文明，但由于部分朝代统治者思想和认知的局限性，在快速变革的世界面前固守不前，导致整个国家出现闭关锁国、闭门造车的政策失误、制度偏差，又因权力不受限制，没有及时纠偏的机制，传统政策制度长期不变革，最终导致中华文明从一个开放包容的博大文明渐渐陷入落后挨打的屈辱局面，错失了整个工业时代的开端。

当今世界正处于工业文明迈向数字文明的颠覆性变革，一个国家如果还秉持工业思维，不进行治理模式的深度创新、不进行政策和制度的深度变革，而是沉睡在过去的辉煌中，新时代将会擦肩而过，再强大也会衰落。当今，我们之所以去重新阅读那段历史，就是为了品评中华民族历史兴衰背后独特的制度基因，并从中归纳出可以借鉴的治理之道。

第一节　分裂到统一的历史循环

"和"与"合"是中华民族传统文化的精髓，深深植根于中国人的精神中，深深体现在中国人的行为上。探究中国治理模式的路径，必须从分裂和统一的历史轨迹中找寻最初的答案。在中华文明5000多年的历史长河中，分裂和统一就像是硬币的两面，不断展现在人们的视野之中。分裂会走向统一，统一又会走向分裂，当我们去认识和理解中华传统文化，去理顺中国历史的脉络，会发现中华文明以一种非常独特的"分合史"展现在我们的面前。

一、"和"与"合"：中华文明的文化基因

在中华文明5000多年的历史长河中，我们历经了多次从分裂走向统一，又经历了统一走向分裂。但最终，统一王朝占据

了历史的绝大多数时期，而分裂的状态仅仅只是短时期社会矛盾激化的一种表现。为何在更长的时间内，中华文明处于一种"和"与"合"的状态，这首先必须从中华文明的文化基因说起。

"和"与"合"是中华民族传统文化的精髓和首要价值。在中国传统文化中，有着五彩斑斓的多样文化，这些文化背后传递出不同的价值观念和是非判断的标准，但它们彼此之间的契合点恰恰是"和"与"合"，称之为"和合文化"。"和合文化"传递的是一种一以贯之的文化认知，即中华文明所强调的人与人、人与自然、人与社会的和谐统一。这种和合精神是千百年来中国人民在生产生活中的经验总结，是对于自然界规律和人类社会的发展规律的科学认识。"和合文化"同时也是一种不同文化、精神、价值、追求之间的彼此谅解与包容。无论是个人层面、社会层面、国家层面还是天下层面，"和合"传递的是人们一种"和而不同""求同存异"的文化理念。这也构成了中华文明的文化基因之一。

第一，和合文化传递的是一种和平的理念。和平，即是非战，就是要追求冲突双方罢兵言和的状态，遏制冲突的烈度。中华文明对于和平的追求，具有悠久的历史传统。先秦诸子百家都有过关于实现和平、反对掠夺性战争的主张。老子《道德经》提出"兵者不祥之器，不得已而用之"的和平底线，墨家提出"天下兼相爱则治"的思想，名家惠施与公孙龙提出"去尊""偃兵"的思想，纵横家公孙衍、张仪等主张"慎战""贬战"等思想，都是这一时期的代表。而诸子百家中，儒家所提出的和平主张最具代表性，儒家倡导通过道义的方式，化干戈为玉帛，从而实现冲突的解决。和平的方式并非征服，而是和谐共生。

第二，和合文化传递出一种融合的意志。融合主要是指文化上的融合。千百年来，中华文明之所以成为世界文明史上一颗璀璨的明珠，一个很重要的原因在于中华文明生生不息、从未间断。而这依靠的便是文化上的包容与融合。例如，元朝、清朝的统治者都并非来源于传统的中原地带，都不是来源于汉民族，但却与中华传统文化融合在一起。这种包容与融合，也是一个庞大的帝国能够维持统一的重要密码。

第三，和合文化传递出中华民族和而不同的意愿。和谐内在的含义是和而不同，虽然中华传统文化追求一个大同世界，但是大同并不是相同，并不是简单的吸纳或被吸纳，而是对于不同文化的包容态度。这就是我们常常说的和而不同、和合共生。

第四，和合文化关于构建理想社会和文明世界的思想是形成于"天下为公"的治理观基础之上的。它既包含了"大道之行也，天下为公"的政治抱负，也向世人传达如何处理义利关系、公私关系的智慧。人是一种群体性的存在，是政治共同体的一分子。和合文化也是一种整体主义的主张。整体就是一种与分裂、孤立相对立的概念，追求整体必然要求在行动中拒绝分裂。正是借助政治共同体的土壤，人因文明、道义而成为超越其他物种的独特存在，个体价值的实现也必然通过对共同体利益的推进和公私关系的排序而体现。以"天下为公"为思想原则的基础，从世界层面和人类利益角度思考问题的解决之道，才能实现有效的国家治理。

总的来说，和合文化构成了中华文明的一种独特的基因，这种文化基因融汇在每个时代、每个朝代、每个中国人的思想意识与传统之中，无论面临什么样的情况，中国人都在不断追求统一、追求和谐、追求合作，这也是中国治理最大的文化基底。

二、秦与汉：从分裂走向统一的恢宏剧目

在中国悠久的古代史中，最气势磅礴的历史当属统一史。正所谓"天下大势，分久必合，合久必分"。中国古代王朝历经了由合到分，再由分到合的历史循环，在这一过程中涌现出一大批具有英雄主义色彩的历史人物：有一统六合的秦始皇，有斩白蛇起义的汉高祖刘邦，有创造太康盛世的司马炎，也有横扫中土的忽必烈。这些历史人物的故事之所以引人注目，关键在于他们都通过一系列制度变革，实现了领导一国从分裂走向统一的历史巨变。

（一）大秦帝国：一部恢宏的变革史诗

公元前221年，幼年登基、胸怀大略的秦王嬴政便实现了他的抱负，即一统七国的伟业。他建立起自以为是万世不替、流传千古的大秦帝国，并将"三皇""五帝"合为"皇帝"一词，自称始皇帝。论及秦王朝的统一史，秦始皇横扫六合绝非

一日之功，而是经历了漫长的、一代又一代的制度变革与硝烟战火，才最终迎来了统一七国的契机。

秦国之所以强大，并能最终实现大一统，与其一直以来对制度变革的重视息息相关。纵观秦国由弱变强的历史，就是一部变法史。谈起秦王朝的制度迭变，还须追溯到春秋时期。秦献公时期，秦国便开始逐步借鉴学习并推行魏国的一系列制度以谋求国力的强大，如推行郡县制、什伍连坐，废止殉葬制度，特别是通过初行为市实现对工商业的规范管理，依法抽取营业税，通过初租禾在法律上承认了土地占有者对所占土地拥有所有权，使大批占有私垦田地的地主和自耕农成为土地的合法主人，这为秦国的国库带来大量的收入，国家的经济实力倍增。可以说从秦献公时期，就已经为秦国继任的君主明确了方向——变法强国，只有彻底的变法，才能真正地强国。

秦献公为秦国的变法开了好头，秦孝公时期的商鞅变法，更是为秦国的强大奠定了基础。春秋末期，秦国在诸国中仍属于比较弱小的，当时秦国的统治者秦孝公力求改变这样的状况。公元前361年，年纪轻轻的仲公子嬴渠梁在危难时刻即位成为秦孝公，在六国夹攻下苟延残喘，发誓变法崛起，招揽天下贤士，商鞅凭借一身才学和对天下局势的清醒认识而得到重用，通过一系列的变法撑起了一代强秦。秦孝公招贤纳士，重用商鞅，而商鞅则向秦孝公指明，实施变法革新是使秦国强大的唯一途径。这就是历史上著名的"商鞅变法"。"商鞅变法"开展了一系列制度革新，这些制度设计大致奠定了整个秦王朝的制度基础。而这些制度的变革所取得的实效，也成功扭转了秦国在诸国中的羸弱局面，将秦国正式带入了历史中七国争霸的中心。

商鞅变法涉及社会政治、经济等方面，其采取的主要措施包括废除世卿世禄制、实行军功制，奖励耕织，等等。例如，秦国的军事制度就是在商鞅变法基础上逐步完善发展起来的，商鞅变法促使秦国的军权高度集中，军队调动、将帅易职等都由秦王掌握，军事指挥和管理严密。通过制度的变法革新，秦国的军备也日益完善，军纪严明、军令畅通，令出必行，有禁必止，完备的军事制度强有力地保障了秦国的战略执行力。又如，在农业方面，秦国通过变法为后期发动战争提供了充足的粮食资源保障。通过一系列变法，秦国国势迅速增强，兵甲富足、仓廪丰裕，战斗力空前提高，很快就成为当时的一方强国。这些变革迅速使得秦国从一个西部不起眼的弱国变为"天子致胙""诸侯毕贺"的军事强国。然而，商鞅变法却触及了秦国贵族旧势力的利益，为了阻止商鞅进一步切割他们的"蛋糕"，至秦惠文王继位，商鞅便被处以车裂之刑。但他虽身死，其所推行的很多新法却得以保留并推进。

秦惠文王则是使秦国从西陲小国一举成为战国七雄的伟大国君。在秦惠文王在位期间，秦国的国力得到了极大的发展，这其中最重要的途径是通过武力征服。在惠文王时期，秦国的疆域得到了极大的扩展，他重用了包括公孙衍、张仪、魏章等当世名将或名臣，削弱了最强的竞争对手魏国和楚国，并收回了河西之地，占领了川蜀。而在惠文王之后，更值得一书的是秦昭襄王。秦昭襄王时期，他远交近攻，使得秦国的军事实力称霸当世，而且利用几次战役，奠定了此后秦扫六合的基础。在秦昭襄王时期，秦国的国力形成了对于东方六国的碾压，秦国一扫六合已经是不可逆的趋势。

始皇帝继位时，战国时期秦国的强盛地位已经建立起来。实际上，包括齐、楚、赵等传统强国在这时已经无法挑战秦国的绝对权威。军事实力的强大、疆域的拓展、内部制度的稳定都暗示着秦国将要开启一统六合的历史征程。在军事方面，他制订了向东吞并六国的计划。在政治方面，始皇帝则重用包括李斯、尉缭等，以法学思想来强化秦国的统治，进一步增强中央对于地方的管辖。除此之外，始皇帝还将郡县制在全国范围内推行。秦国每攻克一城、攻占一地，不是分封贵族驻守，而是设县置郡、任命长吏等官僚，加强对六国故地的控制，并防范匈奴对边关的骚扰。这种事实上的郡县作为遍布全国的统治机构，承上接下，强化了中央对地方的管理，为中央集权提供了有力的保障。秦朝在全国范围内推行郡县，由中央任免郡县主官，使中央政府能最大限度地调动一切资源和集中一切力量，得以强制统一度量衡、货币与文字；得以直接调配全国人口，迁徙富家和移民实边，从而有效掌控新征服地区，完成从军事占领、贵族统治到行政官僚统治的转变。自此，秦朝完成了中国历史上第一次统一，这次载入历史史册的事件，开启了一个新的时代——封建君主专制时代。

（二）大汉王朝：文化统一的一座高峰

大汉王朝的建立，开启了中国历史上第一个鼎盛时代，亦是文明统一的一座高峰。

大汉王朝的开国君主汉高祖刘邦，可以说是"平民的胜利"。因为出身于底层的平民劳苦大众，他深知底层百姓的劳苦。因而汉朝初建时，除了在政治制度上大体承袭秦制，还制定推行了轻徭薄赋的国家政策，使百姓民众得以休养生息。

时至武帝时期，儒家思想迎合了"大一统"的时代需求从而走入历史舞台的中心。到汉武帝时期，进一步加强中央集权逐渐成为迫切的时代需求，这样一来，儒家的"上位"则成为历史的必然。随着经济、政治发展形势的变化，汉初施行的黄老学说中的放任、宽简的统治思想不仅滋生了许多社会矛盾，还日益威胁到了中央集权统治及封建等级秩序。秦汉时期历史的大趋势是"大一统"，而文化的"大一统"则是其中尤为必要的一环，文化的统一相比政治、军事上的统一更有难度。为了完成这项任务，既不能像法家那样操之过急，也不能采取道家那般无为的态度。儒家的"德教"理论学说则恰好适应了这种需要，能够实现向理想目标温和而渐进的过渡过程。因而，景武之际，儒家德治原则开始逐步融入统治体系之中，儒家学说走入了政治的历史舞台。汉武帝推行"独尊儒术"，为儒学的发展提供政治上的思想保障；以"举孝廉"为主要选官方式，以"五经"为教科书，变秦代"以吏为师"为"以师为吏"，将儒家思想价值观由教育途径传播到平民。一方面，由制度与文本渗透到法律,从制度上为儒学发展提供了保障;另一方面,儒学理论也为汉武帝的制度变更提供了理论依据,儒家学说为皇位的转移和皇权的巩固作出了合理的解释,并通过教育、法律、政治制度等手段向民众进行潜移默化的熏陶和渗透,久而久之,儒学体系下培养的官僚集团逐渐占据主导了朝堂,儒学从一种思想学说逐渐政治化、制度化,而制度的儒家化与儒家的制度化则共同促成了社会的儒家化,儒学在汉武帝的支持下成为汉朝的统治思想,也奠定了中华传统文化的主流地位,对中华文明的政治制度和思想文化发展都产生了深远影响。

三、秦、汉统一的历史启示

在领略了秦、汉两朝的统一历史后,我们不禁会产生这样的疑问:同样是周天子分封的诸侯国,甚至在春秋时期,秦国更是一度被视为弱秦、蛮秦,何以在战国七雄中成为领导统一的国家?秦国相比较其他六国而言,独特在哪里?此外,我们还要追问,在士卒武力、智囊团队、军事经验相当,甚至略逊于项羽的刘邦为何能出巴蜀、占关中,与破釜沉舟的西楚霸王分庭抗礼,以至在最后问鼎中原?关于这些问题的思考,将让我们在秦与汉的统一之路上找到秘诀。

我们先看秦王朝的统一之路。与东方六国相比,秦国是较早进行改革的国家。商鞅先后两次在秦国推行变法。第一次在公元前356年,商鞅任秦国左庶长,这相当于后来的丞相之职。商鞅变法的第一步便是颁布垦草令,目的在于刺激农业发展，提高农业的社会认知度。商鞅提出要实行"重农抑商"的政策，奖励耕织，特别是奖励垦荒，规定生产粮食和布帛多的，可以免除个人的劳役和徭役。商鞅的第一次变法便将改革的重点放在土地所有制方面，目的是让人们意识到农业生产的重要性。而在公元前350年商鞅开展的第二次变法，则直接奠定了秦国未来强盛的基础。在此次变法中，商鞅提出要废除贵族井田制。这就是要废除奴隶制土地国有制，实行土地私有制。国家承认土地私有，允许自由买卖。废除奴隶制土地国有是一次具有深远意义的变革，这实际是采用在当时更为先进的封建土地所有制取代奴隶制土地国有，极大地提高了农民的生产积极性。

在土地制度改革之外，商鞅又提出要推行普遍的郡县制。商鞅意识到，奴隶社会分封制度最大的缺陷在于天子对于诸侯的约束力较弱，无法实现有效的统治。为了解决这个问题，商鞅提出要以郡县制来取代分封制度。以县为地方的行政单位，废除贵族分封制。每个县设置县令而不是诸侯来主政。各地的县令是由中央政府指派而不是依靠分封，这就使得权力迅速集中到了秦王手中。在确立了农业为主的经济策略和郡县制的中央地方管理模式之外，商鞅还提出要居民登记各人户籍，开始按户口按人头来征收军赋。这样做的好处是保证了朝廷对于地方的控制，在那个年代拥有人口自然就有了核心竞争力。

从商鞅变法的核心观点不难看出，在商鞅变法之后，秦国建立起了一系列封建君主专制的制度框架，包括经济、政治、军事、社会管理等各个方面。由于在当时这样的改革是能够满足生产力发展需要的，因此秦国的国力日盛。土地私有制的确立极大地激发了农民从事生产的热情。而打击并瓦解了旧的血缘宗法制度，使得国家制度更加健全，中央集权制度的建设自此开始。这次变法以后，尽管魏国、楚国、齐国纷纷变法，但显然变法的效果远不及商鞅变法。秦国对于东方六国的优势日显，这种优势恰恰是封建君主专制制度所给予的。

我们再看刘邦与项羽的楚汉之争。显然，决定楚汉争霸最后走向的，并不是军事实力的差异，最关键的原因还是制度。首先项羽携百胜之师挺进咸阳之后，他并没有效仿秦始皇称帝，也没有继续沿用秦国高效的郡县制，而是将历史拉回到百年以前，重新启用已然陈旧、封闭的分封制度。分封制度带来的后果是，虽然项羽被众王视为诸侯领袖，但却缺乏足够的约束力限制其他的王。特别是项羽与田氏家族交恶，导致苦战齐地而无法脱身。相反，刘邦虽然被"驱赶"到了巴蜀之地，但却延续了秦王朝的旧制。他几乎全盘接受了秦国的军功爵位制度、郡县制度，而且还继续发展了大一统思想。正因为刘邦沿用了更为先进的封建制度，才有了权力的高度集中，因此在4年的楚汉争霸中，刘邦可以最大限度调动汉中、关中的所有资源，与项羽拼消耗。其次，废除分封制度，采用更为先进的封建土地私有制，使得大后方的民众更有积极性，这是楚汉前线对抗中汉军能够持续不断得到补给的重要原因。此外，由于延续了秦朝的人口制度，所以楚汉争霸的4年间，汉军阵营的军事人口是远胜于楚军的。虽然从战斗力来说，楚军更胜一等，但是汉军强大的动员能力，能够迅速在战争之后聚拢士兵，并且培养新兵。这些政策优势，归根结底都是由于刘邦继续沿用了秦王朝封建君主专制制度，而不是像项羽一样采取分封制。

小结

在从分裂走向统一的进程中，制度因素起到了决定性的作用。先进的制度取代旧的制度是新事物产生和旧事物灭亡的不可逆的进程，在这个进程中新制度由于其能够适应生产力和民众的需要，能够最大限度调动变革的积极性，最终影响了历史的走势。

第二节 国家治理的千年探索：基于历史的考察

在人类发展史上，中国是世界上唯一未曾发生文明中断的文明古国，绵延的历史长达5000多年，经历无数次的王朝兴废与治乱更迭，仍保持统一多民族的国家形态，屹立于世界文明之林，一个重要原因在于中国自古以来就形成了一整套符合当时国情、能够有效运转的国家制度和国家治理体系。这套国家制度和国家治理体系历经数千年的积淀与创新，各项制度既前后相继、互为关联，又不断发展、持续变革，呈现由不成熟逐步走向成熟乃至体系化的特点，既造就了源远流长、博大精深的治国理政思想和经验，也为当今中国特色社会主义制度和国家治理体系发展提供了历史借鉴和历史智慧。

一、从统一再到统一：汉王朝的治乱经验

西汉初年，从汉高祖建立汉朝到汉武帝继位初期，其间共历五帝，前后约70年。这是西汉政权从建立到巩固再到加强的一个时期，基本上解决了汉初存在的各种问题，使西汉向着一个中央集权的大一统王朝迈进。西汉政权的巩固经历了三个阶段，即刘邦建国之后的政权巩固和社会稳定时期，而后文帝、景帝发展经济、提升国力的时期，以及汉武帝即位初期解决遗留问题、加强中央统治的时期。

文帝、景帝时期延续了休养生息的政策，特别是汉文帝高度重视农业生产的问题。在即位后不久，汉文帝就提出了劝课农桑的号召。在徭役方面，采取"三年而一事"让民众能够好好地从事生产，国家很快达到仓廪实、府库有余钱的状态。可以说，仓廪实、赋役轻、人口增、天下安是"文景之治"重要的四个特征。此时，社会各阶层的人安居乐业，做官的长期安于职位，甚至以官职为姓；人人自爱，以行仁义为先而以耻辱相黜，特别看重遵守法律，每年大约只有400件刑事案件，以至于刑罚都用不上。"以德化民"治理下的和谐社会状态在中国历史上是少有的，亲身经历了这个时代的司马迁父子感叹："汉兴，至孝文四十余哉，德至盛也！"

毫无疑问，西汉初年的政策对于恢复战后的经济有着极大

的促进作用。不但政府的府库变得充实，而且农民也有了更多的余粮。但是在这个时间内，另一个重要的问题却逐渐滋生。社会上的豪强商贾发展起来，他们利用土地占有量较大的优势，凭借西汉初年政府提供的良好政策，大量获利。这样发展了几十年之后，实际上西汉王朝的权贵阶层中出现了三类比较典型的代表：第一类是西汉初年的军功集团，代表有彭越、韩信、卢绾、英布等人。他们一方面拥有兵权，另一方面割据一方有着一定的影响力，这些人已经构成了对中央政府的威胁。第二类是桀骜不驯的地方势力，他们往往与地方政府勾结在一起，形成了"地方小朝廷"，中央难以对其形成有效的治理。第三类是财力雄厚的商人集团，这些人疯狂兼并土地，逼迫农民出让自己的土地等。总之，西汉初年虽然在总体上战争的问题被解决了，但是社会矛盾和阶级冲突却越发尖锐了。

为了保护自耕农的权益，维护社会的公平正义，保持社会的安定，文景二帝采取了一些抑制豪强的措施。文帝的重要策臣贾谊提出：移风易俗，反对豪强淫侈之风；禁止豪强私自铸钱；重农抑商；逐步分化诸侯；加强储备以防灾荒等一系列建议。这些主张严重损害了权贵阶层的利益，贾谊也成了他们的攻击对象，被陷害致死。景帝时的晁错是比贾谊更务实的政治家，也更加勇敢，在打击豪强方面，提出了更加严厉的措施。但晁错最终也落得被杀的结局。总的来说，透过"文景之治"我们对于西汉初年的社会局势有着这样一种判断："无为而治"并不是什么都不做，相反"无为"即"有为"，就是要为农民建立起平稳的生产生活环境，从而保障他们能够投入农业生产之中。与此同时，西汉初年的政策也带来了一些问题，做大了一些地方上的豪强，这对于后来削藩和汉王朝大一统局面的形成，制造了一些困难和挑战。

这些历史为我们带来了很多启示。其一，重视民众的基本物质需求。古语有云，"民以食为天"。正所谓"仓廪实而知礼节，衣食足而知荣辱"，解决民众的基本物质生活需求永远是和谐社会的基本点。其二，社会正义必须有相关的制度环境保障。经济基础决定上层建筑，人治的制度是与当时的生产力水平相对应的。而今天，则必须有明确的规则保障民众的权利，社会正义才能实现，也就是说，法治之路是不二之选。如此，安定的环境、祥和的社会、发展的经济、繁荣的文化才能在梦想之路上实现。梦想的实现，需要一代代人按照社会发展的良性规则去构建，不可能一跃而起、一蹴而就。错误的"有为"不如"无为"。这就是"文景之治"作为中国古代第一次构建和谐社会的成功尝试给我们的最大启示。

二、贤君明主与制度导向：唐王朝一统天下的密码

相比较西汉初年民生凋敝的窘况，唐王朝绝对是站在巨人的肩膀之上。因为唐王朝之前的隋朝是中国历史上的鼎盛王朝之一，特别是在隋文帝执政期间，他在多个领域实施了有效的改革：在经济方面，隋朝仿北魏的均田制，实行均田法，定丁男分田八十亩、永业田二十亩；重新编订户籍，以五家为保，五保

为间,四间为族;为积谷防饥,故广设仓库,分官仓、义仓;致力建设,在原长安城东南营建新都大兴城;开凿广通渠,自大兴引渭水至潼关,以利关东漕运。在学术文化方面,隋文帝大力提倡文教,广求图书;广置人才,废除九品中正制,开始采用分科考试的方式选拔官员,促进了教育、文学的发展;为昌明全国教化,恢复华夏文化之正统,隋文帝下诏制订礼乐,以提升国家的文化素质。而在隋炀帝执政期间,虽然历史上对他的批评多于称赞,但不得不说的是,隋炀帝的确也称得上一位雄才大略的实干家。在他执政的时期进一步加强了集权,巩固了统治,维护了国家的统一,而且对隋朝社会的发展和整个封建社会的后期有着积极的意义和重大的影响。因此,建立在隋朝经济、政治和社会制度基础之上的唐王朝,拥有比西汉更好的发展起点和治理基础。

谈到盛唐时期的中国,人们总是会想到两个极具代表性的时代:贞观之治和开元盛世。其中,贞观之治无论是在历史学界、政治学界抑或文学界,都提供了非常丰厚的历史素材。贞观时期创造了君主时代高度的政治文明。这个文明的标志不但有君臣关系非常融洽的局面,而且最高的统治集团内部也能精诚团结、共力协作,出现一派上下同心同德之气象。彼时,出现了能够直言犯谏的魏征,"房谋杜断"的房玄龄和杜如晦,文韬武略、军功盖世的李靖和薛仁贵,等等。这些人在风云际会中,能够群策群力、配合密切,携手实现贞观蓝图。

第一,统治者吸取前车之鉴,注重以人为本,提出"君,舟也；人，水也。水能载舟，亦能覆舟"的君民关系准则，在维护统治阶级利益的前提下，也开始重视社会公平与公正。他们能够适时地在隋朝所颁布法律的基础上，删其苛细，意在宽平，定律五百条，分为12卷，目的是一方面适应统治阶级的需要，另一方面协调不同阶层的关系。民本思想还体现在剥夺罪犯的性命方面，唐王朝的统治者显得更为慎重。在整个贞观时期，全国被判处死刑的囚犯人数只有29人。那个时期，整个社会呈现欣欣向荣的发展态势，人民生活安居乐业，官吏清廉各司其职，在这样的背景下，整个社会的活力和秩序都达到了历代王朝的巅峰水平。

第二，内外交往、融合显现包容与自信。贞观时期，不仅采取措施，使许多少数民族逐步融入中华民族，接纳认同汉文化，实现了民族大碰撞、民族大融合、民族大统一，而且能够致力复兴文教，奖励学术，大兴国学，使周边少数民族政权和国家如日本、高句丽、新罗等仰慕唐朝的繁荣与礼仪文明，皆派遣弟子前来唐朝朝贡、留学，使唐代学术文化广播四方。欧洲、西亚、中亚、南亚的商贸团队往来在繁荣的丝绸之路上，带来了东西方手工艺商品、农作物、文化技术的丰富交流。在7世纪到10世纪的近三个世纪间，唐帝国以绝对优势成为当时综合国力最强、文明程度最高的国家。巨大繁荣的物质文明、包容自信的精神文明及十分先进的制度文明使帝国的辐射影响力跨越国家与大洲。

第三，良好的制度设计为盛世提供了保证。唐太宗李世民是当时最具代表性的贤明君主，在他的统治下，唐朝呈现欣欣向荣的发展态势。尤其是他启用了一批当世名臣，构建起了良序的治理体系。在唐太宗执政时期，整个唐朝滥用职权的现象降低到历史的最低点，贪污腐败所造成的种种影响也处于历史的低点。可以说，这一时期的政治，可以用政通人和来表达。然而，唐太宗并没有采取严峻的刑罚来维持社会制度和官场清廉，他更多的是采取了分权的制度。通过中书省、门下省、尚书省三省不同职责的划分，划定了各个部门所需要负担的主要职责。其中，中书省是决策机构，负责制定各项政策。门下省是审议机构，负责审核命令，类似于现代民主政治中的议会机构。而尚书省是执行部门，负责执行命令。这些部门由于各负责一个领域，彼此之间形成了牵制，内在地就能够保证皇帝及中央政府政令的规范和合理性。不仅如此，这种良好的制度设计还能够保证皇帝不会大权独揽，即便皇帝有足够的权威，但他的行为也受到了一定的监督。而且唐太宗还延续了隋朝的科举制度，科举选才的好处在于可以最大限度从民间挖掘人才，而且能够将知识分子稳定地控制在政府的掌控之下，一定程度上也保证了社会秩序的稳定。

第四，贞观时期不仅在政治上开放，在经济上也开放。实际上，隋唐开始，中国的商业发展进入一个黄金发展的时期。当我们审视隋唐五代十国，直到两宋时期的商业发展，可以看出这整个时间段内，商业发展是处于一种良性循环之中的。唐朝基本上继承了隋王朝的历史基因，对于商业发展方面，不仅没有加以限制，反而是提供了许多便利的条件。这一时期许多城市的商业化发展迅速，如长安、洛阳、杭州在这一时期都成长起来。当时世界上最出名的商业城市一般都在中国。唐朝的强盛催生出无比自信的对外关系，陆上丝绸之路与海上丝绸之路都见证了唐帝国的贸易兴盛与经济开放，举世闻名的丝绸之路再次成了亚欧非各大洲间的文明纽带。这种开放性、有容乃大的精神造就了绚丽夺目的光彩，不仅影响了当时的周边世界，体现了中国精神，还使后世之人在回忆历史的荣耀之时常常"梦回大唐"。

遗憾的是，这样的光彩并没有能够持续多久。为了争夺权力的最中心位置，一幕幕的争斗往往把社会的发展从一个较为理想的高点又拉回低点，形成了一个封闭式的圆，周而往复。即使是在李世民统治时期出现了那样的灿烂，但囿于本质上是一样的政治、经济制度，灿烂也只能是昙花一现了。果不其然，人治社会下，社会发展也如人的发展，当最高统治者进入老年时期，荒唐、怠政随之而来，笼罩社会的是暮气、万马齐喑、停滞甚至倒退。

开元盛世，是唐玄宗李隆基在位44年前期开元年间所出现的景象。唐玄宗在即位后，虚怀纳谏，因此政治清明，政局稳定。在开元年间，经过共29年的发展，大唐王朝经济繁荣、天下富足。在对外的文化、经济交往过程中，当时唐朝的国际威望也达到了顶峰，万国来朝，海内一家。长安、扬州、广州等城市，云聚着从海陆丝绸之路来华的胡商蕃客，成为促进中外经济、文化与政治联系的重要纽带。当时，不仅东亚的朝鲜、日本，东南亚地区诸国，中亚、西亚地区乃至地中海地区的一些国家，都曾派人到长安，与大唐王朝的中央政府建立了一定的朝贡的政治关系。

可惜人治社会中，当天下安定一时，平民解决了温饱，府库稍有盈余，人口瞬时增加。这种因人口增加导致的人口与物质之间的张力却不能通过以小农经济为主的生产关系释放。商业的发展本是一个吸纳人口压力，再造生产力升级的良好途径，但是在那个时期，由于商人的地位普遍较低，属于社会阶层的底层。商人虽然在商品贸易中起到了重要作用，但在社会地位方面却远远不及读书人甚至农民。不仅如此，在高度集权的专制政治庇护下，官僚缙绅十分强有力。当王朝一旦达到小富即安的水平，他们渴望奢靡、享受的本性就暴露出来，于是他们就将因低水平的富足而产生的多余人口"家奴化"。没有其他途径消化的多余人口也不得不被专制王权集团吞噬，无法实现人力资源的有效流动。传统家天下的治理模式，也使得人们更加倾向于故步自封而非积极进取。分散的小农经济，天然地惧怕商业发展带来的开放和流动、手工业发展带来的集中与进步。即使有了少量的手工业出现，也没能形成普惠性效果。一方面，它们不可能吸纳更多的流动人口，多余的人口在流动中聚集当然对王朝的安稳埋下了隐患；另一方面，这少量的手工业往往也是因围绕在权力中心的官僚缙绅奢靡性消费需要而产生的。消费不是建立在满足大多数人需要的基础上，这样的消费不仅不利于经济的良性发展，而且是种滋养腐败奢靡的祸害。

三、国家统治的四重基因

通过对汉、唐等王朝治理经验的总结，不难看出，在封建的中国，若想实现强有力的国家统治，一般具有几个特征：第一，有领导力的君主。无论是文景之治、贞观之治或是开元盛世，以及我们即将探讨到的康雍乾盛世，每一个辉煌的历史时期总是离不开一位特点鲜明且富有领导力的君主，这一点当我们比较中西方历史不难看出，法兰西帝国皇帝拿破仑、英国女王伊丽莎白一世、日本明治天皇无一不是这样的代表。第二，有良好的政府运转机制和人才选拔渠道。政府机制运转良好，意味着各个部门可以各司其职。中国的政府运转机制经历了一个漫长的发展过程，从早期的三公九卿制，到三省六部制，再到三司六部制，以及后来的内阁六部制，等等，每一种制度都有其独特的优势，都符合了社会历史发展的潮流。而人才选拔制度的畅通无阻，则可以从民间招募到大量优质的人才，确保中央能够集中智慧，而且在一定程度上也可以控制思想和舆论。第三，稳定的军事管辖权。一个国家的治理之道，或者说治乱之道，首当其冲的就是君主对于权力的把握，而在这其中更为关键的是对于军事管辖权的掌握。第四，严密的监察制度。一个是君主和朝廷对于官员，特别是地方官员能否形成有效的制约，以保证官员在任上可以各尽其职。另一个是建立了秘密监察体系，如明朝的锦衣卫、清朝的粘杆处，他们可以为皇帝布下一套天罗地网，以保证君权的绝对权威。第五，有效的财税制度。政府的运转需要资金，而这笔钱只能来源于健康的财税制度。综上，我们选取四个角度对中国传统封建王朝的治理体系进行一个简单的剖析——这四个角度也来源于钱穆《中国历代政治得失》一书中提到的中国历史上最值得一书的四种制度。

（一）政府的组织

与西方强国，如英国、法国、美国等国家不同的是，虽然古代中国拥有非常庞大的版图，但却没有采用相对松散的分封制，而是采取了中央集权的封建制度。实际上，自秦朝以来，中国历代的封建王朝都在不断地加强中央集权，特别是强化君主的权威。

中国历代封建王朝，都是由帝王掌管国家最高权力。古代官制的根本职能，就是维护皇朝、皇权永固。皇帝通过宰相统领百官的省部官僚制度，掌控对国家事务和地方郡县的治理。宰相是皇帝之下的最高行政长官，由皇帝任命，辅助皇帝处理全国政务，具有极高的政治地位。粗略地，我们可以将中国古代封建君主专制制度下，中央和地方的关系划分为两个不同的历史时期。以明朝为界，明以前中央和地方的关系主要延续了秦国的郡县制。通俗地讲，郡县制就像是一个股份制企业，其中皇帝是董事长，丞相是CEO。而中央和地方的关系，更像是总公司与分公司的关系，虽然有隶属，但地方也有比较强的自主权。隋唐宋三朝，在宰相制度和郡县制基础上，进一步发展出了三省六部制，并且对于地方设置高度严密的监察系统。通过这些手段，皇帝实现了对于宰相权力的限制，但总的来说，还是君臣共治天下。而在明朝之后，这种情况出现了显著的变化，由于丞相被撤，三省取消，而直接采用六部来管理中央事务，而在地方则设置了行省，加强了中央对地方的管理。大权独揽使得皇帝往往疲于各类事务，甚至是地方判处死刑也需要皇帝亲自勾决，官员成为皇帝的家奴。特别是到了雍正时期，皇帝更是利用西北战事设置军机处，将权力完全掌握在自己手中，中央集权制度达到了顶峰。

帝制时代，中央所派遣的官员只到知县为止，有"皇权不下县"的现象，因此，为了适应社会基层管理的需要，便形成了乡绅制度。乡绅主要由科举落第的士子、当地较有文化的地主、退休回乡或长期赋闲居乡的中小官吏，以及一些宗族的元老组成。他们没有官僚机构赋予的权力，但凭借伦理纲常的解释权、执行权，拥有治理乡村的天然权威，在地方各项公共事务中发挥重要作用，如兴学助教、济困赈灾、修路架桥、修缮寺庙等。在传统官、绅、民的基层社会结构中，乡绅处于上通下达的中间阶层，向下传达统治者的政策，向上传递民意，在一定程度上弥补了国家权力在基层的间隙。

中央集权的治理体系有明显的优势，适合幅员辽阔的多民族国家稳定与发展的基本需要，能够有效调遣和组织人力、物力、财力从事大规模生产，抵抗外敌入侵，促进各地经济文化交流，特别是在兴修大型农业水利工程中起着重要作用。实际上在中国古代很长一段时间内，由于中央集权制度的建立，中央对于地方有着高度的管辖权，皇权的集中有效地限制了地方割据势力的形成，这保证了大一统局面的稳定。更重要的是，在应对各类亟须治理的大型公共事务时，中央能够集中力量应对，这增强了国家治理的能力。实际上自古至今，中国之所以有着较强的国家治理能力，这与中央政府对于地方有效的管控是密不可分的。

（二）人才选拔制度

人才选拔制度至少有两个层面的重要意义：聚拢人才智慧和控制思想稳定。无论是哪个层面对于封建王朝的统治都起到了积极的作用，都能够稳固知识分子，让他们远离社会大众，被牢牢固定在封建统治阶层的思想枷锁之中。

官员的选拔方面，西周时期实行世卿世禄制度，这种血亲贵族政治不可避免地形成社会板结和腐败现象。春秋列国争霸，贤人政治备受推崇，涌现一大批崛起于社会各阶层的士官将相。西汉时期，"任贤使能"制度化，形成察举征辟制度，由在朝官吏推举贤良方正之士，经过考核即委以官职。皇帝也亲自出题，提出一些治国和经济方面的问题进行考核，即"策问"。经魏晋九品中正制之后，隋朝创制了科举制，通过公开考试选拔人才。唐朝承袭隋制，进一步完善科举制。

人才选拔进入官途，还需培养考核。秦统一六国后确立了考核的标准、程序、内容，初步形成从地方到中央的层层考核体系。汉元帝时《考课课吏法》正式颁布，标志着中国古代官吏考绩制度正式确立。隋唐以前官吏考核的对象主要是地方诸侯和郡县长官，自唐始，中央官吏也纳入考核范围，考核制度更加完备。历朝对考绩制度有所改进，奖励功绩、德才兼备是考核管理的基本原则。

为防止权力滥用，中国古代还设置了"台谏"制度。"台"官，其职责主要是纠察百官；"谏"官，其职责主要是侍从归谏，劝谏天子。秦代在中央设御史大夫监察百官，郡设监御史，由此形成中央和地方两级监察体系。汉惠帝三年出台了《监御史九条》，列出行政、司法、财经、吏治等九条违规行为。汉武帝时期创设了监察地方的刺史制度，全国分为十三部，每部设一名刺史。唐代将御史台设置为最高监察机构，形成一台三院的监察体制，也形成完整的封驳制度和专职的谏官集团。宋代实行"台谏合一"，从而使监察权力高度集中。至明清，监察制度始终是当时国家治理体系的重要一环。

古代官吏铨选和管理制度优点非常明显。第一，科举制确立起古代中国的流官制，保证了民间文化精英源源不断地输送至官僚机构，大大增强了社会的开放性、流动性及皇权体制的坚韧性。同时，"学而优则仕"的制度安排，保证了国家意识形态与社会心理、文化观念的高度融合，使朝廷内外、全国上下形成共享价值与普遍认同，中国文化的一统性亦通过中国官僚体制及官吏主体而代代相沿。第二，尚德选能的任官制度与纠察考绩的监管制度，基本保障了皇族之外统治力量的清廉能干，使得中国传统政治基本实现政令畅通、稳定发展。

当然，除了聚拢人才之外，科举制的另一大好处在于中央政府将知识阶层紧紧捆绑在封建取士的制度之中。特别是在明清时期，专重"四书""五经"，以八股文取士，禁锢了士人的思想，极大地束缚了知识分子的创造性，也在一定程度上阻碍了科技的发展和社会的进步，是中国近代落后于西方的文化因素。但是不得不说，在2000多年的封建专制制度中，科举制的出现对于增强国家对于知识阶层的控制力发挥了重要作用。一方面这有助于国家控制民间的舆论与思想走向；另一方面可以有效隔绝知识分子和农民阶层，从而使农民起义缺乏知识分子的智力支持，难以形成气候。

（三）赋税制度

中国古代的赋税制度起源甚早，在秦一扫六合之前，就已经有了比较完整的赋税体系。秦在经历了商鞅变法之后，加大了对于人口的管控力度，这对于当时秦朝增加国家赋税有着很大的好处。汉朝时期，赋税制度出现了一些新的变化，但总的来说还是延续了秦朝的传统。汉朝实行编户齐民的制度，那些被正式编入政府户籍的平民百姓被称为编户齐民。编户齐民有着独立的身份，承担着封建国家最主要的几种赋税，包括田租、人口税、更赋、兵役、徭役等。由于汉王朝建立在秦朝灭亡的基础之上，因此吸取了秦朝灭亡的一些教训，从总的来说，汉朝的赋税并不算沉重。

到隋唐时期，中国赋税制度出现了一次较大的转型，开始实行租庸调制。这种制度的目的在于缓和阶级矛盾，保证封建剥削，巩固封建统治。其指导思想在于轻徭薄赋，其中"庸"的概念是指纳绢代役，即是指在服徭役期间，不去服役的也可以纳绢或布代役。这样做的好处在于保证了农业生产，可以让劳动者自由地支配自己的劳动时间，劳动积极性得到了显著提高。更重要的是，减轻了农民的徭役负担，农业生产的发展也使得政府的赋税得到了极大的提高，封建经济得到了较快发展。然而到了唐朝后期，由于土地兼并变得异常严重，租庸调制也无法维持，国家财政逐年减少。为了解决这一问题，780年，唐朝政府颁布两税法，目的是将课税的对象由过去的主户扩展到客户，并对商人重新规定税率。客户纳税，反映了其地位由非法到合法的变化及人身依附关系出现了调整。根据资产而不以人丁来纳税，显然符合了经济发展的客观需要。

明清时期的赋税制度又出现了一些新的变化。明代实行"一条鞭法"，征收货币地租，既促进了农产品商品化，使商业发展冲击了农业，佃户人身依附关系弱化，也为明清时期资本主义萌芽提供了劳动力。而清入关后，宣布以明代的一条鞭法征派赋役，并免除一切杂派和"三饷"。但由于军需频繁，常常横征暴敛，杂派无穷。一条鞭法虽然把徭役银挪向地亩征派，但丁银从未被废除。这种征税的方式给民间带来极大的负担。到了雍正时期，雍正推行了非常著名的"地丁合一""摊丁入亩"的办法，将康熙五十年固定的丁银（人丁2462万两、丁银335万余两）平均摊入各地田赋银中，一体征收。"摊丁入亩"的新政解除了无地农民的丁税负担，打击了封建地主阶级，这在一定程度上缓和了土地兼并，促进了社会生产的发展。

通过上述古代赋税制度变迁，可以看出各朝代赋税制度的变化基本符合如下几个核心要求：第一，要尽可能解放和发展生产力，增加中央的税赋。第二，要遏制土地兼并，打压封建地主阶级，增强农民的赋税积极性。第三，在中央和地方的关系中，要将赋税的征缴牢牢掌握在中央手中。这些措施带来的结果是中央政府始终能够对于地方进行有效的节制，而在面临一些重大自然灾害、战争之时，中央政府也能调动起足够的财力应对。

（四）军事制度

之所以中国封建王朝能够建立起强大的政治统治，与高效的军事制度是密不可分的。秦国能够在战国纷争中取得最后的胜利，和秦国兵役制有着很大的关联。秦国实行普遍兵役制，凡是适龄男子都必须登记造册，并开始服徭役。17岁至60岁的服徭役者，都要先服兵役两年，1年在本郡，1年在京师或者边疆。中央常备军由皇帝委派直接驻守京师和边疆，地方军由郡、县尉统领，农忙耕作，农闲练兵。由于秦朝军队高度集中，军队指挥和管理体制也比较严密，所以军队具有较强的战斗力，这也是秦国武力实现统一的保证。

西晋时期，为了避免诸侯割据局面的再度出现，朝廷开始推行世兵制。所谓世兵就是将士兵全家从普通百姓中抽调出来，脱离民籍，编成军籍，成为士家或军户，服兵役的人叫作士。这种世兵制的好处在于可以将这个家族牢牢捆绑在国家战争机器上,男丁终身为兵,父死子承,兄终弟及。这种制度在中国古代持续时间非常悠久,在清朝时期也有所谓的绿营兵、八旗兵,这些士兵同样来自民间的抽调。进入隋唐时期,府兵制出现。这种兵制的特点是兵农合一,士兵平时务农,战时从军。府兵制目的是打破汉族与少数民族的界限,扩大征兵的对象。这种府兵制对于增强军事实力,强化民族融合趋势都有着深远的影响。

960年,宋太祖赵匡胤建立统一的政权北宋。他吸取了晚唐五代十国时期军阀割据的教训,提出要改革军制,强化皇权,由皇帝亲自统兵。军队的建置、调动和指挥权均掌握在皇帝手中。军队的种类分为禁兵、厢兵、乡兵和边境的藩兵,其中作为主力的禁兵最高人数高达100万,兵权被皇帝所掌控。王安石变法之后,保甲制度开始推行。保甲法规定,乡村住户,每十家为一保,五保为一大保,十大保为一都保。以住户中最富有者担任保长、大保长、都保长。用以防止农民的反抗,并节省军费。这一时期,募兵制出现。所谓募兵就是招募一些灾荒饥民入伍,或者以罪犯充军,一经应募,终身为伍。这是一种为了补充府兵制在发生重大战事时候聚集慢、兵源不足的弱点而设立的临时征兵办法。

清王朝作为中国最后一个封建王朝,其军事制度中最具代表性的当属八旗制度。八旗制度的特点是"以旗统人,以旗统兵"的军政合一,和"出则为兵,入则为民"的兵民一体的社会组织。清入关后,为了巩固满族贵族的统治,加强对全国各族人民的控制，同时为了解除八旗官兵的后顾之忧，更好地为清王朝效命，建立了八旗常备兵制和兵饷制度，与绿营共同构成清朝统治全国的强有力的军事工具，八旗兵从而成了职业兵。

当我们比较分析封建王朝的军事制度，不难发现封建军事制度与君主专制的政治制度有着很大的相关性。其一，皇帝是国家最高的军事统帅，一般亲自掌握军队的组建、调动和战备。其二，地方军和中央军虽然不是直接隶属关系，但是地方军官的赏罚任免权却掌握在中央手中。其三，中央军一般都是全国军队的主力，目的是捍卫皇权的至高无上。其四，中央和地方在军事方面的总体走向是不断削弱地方，巩固中央。可以看出，中国古代军事制度与其他制度类似，都在不断地捍卫着封建中央的绝对权威。国家权力聚拢于朝廷，特别是聚拢于皇帝个人，使得整个政府的行政效率显著提高。由于朝野之外缺乏足够的军事力量、财政力量和受训练的士卒，因此无法对中央政府形成实质性的挑战。这也是中国古代能够在一些朝代达到鼎盛状态的关键。

小结

正所谓"没有规矩，不成方圆"，制度在国家建立与治理过程中的作用举足轻重。中国古代国家治理思想，根源于中华文明演进的历史过程中，存在于中国古代政治制度的设计框架内，蕴含于中国传统思想文化的精神脉络中。从先秦之肇始，到两汉之汇流，隋唐之演进，再到宋明之流变，我

> 们可以沿着这一历史脉络，不断挖掘中国古代国家治理的丰富资源。可以看出，制度在推动整个国家由"分"到"合"的进程中发挥了极为重要的作用。而在和平年代，若想推动和维持一个国家的稳定发展，制度因素同样是其中极为关键的一环。

第三节 闭关锁国的古老帝国

中国由来已久的封建王朝历经千年的演化与发展，逐渐进入闭关锁国的自我僵化状态。尽管曾经的中国在很长一段时间内无比强盛，但也正因如此，加之部分朝代的统治者思想和认知的局限性，中国的封建王朝逐渐开始夜郎自大、闭目塞听，总以"天朝上国"自居。这样的自以为是开始导致整个国家产生了政策与制度的偏差，于是便有了明清时期的闭关锁国。19世纪中叶以来，由于明清两朝的闭关锁国政策和帝国主义的入侵，让中国人民陷入了一个世纪的痛苦挣扎之中。

一、闭关锁国的历史进程

（一）明清之前的闭关锁国

从政治学的视角而言，闭关锁国实际上是一种不与外界接触的国家政策，也就是孤立主义政策。实际上，世界上有很多国家都有过执行类似政策的经历。在欧洲历史上，英吉利在很长一段时间扮演着"离岸平衡手"的角色。特别是在19世纪60年代至20世纪初，英国主动选择自我孤立，将自己置身于当时欧洲大国的结盟浪潮之外，以保证不列颠的行动自由，同时尽可能保持欧洲大国间的均势。这种被后世称之为"光辉独立"的政策，在英国的北美殖民地延续并发展，美国在很长时期内也采取了孤立主义的外交立场与政策。这种孤立主义政策是华盛顿在其总统任满后发表的《告别词》中提出来的："要将美国建成自由进步的伟大国家，最为重要的是应该排除对某些个别国家抱永久且根深蒂固的反感，而对另一些国家则又有感情上的依附；不要与任何外国建立永久的联盟；美国独处一方，远离他国，这种地理位置允许并促使美国能推行一条独特的外交路线，使好战国家不能从美国获得好处，也不敢轻易冒险向美国挑衅。"在此后的100多年里，美国的领导人忠实地执行了这一政策。

事实上，英国和美国的孤立主义政策与中国古代封建王朝采取的闭关锁国政策尽管都属于孤立政策的一种表现，但实质却大有差别。美英的孤立主义是官方层面，也就是政府层面相对保持一种封闭的态度，不愿意与外界交往，也不愿意过多介入外界的事务，但不禁止民间的商贸文化往来。

尽管通常意义上我们所讲的闭关锁国政策起始于明朝中后期，但是在中国历史上，由于封建君主专制统治的建立，在很长一段时间内，中国都处于一种与世隔绝的状态之中。在宋太宗赵光义主政期间，他就推出了一种全面海禁的措施，并且连陆上与外国贸易也要进行严格的限制。尽管在整个北宋王朝，开放和交流多于闭关锁国，但也存在闭关锁国的政策期。元朝的海禁政策，相比较宋朝可谓是有过之而无不及。有历史学家指出，元朝先后出现过四次海禁。通过上述的史料不难看出，在明清王朝之前的很长一段时间内，中国的封建王朝多多少少都有过海禁政策，共同的目的在于巩固中央政府的统治。但比较明清的闭关锁国政策，显然明清之前的海禁政策并不具有长期性，也往往难成系统。

（二）明王朝的闭关锁国政策

明太祖朱元璋曾经明确提出要推行闭关锁国政策，禁止臣民与外国来往。洪武四年，朱元璋颁布敕令，说明要禁止与外邦往来。洪武七年，明朝撤销了自唐朝起就存在的负责海外贸易的福建泉州、浙江明州（今宁波）、广东广州三处市舶司。明朝海禁时期规定人民不但"片板不许入海"，甚至民船造得稍大一些就是违法。永乐时期，明成祖朱棣进一步巩固了朱元璋的海禁政策，迫使海商失去交通工具。永乐五年，郑和自西洋返至新加坡海峡附近的旧港，剿灭了拒不归就的陈祖义海商势力。实际上，不难看出，尽管朱棣支持郑和下西洋的远航，但目的在于打造以明王朝为"天朝上国"的朝贡体系，并非真正支持开放和自由贸易。

到了明朝中后期，虽然明朝政府实行了闭关锁国政策，但是那些沿海大地主为了高额利润，不惜铤而走险秘密进行国际贸易。在大海上，海盗出没频频，这些海盗们占据小岛伺机而动，以日本人为主，当时被称为"倭寇"，专门劫掠商船，杀人越货，明朝东部沿海也屡屡遭到这帮倭寇的袭扰。明万历年间，国家机器腐化，军队战斗力也大不如前，对沿海倭寇的防范疏忽了许多，以致这帮倭寇大胆到不仅仅是在海上横行霸道，甚至登陆到沿海城市烧杀抢掠，沿海地区百姓生命财产深受威胁。明朝政府把倭寇之弊归咎于通商，就关闭了对外贸易机构市舶司，禁止与外国通商，这时的明朝正式开始了闭关锁国。

值得注意的是，明清两朝虽然都执行闭关锁国政策，但形式上还是有所差别的。两朝的共性在于都有一定防范海患的安全目的，但实际上明朝的海禁只是禁止民间私人出海贸易，并没有拒绝外国人来华贸易，当然这种海外贸易是在官方主持之下采取对外贸易的政策，海外贸易只有朝贡贸易一条渠道。这种朝贡贸易携带了大量货物到亚非各国进行交易，而且吸引各国使臣及其商人来华贸易。但明王朝的闭关锁国终究是为了抵御外敌侵扰、捍卫正统等目的。特别在明朝中后期，王朝统治者们逐渐发现海上贸易存在巨大的利益空间，更是激起了他们打开国门的想法。到了明孝宗在位时期，随着白银货币化浪潮的兴起，民间商人的海外活动更是日益频繁，两广总督都御史奏称"广东沿海地方多私通番舶，络绎不绝"。正因为这些民间私下的海上贸易，所以到了明穆宗在位时期，看似是违背了祖制的巨大尝试，实则是顺理成章地将民间的海上贸易进行了公开化，进行了隆庆开关。一时之间民间的海上贸易进一步迅速发展起来，中国的丝织品和瓷器源源不断地出口到海外，换来了大量的白银。据统计，从1570年到1644年美洲所产的白银，差不多有一半通过各种贸易渠道进入中国。

综上所述，明朝的海禁政策至少可以分为两个阶段。在明朝初期，海禁政策还是比较严格的。但在明朝穆宗隆庆年间，随着倭寇之患基本平息，民间对于海上贸易的诉求也越发强烈，就出现了"隆庆开关"。此后，虽然明朝政府并没有积极推动海上贸易的发展，但的确没有进行严格的限制。民间私人海上贸易变得更加便利起来，逐步摆脱了走私的非法境地，开始有条件地公开进行和较为正常的发展。这时候中国的瓷器、丝绸、茶叶、铁器终于可以通过正常的渠道销往国外，而许多国家的名优产品却未能满足明王朝的需要，因此只好以白银支付明朝的商品，使得大量白银流入明朝。明末海禁政策的废弛，在一定程度上来说，促进了中国海外贸易的发展。

（三）清王朝的闭关锁国政策

导致清王朝采取闭关锁国政策的原因是复杂且多重的。早在明王朝败亡之后，郑成功等政治势力一直力图反清复明。郑氏家族击败荷兰侵略者占领台湾以后，长期依靠海上势力与清王朝周旋。清王朝认为沿海民众是郑氏孤悬海外却能长期抵抗朝廷的重要原因，为了从根本上解决这一问题，清王朝实施了更为严格的海禁政策。统一台湾的两年后，康熙帝曾在短时期放开了海禁，在江苏、浙江、福建、广东四省设置海关，并允许进行有限制的对外贸易。

如果说康熙在位期间，海禁的政策主要是为了抵御外敌，那么雍正帝继位以后，闭关锁国政策则主要是维持王权至高无上的权威。1723年，即雍正元年，因与罗马教廷间有关中国礼仪之争的白热化，雍正帝禁止天主教，不许外国传教士进入中国国内传教，并限制贸易。雍正五年，在康熙帝推行南洋海禁10年后，清政府放松了对于南洋海禁的限制，但是限令出洋贸易之人3年内回国，否则不许回籍。尽管雍正中后期，朝廷放松了对于海禁的严格管控，但实质上这种放松只是相对而言的。雍正帝将是否开放海禁作为其解决财政赤字的有力筹码，特别是在平定罗卜藏丹津叛乱、推行改土归流等政策以后，清王朝的财政出现了巨大的困难，这也导致雍正帝不得不放松海禁以解燃眉之急。

时至乾隆帝期间，世界格局已经出现了巨大的变化。经过15世纪至17世纪的地理大发现，海外贸易与殖民为欧洲新生的资本主义源源不断地提供着原材料和市场。18世纪中叶的工业革命更是为资本主义发展提供了绝佳动力，殖民主义与自由贸易主义日渐兴起，欧洲既为这个时期的快速发展奠定了超过亚洲繁荣的坚实基础，也逐步揭开了全世界从农业文明向工业文明、从陆权经济向海权经济、从东方中心向西方中心的历史性转变。随着世界市场加快整合并探索完成，西方国家把目标投向中国这个当时最富有也最广阔的市场，希望清政府能够解除海禁便利贸易。但外国殖民者在南洋屡屡屠杀华侨的侵扰事件，让清政府对放开海禁疑虑重重。出于防止国内外反清势力与外国势力勾结，进而巩固满族政权统治的目的，再加之对天朝上国经济政治实力的盲目自信，乾隆帝正式宣布闭关锁国，仅由"广州十三行"代表官府办理一切有关外商的交涉事宜。在18世纪机器的巨大轰鸣与蒸汽沸腾中，清政府隔绝中国与外部世界的几乎一切交流，遗憾地选择站在历史错误的一边。

在乾隆帝之后，清王朝的历代君主都继续执行闭关锁国的政策。如在嘉庆二十二年，清王朝将深受海外欢迎的茶叶列为禁止出口的货物之一，并且严格限制外国商船在中国的航行自由等。这些措施进一步巩固了闭关锁国政策，而关上的大门不仅锁死了封建王朝通往世界大国之路，还给几十年后英国坚船利炮击碎清王朝"天朝上国"美梦埋下了伏笔。

二、闭关锁国的文化与制度因素

（一）文化不断内敛是闭关锁国的"内因"

莎士比亚曾说，一千个人眼中就有一千个哈姆雷特。在评价中国的闭关锁国政策时，似乎也可以采用这样的观点。为何会认为闭关锁国同样是个非常具有争议的话题呢？究其原因，这是因为闭关锁国是多个原因综合作用下的产物。通常意义上认为闭关锁国是明清政府孤傲自大性格的一种外放，但实际上这种性格的背后却是一种内敛的民族文化基因。

文化上的封闭是一种更为持久的力量，与西方讲求冒险精神相比，中国"天朝上国"的思想是一种文化上"过度自信"

的表现。这种自信，更多地表现为一种自傲，一种对于古代封建王朝强盛国力的自信。这种自信的来源是强大的军事实力、庞大的人口数量、可观的财政收入及中央对于地方高度的控制权与管辖权。古代的文化自信让古代中国人接受这样一种理念：无论是尊奉哪一种思想，一定是在中华文明体系之下的。这就不难理解，为何迅速融入中华文化的佛教文化能够在中国延续千年并产生甚至强于儒家文化的张力。而同为世界三大宗教的基督教和伊斯兰教，虽然也在很久之前就进入中国，但由于它们自身强大的排他性，导致基督教也好，伊斯兰教也好，时至今日也没有能在中国境内产生如佛教般的影响力。

中华传统文化中的"和"也是一种"文化融合"的趋向。这种"文化融合"实际上是将外来文化、边缘地区的文化融合。中国文化具有高度的凝聚力和向心力，这种极具吸引力的文化不是依赖于强大军事实力带来的周边征服，而是这种文化内在的吸引力。然而，正是由于这种文化上独特气质的存在，才埋下了明清两朝闭关锁国的种子。

决定一个民族发展的往往并不是外界带来的重重压力。虽然中华文明有着悠久的5000多年历史，但是在晚近的历史中，中华文明却不断在向内收缩，逐步走向了孤立封闭。特别是儒家学派发展到宋末至明朝的一段时间内，虽然有包括程颐、程颢、朱熹、王阳明这样的大家出现，但最后的结果是，"存天理、灭人欲"等封建思想将刚刚燃起的资本主义萌芽的火苗无情扑灭。闭关锁国不仅是一个王朝走向衰落的表征，还是一个封闭文化走向顶峰，进而由盛转衰的转折。传统小农经济自给自足的特点加深了文化上的自负与封闭，让中国享受着千百年来世界其他国家"想象"的"万邦来贺"，但实际上，中国像是一只体态臃肿的狮子，虽然獠牙依旧，但与世界其他崛起国家相比，这锋利的獠牙已经没有办法作为独居世界一方、喝退其他国家的利器了。

（二）外敌侵扰是闭关锁国的"外因"

文化上的封闭使得中华民族没有一种向外侵略扩张的野心。即便是秦汉唐宋等实力强大的朝代，中国对于周边的藩国也是采取了怀柔政策。特别是西汉王朝，虽然有能力组织军事力量痛击匈奴，但往往还是采取了和亲这样一种"代价小、回报高"的政策，赢得了更为"持久"的和平。我们耳熟能详的"昭君出塞"的故事便是这一时期的典型。即便是占领半个欧洲，被欧洲人恐惧为"黄祸""上帝之鞭"的蒙古人，在入主中原后也被中华民族文化所同化，忽必烈从易经乾元之义中为帝国取名大元，不仅接受了帝师八思巴带来的佛教文化，还在中央设立了中书省、枢密院、御史台等汉族治理机构，近百年间身处汉地的大元在中华文化浸染下洗刷了战争的戾气，与其他在中亚、欧洲依然好战喜武的蒙古汗国形成了鲜明对比。

自清王朝爱新觉罗氏入关以来，上至皇室贵族、下至黎民百姓，社会上所有的"流行"元素无不是传统中华文化所流传下来的。制度上清王朝抛弃了游牧民族的旧制，开始像中原王朝一样建立起农耕文明之上的封建专制制度。经济上重农抑商的思想在清朝演绎到了极致。文化上更无须多言，自康熙帝开始，尊孔崇儒、满汉一家的思想逐渐在清王朝具有了更广泛的共识。所以即便是满族的统治，却依旧受到传统中华文明的深刻影响。

这样也就不难理解，明清两朝在面对外敌入侵时，会采取看似逃避的闭关锁国政策了。当我们把历史的指针拨回到五个多世纪以前，海患在很大层面上影响了明清两朝的政治稳定。明清两朝在应对海患的问题上存在不同的立场和观点。明朝最主要的海患来自倭寇，明朝严格实行海禁的时期，是与倭寇斗争最为紧张的时期。海患消除以后，明王朝便不再推行严格的海禁政策。清王朝的海患主要来源于前明王朝的残军旧部。在清王朝早期，以杨彦迪为代表的农民起义军、在台湾不断发展壮大的郑氏集团、南明政权的鲁王朱以海，实际上在清王朝早期的很长一段时间内，一直是威胁清朝海防安全的最大敌对力量。这三股力量只是清王朝众多需要应对的海患代表，包括荷兰、葡萄牙等外国入侵者的侵袭，都最后促成了清王朝采取闭关锁国的政策。

（三）陈旧封建制度是闭关锁国的"本因"

闭关锁国政策虽然源于战争，但是其本质还是由封建社会的制度属性所决定的。从整个社会经济的属性来看，封建经济仍然占据不可动摇的地位，这也是当时封建统治者获得合法性的强大依据。但是这种发展的模式对于刚刚出现的资本主义萌芽来说是不友好的。在那个时期，由于商品经济发展缓慢，市场上商品非常少，商业也得不到足够的重视。老百姓都是在自给自足的经济体制下，对自己的生活进行着安排。这种方式产生的直接影响是商品经济所必需的市场是匮乏的。特别是在清王朝闭关锁国的时期，内地完全可以做到自给自足、自产自销，逐渐落后于世界。在明清两代王朝的统治时期，封建君主专制制度已经发展到了顶峰。由于封建君主专制制度已经走到了极盛时期，无法调和的矛盾已经越来越多。过去的一些问题，制度韧性能够很好地消化阶级之间、不同利益群体之间的矛盾，而在封建社会晚期，应对这种矛盾的方法变得简单而粗暴。皇帝大权独揽，导致的结果便是中央与地方、皇帝与大臣之间的矛盾被不断放大。更重要的是，封建主义的经济模式将人们禁锢在土地之上，而对于资本主义萌芽采取了扼杀的态度。那么更不用说对待海外贸易的问题。这也就不难理解，为何清王朝的统治者对于外来的传教士、外交官和商人都如此的不屑一顾，对于西方在大航海时代以来取得的突出成就，也视如草芥。

政治统治的目的在于维持社会的相对稳定。清王朝与明王朝相比，最大的特殊之处在于清王朝的统治者并不是汉民族，而是少数民族。清王朝也是中国历史上少数几个由少数民族进行统治的朝代。这种统治一直遭受着合法性质疑，对于许多久居中原之地的汉人来说，清王朝统治者是蛮夷。对于清王朝的统治阶级而言，为了隔绝王朝与外部的联系，对于当时南洋地区的中华移民，同样保持着非常警惕的态度，不希望他们与国内的汉民族形成联系。对于明清两代君主而言，闭关锁国政策更重要的层面上是要维护封建君主专制制度秩序的合法性，以保证封建王朝的稳定。闭关锁国，不但是将外人隔绝在外，而且更是将国人封闭在内。在一个紧密包裹着的政治体制中，君主能够肆意地使用权力，无限满足统治阶层的意愿。特别是对于清王朝这样一个由少数族裔统治多数族裔的王朝而言，内部的稳定显然更加重要。尽管康、雍、乾三代君主都在强调满汉一家，力图淡化满汉蒙之间的分歧。但实际上，他们的最终目的并不是为了打造一个平等的秩序，而是为了维持现有秩序的相对稳定。这也就不难理解，闭关锁国主要是为了锁住人心，控制舆论环境。

从本质上而言，闭关锁国政策是封建君主专制制度的弊端之一。在封建社会早期，由于奴隶制社会的经济模式严重削弱了中央对于地方的领导，导致"我的附庸的附庸，不是我的附庸"，进而地方对于中央的威胁日盛。在那个时间段内，无论是中国还是西方，通过封建制度的建立进而产生绝对的皇权，对于发展封建经济有着非常大的优势。但是到了封建社会后期，尽管包括康、雍、乾在内的几位君主称得上励精图治，但是一个人的能力毕竟是有限的，一个人的眼界显然不能等同于众人的智慧。带来的结果是专制君主的独裁，往往导致国家偏离了正确发展的轨道。尽管在清朝康熙、雍正、乾隆时期，中国封建君主专制制度发展到了顶峰，但结果却是盛极而衰，最终王朝走向了它的末日。

综上所述，一个国家的制度决定了一个国家发展的上限。闭关锁国政策，究其原因是封建君主专制制度发展到一定时期的产物，更深层次的是农耕文明对海洋文明的恐惧，是官营经济对自由贸易的恐惧，是思想禁锢对思想自由的恐惧，是本土文化对外来文化的恐惧，从根本上讲是皇帝对丧失皇权的恐惧，所以在当时的社会条件下，即便出现更为"开明"的君主，也无法缓解社会中的重重矛盾，也就不会阻止闭关锁国的步伐。

小结

纵观中国历史，在曾经的4000多年里一直屹立于世界之上，但在近代的200年时间里却遭受了各种屈辱。统治者关闭了中国的大门，用闭关锁国政策隔绝了中国文化与科技的对外交流，使得中西方科技水平差距越来越大，直至1840年的鸦片战争，古老的中华文明第一次遇到了一个强于自己的外来文明的挑战，国人从"天朝上国"的美梦中惊醒，迫使中国带着深深的屈辱开始在现代化的道路上蹒跚而行。

第四节　由盛至衰的封建王朝

"康乾盛世"曾被认为是清王朝统治的最辉煌时期，也是中国封建王朝的政治制度、国土疆域、人口经济、治国理念、对外关系等方面发展到鼎盛的时期。但物极必反，这种鼎盛的辉煌就如落日的余晖想奋力回光返照一样，成就的只是一抹最后的夕阳，治理危机的浓厚黑暗已然在无情吞噬着残存的光明。今天，当我们回望这段历史，仍旧唏嘘不已。历史似乎从来不会同情任何人，也从来不会因为过去的辉煌而让历史停滞。

一、末日余晖：封建王朝最后的"盛世"

当历史的车轮滚过漫漫红尘，当王朝末日的夕阳洒下余晖，留给整个清王朝的是对于封建极盛时期的美好幻想。然而，封建王朝的覆灭毕竟不可避免，在最后一个封建王朝诸多君主的努力下，却为这个最后的王朝"续命"百年，甚至在最后的时期迸发出一丝光彩。这段历史，我们常常称之为"康乾盛世"。那么，当我们回顾这段历史，不禁要追问，是何种原因让封建制度最后的时光仍然能迸发出不小的能量呢？

由于明清交替时期的连年战乱严重侵扰民众生活，人心思定、人心思治是此后康乾时期盛世局面的客观必然。从秦王朝开始，大一统的理念就根深蒂固于各个稍有志向的封建帝王。实际上，国家统一在任何一个朝代都是至关重要的核心问题。历史上，各个王朝的统治者都在考虑如何能够最大限度实现大一统，能够将统治的力量扩展在广阔的疆域之上。清王朝是一个由少数民族统治的朝代，他们非常担忧民族问题无法形成大一统的局面。他们也有非常好的例证，在明朝之前统治中国的元朝，尽管蒙古铁骑能够横扫欧亚大陆，但却没有办法在中原地区维持长久的稳定与统治。最核心的问题便是民族矛盾始终没有得到有效解决，这也是大一统政权没有稳步发展的重要因素。在乾隆帝时期，由于版图已经扩展到了清王朝历史的最高水平，特别是新疆等地成为王朝版图的一部分，使得乾隆帝深感自己在位期间做到了许多前人不曾做到的宏图伟业。

康熙、雍正、乾隆的个人素质与历史上出现的那些帝王相比，确实有过人之处。其个人素质表现的偶然性也为"盛世"出现的必然性准备了必要因素。其中，勤政是他们三人的共同特征。康熙在位60年殚精竭虑有如一日；雍正在位期间除到关外与遵化扫墓和祭祖外没有出京巡游过一次；乾隆即位之初，虽国势昌隆，但也不敢稍有懈怠。

清王朝的政治制度选择有利于其一时的强大。清王朝虽然是少数民族政权，然其基本制度措施，在入关之后都是效法明王朝的，即"清承明制"。尤其是涉及皇帝的集权与专制方面，清朝康熙至乾隆年间对这一方面的制度进行了完善，从而达到极致。内阁作为政府的最高决策机构，在清早期的作用相较明朝时则明显降低。雍正设立军机处作为新的最高决策机构之后，军机大臣也常常只是"跪受笔录"，并且只有在兼任内阁大学士时才有宰相之实。雍正帝还确立了在各省设巡抚、一省或数省设总督的新制度。一方面赋予总督与巡抚较大权力以提高地方办事效率；另一方面也配套严密的监察体系和措施以挟制地方。清政府在中央决策与地方执行之间一直保持着高效的办事效率，没有出现过地方督抚的反叛作乱。即便在晚清内忧外患的局面下，也没有产生国家分裂。事实证明清早期制定的政治制度在当时对维护国家稳定、提高行政效率是卓有成效的。

诚然，有了康熙、雍正、乾隆等几位明君的励精图治，带来了康雍乾盛世，但是这种盛世更像是2000多年封建专制统治的"回光返照"，制度的弊端已经无法再通过某一些明君的出现来加以缓和，改革或者革命势在必行。然而遗憾的是，清王朝并没有改革的勇气，封建君主专制制度中利益既得群体也很难放下他们已经得到的权力和真金白银。统治者全然不顾生产力发展的客观规律，全然不顾民众生活的状况和社会极端尖锐的各类问题，王朝的覆灭已是不可逆转的趋势。

二、由盛转衰之因：国家治理的制度瓶颈

整个社会在专制权力越加集中的桎梏下，虽然表现出来的是统一、强大、繁盛，但压抑的反作用力正在四处寻找突破口，导致边疆不稳，内地"一夫倡乱、众人景从"的现象频发。即使是在号称"十全老人"的乾隆的统治时期，社会也没有安安稳稳的时刻，让乾隆帝感觉是在坐跷跷板，按下了这头，那头又起。究其原因，从根本上说，是此时的社会关系已经不能够适应生产力的发展需要了。主要表现在以下几点：

第一，生产关系中最活跃的因素——人，此时已经得到了大规模增长。康雍乾三朝人口的迅速增长在人类历史上也是较为罕见的，既显示出封建盛世的繁荣景象，但也造成人口增长与经济发展的严重不协调。在番薯等高产作物的引进、社会

环境的长期安定与鼓励人口生育的税收政策等原因的综合作用下，在清朝入关40年后的1685年中国人口就重新突破1亿，仅仅过了77年的乾隆二十七年人口实现了翻一番突破2亿大关，而在此基础上再新增1亿人口仅用了28年，乾隆五十五年中国人口历史性地突破3亿。传统的小农经济在缓慢增长中，根本难以容纳如此规模的人口爆炸。由于缺乏变革性技术进步，人口与土地矛盾极端尖锐起来，从而造成了巨大的人口压力，饥民遍地、流民四海成为清中后期越来越常见的社会图景。后世的人们才科学地认识到，人口的增长如果没有和经济发展实现同步，结果不仅不能实现繁荣，反而还会拖累经济，形成社会压力，甚至政治动荡。

第二，在专制制度下，单向的监督体制不可能很好地防止腐败。况且，在治国理念方面，康熙帝过于强调仁爱施政，没有对当时愈演愈烈的贪腐之风进行严厉打击。在雍正执政期间，他决心刷新吏治，将工作的重点放在整顿官场腐败之上。雍正首先对于府库欠款进行了追缴，目的是通过追查户部的亏空找到清王朝腐败的根源。之后，雍正重用包括田文镜、李卫、鄂尔泰等名臣，在地方施行士绅一体当差一体纳粮，通过这个手段将更多人限制在土地之上，保证了封建土地的生产力不断提高。而乾隆帝登基以后，又将雍正帝在位期间一些稍显严苛的政策废除，这就导致国家在官员贪腐之风上还是无法得到有效的管理。另外，皇帝与官员们之间关系过于亲密也导致王权的影响力被日渐削弱。更有甚者，一些皇亲国戚罔顾国法、肆意妄为，加剧了社会的矛盾与撕裂。而社会上一些有识之士，却又受限于腐化的官僚制度而得不到晋升机会。这些复杂的情况相互交织叠加，最终导致了王朝走向衰落。

第三，在西欧国家和美国大力发展教育、即将崛起的德国和日本也非常重视教育的背景下，此时的清王朝在学术文化的发展方面，却显示出一番老气横秋的状况。实际上，在清王朝早期，政府对于民众的思想控制还没有到如此压抑的程度，在思想和教育领域甚至出现了较为繁盛的局面。但可惜的是，到了康乾时期这种局面逐渐走向封闭和凋敝。由于大兴文字狱，许多有思想的学者纷纷被捕或者投笔不再创作。学术文化方面的表现是清王朝中后期对于思想进行绝对控制的一个侧面。那一时期，中央政府之所以进一步强调了八股取士，其核心就在于利用政府教育这一统治工具，将更多的读书人控制在这一体系之内。也就是说，没有任何人是局外人，都是局内人。

而在对外交往方面，清王朝历代统治者竟然是惊人的一致，拒绝与外部的往来看上去是如此的简单粗暴。拒绝任何形式的交往，完全不知未来将会通往何处，也就不清楚如果打开国门会面对何种特殊的情况。与其冒险打开国门，不如紧闭国门，遵循旧制。全面的闭关锁国，就是从乾隆时期开始的。也是从那时候开始，外部世界已经无法看到大门紧锁的中国发展到了何种水平，而且对于一些快速现代化的国家，如英国来说，清王朝统治下的中国，是个可以一试的对手，可能一战就可以取得意想不到的效果。

三、丧钟为谁而鸣？清王朝覆灭的历史进程

（一）清王朝覆灭的历史进程

清王朝从乾隆末年开始，就已经有了衰落的迹象。特别是乾隆晚期的白莲教起义，更是被视为康乾盛世由盛转衰的代表事件。嘉庆帝是一位勤勉但缺乏胆识的君主。他并没有能力，也没有任何欲望去改变乾隆末期国家出现的种种社会弊病，相反，他和很多历史上的守成君主一样，保持着"祖制不可变"，这就难以遏制清王朝继续走向衰落。嘉庆帝去世以后，道光帝实际上也失去了清王朝早期君主那种锐意进取的精气神，对于政权的掌控力度也在不断趋于僵化。任何一种制度改革，都显得迟缓不堪。这使得道光时期的朝廷上卖官鬻爵现象非常严重，官场之间的斗争也日趋激烈，官员们不是在努力思考让王朝逐渐向好，而是挖空心思努力维持他们已经得到的利益，并攫取更大的利益。这样的结果使得官场腐败之风盛行，财政上的亏空也越来越大，常常入不敷出。阶级矛盾激化，民变四起。

吏治的腐败已经成为清王朝的"阿喀琉斯之踵"，尽管其他方面的问题也是非常复杂，但整顿吏治已经势在必行。因为吏治的腐败直接导致了鸦片贸易猖獗。1839年，为了解决鸦片交易的问题，道光帝派遣林则徐前往广东查禁鸦片。实际上，与其说是整顿鸦片的问题，倒不如说清王朝意识到与英国的贸易顺逆差出现了扭转。然而林则徐"虎门销烟"显然动了英国人的"奶酪"。1840年的中英第一次鸦片战争，在炮声中宣告了清政府的

失败，更造成了中国走向半殖民地半封建社会的根本转变。这不仅是清王朝，更是整个封建专制制度走向没落的历史起点。

从第一次鸦片战争开始，清王朝的坠落已经无法逆转。尽管作为统治阶级的清王朝皇帝还在做着"天朝上国"的美梦，但击碎清王朝美梦的起义与侵略已经势不可当。1851年，洪秀全于广西金田起义，这场被称为中国"旧式农民战争的最高峰"的太平天国起义，一举攻下了南京。虽然太平天国运动最终失败，但却沉重打击了清王朝统治的稳固基底。在太平天国运动期间，英法两国发动了第二次鸦片战争，掠夺了大量的财富，给民众带来了沉痛的灾难。随之签署的《天津条约》和《北京条约》在加深中国半殖民地半封建程度的同时，也进一步造成了国弱民贫的历史局面。

在第二次鸦片战争结束以后，咸丰帝在热河病逝，同治帝继位，慈禧太后获得了实权。被称为洋务派的奕䜣与曾国藩、李鸿章、左宗棠、张之洞等部分汉臣发起了以"师夷长技以自强"为主要宗旨，以"中学为体、西学为用"为原则的洋务运动，试图挽救朝廷于倾危。但好景不长，仅仅30多年后，中日甲午战争爆发，洋务派李鸿章所建立的北洋舰队全军覆没，宣告洋务运动的彻底失败。此后，新的一股势力登上历史舞台，那便是以康有为、梁启超为代表的资产阶级改良派，他们力图通过资产阶级改良运动，实现封建君主专制制度向资本主义君主立宪制度的过渡，但这项伟大的政治改良运动"戊戌变法"仅仅维持了103天便宣告失败。清王朝的衰亡已经无药可医。

1901年,《辛丑条约》签订,自此,清王朝已经完全沦为列强瓜分中国的工具,王朝的末日近在眼前。最终,辛亥革命推翻了在中国延续了2000多年的封建君主专制制度。

(二) 王朝衰亡的制度之因

非常有趣的是,在不考虑封建制度是否适应19世纪中叶世界经济发展潮流的情况下,很多人都会提出这样的疑问:历史上,中国多次经历王朝更迭,都是一个朝代取代另一个朝代而终结的,清王朝和之前的封建王朝具体有哪些不同之处?为了弄清这个问题,就必须将清王朝之前所有的封建王朝覆灭的原因进行一个横向的比较。通过比较我们发现,历史上封建王朝的覆灭无外乎如下几个原因:一是宦官专权,二是外戚专权,三是皇帝昏聩,四是权臣擅政,五是地方军阀势力割据,六是农民起义。

但当我们将这些因素放置在清王朝,却发现了一个非常有意思的现象:第一,在宦官专权方面,清朝皇帝都勤于政事,几乎没有给宦官任何可乘之机。第二,在外戚专权方面,实际上除了清王朝最后的慈禧太后,王朝200年历史上几乎没有任何外戚能够对朝局产生决定性作用,更不必说专权。第三,在皇帝昏聩方面,清王朝的所有皇帝,包括清朝末期的光绪帝,都是勤政的典型。第四,在权臣擅政方面,雍正年间设立军机处,几乎等同于皇帝兼任了宰相。军机大臣只能做参谋,没有行政权力更没有军权,不存在专权的可能。第五,在地方军阀势力割据方面,由于清王朝独特的军事制度,国家主权的军事权力都掌握在皇帝一人手中。对于地方官员而言，总督、巡抚并没有隶属关系，地方官都有专折言事的权利，大家相互监督，谁都不敢越雷池半步；清朝还频繁调动督府人选，使得地方官员间很难形成朋党，自然也就无法形成挑战皇帝的势力集团。第六，在农民起义方面，尽管清朝后期出现了诸多具有代表性的农民起义军，但都没有能够瓦解清王朝，原因在于农民起义军缺乏知识分子的支持。清朝八股取士的制度已经将知识分子牢牢捆绑在朝廷设置的知识体系和官吏选拔制度之中，缺少了知识分子指导的农民起义，最终也只是一帮"乌合之众"。

实际上，透过这些侧面我们能够得出一个比较清晰的结论：制度决定了一个国家治理的成效，也决定了一个国家兴衰存亡的发展方向。缺乏了制度的指引，无论是有多么清廉的政治、多么有力的君主、多么繁盛的经济状况，都难以推动一个王朝持续不断的发展。正如马克思所言，生产力决定生产关系，经济基础决定上层建筑。那么作为上层建筑的制度取决于经济基础，也就取决于生产力的发展水平。但是上层建筑并不是无能为力的，它可以进行自我调适来适应生产力提升和经济基础变化所产生的新的需要。从国家治理的层面而言，这一真理印证了清王朝覆灭不可阻挡的一个关键性原因，即清王朝的制度并不能够适应生产力发展和经济基础变化所产生的需要。

对比古代、近代中国与西方的制度文明，是否存在一些相似之处，是否具备一些完全不同的特征呢？

首先，必须肯定的是，文明间具有一定的互通性。英国历史学家阿诺德·汤因比曾经用"轴心时代"的概念，将公元前800年至200年在北纬25度至35度之间出现文化共同繁盛的现象，称之为人类文明的同轴共振。这印证了东西方文明在起源上存在一定的共性，这种共性来源于不同文明相近的宇宙观、世界观与人类关怀。这是东西方在后来制度文明上存在共性的历史缘由。其次，治理的主体是人，治理的本位也是人，治理本身是围绕着"人"展开的。美国哲学家托马斯·博格曾言，人类世界一切事务的道德本位是"作为个体的人"，无关这个人的性别、年龄、民族、国籍等特殊纽带。也就是说，人类一切的哲学都是关于"人"的哲学。那么围绕着"人"的问题展开的制度构建，本质上是存在共性的。正如马克思所言，人类真正的解放，是实现人自由而全面的发展。这里的人不仅包括西方人，还包括东方人。再次，人类历史发展的共性决定了东西方在制度层面存在共通之处。虽然东西方在历史的步伐上并非亦步亦趋的，但是从原始社会走向奴隶制社会，进而走向封建制社会，以及后来的资本主义社会，这些都是东西方共同迈过的历史轨迹。特别是在漫长的封建专制制度下，东西方虽然君主的产生方式、权力运作模式和分权模式都存在一定的差异，但往往都呈现一种不断向上集中的发展态势。"君权神授"也成为历代封建专制君主进行统治的合法性工具。如自诩"太阳王"的路易十四、"奉天承运"的朱元璋都是其中的代表。既然权力来源于上天（神）的赐予，那么自然就要按照上天（神）的意志来进行统治。这就出现了制度治理方面的相似性。最后，权力博弈的主旋律决定了东西方在制度构建上的相似性。政治的关键词便是权力博弈。这种博弈既来源于不同国家之间，也来源于一国内中央和地方之间，同样，君主与大臣之间的博弈也是代表。在这些权力博弈的背后，就出现了处理不同国家间关系、中央与地方关系及君臣关系的方式方法，这些方式方法实现了这些关系的平衡和良序发展。从这个意义上而言，能够在西方维持上千年及在中国维持2000多年的封建专制制度，必然有一定共通之处。

虽然东西方制度文明在一定程度上具有互通性，但是，在制度治理这一问题上，两者呈现了不同的特点。第一，东西方文化存在本质的差异。在文化差异中，最大的不同在于欧洲的封建君主专制制度或资本主义制度，始终受到基督教神学的影响。西方所谓的"君权神授"，"神"是上帝，是一个"鲜活"而具体的形象。即便是在奴隶制的古希腊，"众神之神"的宙斯也可以被雕刻在帕特农神庙的廊柱之上。然而在古代中国，君主的权力虽然也来源于上天的赐予，但"天"并不是具备实体形象的。甚至在更长的时间里，中国皇帝对于天的敬畏，仅限于"礼"的层面，是一种象征意义的存在。而在西方，特别是漫长的中世纪，基督教神学扎扎实实地捆绑住了欧洲的封建君主，君主的权力被教皇的权力所限制。西方的"君权"受限于"神权"，这一现象是其与东方制度文明层面相区别的第一点。第二，东西方文明形态发源不同。传统中国是一种典型的农耕文明，黄河流域、长江流域孕育了中国5000多年的文明史。在古代受到中国文化影响的周边国家，也几乎都是孕育于农耕文明。反观欧洲国家，除少部分国家之外，大多数国家都不是从农耕文明发展起来的，草原文明、海洋文明成为欧洲文化的底色。在这样的情况下，不同文明在制度构建方面也呈现了迥异的道路。与中国追求高度的大一统、严格的宗法制度及嫡长子继承制相比，欧洲诸国在中央集权制度的构建方面，显然非常滞后。第三，国家的版图疆域也是东西方文明呈现出不同特征的重要因素之一。中国幅员辽阔，向上追溯至秦汉时期，中国的国家版图都远超过欧洲国家。由于疆域不同，皇帝对于地方的统治也展现了不同的特征，处理中央与地方关系方面，也需要采取不同的方式。

小结

在东西方制度文明史上，中国和欧洲诸国既有相似之处，又存在巨大的差异。而在地区文明逐渐走向世界文明，人类社会逐渐走向一个共同体的今天，东西方相互借鉴，逐渐形成更加有益于人类社会发展的制度路径。我们研究未来治理，必然要从过去汲取教训。

第四章　开天辟地之大事变：
　　　　先进政党的诞生

　　近代中国历史证明，鸦片战争后中国各种政治力量轮番出台的救国方案，没有改变中国人民的前途和命运，直到以马克思主义为指导、勇担民族复兴大任的无产阶级政党——中国共产党登上历史舞台，中华民族才终于迎来凤凰涅槃、浴火重生的曙光。

　　作为用马克思主义武装起来的人民的政党，中国共产党始终把为中国人民谋幸福、为中华民族谋复兴作为自己的初心和使命。使命意识源自历史、植根国情、立足时代，是中国共产党的灵魂和精神指引，是中国共产党区别于其他政党的本质特征，也是中国共产党不断自我净化、自我完善、自我革新、自我提高的力量源泉。

　　没有中国共产党，就没有新中国，更没有中国特色社会主义事业取得的巨大成功，也就没有中华民族从沉沦到复兴的伟大转折，这既是研究近当代中国历史得出的最基本、最重要的结论，也是全体中国人民一致确认的集体认识。但完整准确全面了解中国共产党却并不容易，拿西方政党的概念去看中国共产党会"丈二和尚摸不着头脑"。中国共产党的政党形象在多维建构中，始终坚持以马克思主义为指导，坚信共产主义的远大理想，坚守为人民谋幸福、为民族谋复兴、为世界谋大同的初心与使命，在继往开来、守正创新中创造了"地球上最大的政治奇迹"。现实证明，这个政党已经同国家的追求、民族的向往、人民的期盼紧紧融为一体，必将继续创造更大的人类奇迹。

第一节 开天辟地

马克思主义是革命的理论,"革命性"是马克思主义政党的本质特征。马克思、恩格斯在为世界上第一个无产阶级政党——共产主义者同盟起草的纲领《共产党宣言》中就提出共产党是一个革命政党,指出:"共产党人不屑于隐瞒自己的观点和意图。他们公开宣布:他们的目的只有用暴力推翻全部现存的社会制度才能达到。"① 对于中国共产党来说,首先面临的革命任务是推翻帝国主义、封建主义、官僚资本主义三座大山,中国共产党以大无畏的革命勇气争取民族独立与人民解放,为实现中华民族伟大复兴创造根本社会条件。

---

① 《马克思恩格斯选集》第一卷,人民出版社1995年版,第307页。

一、近代中国寻求变革之路

1840 年是中国古代史与近代史的分界点，在此之前的漫长封建社会中，原始商品经济的发展已经孕育着资本主义的萌芽，如果没有外国资本主义的入侵，或许中国也将缓慢发展到资本主义社会，但在这一年爆发的鸦片战争打断了历史进程，逐步成为半殖民地半封建社会成了近代中国的最基本的国情，各个阶级、各种主义及发生的所有历史事件，都在这一国情的底层逻辑下运行，中华文明被戴上了不止一副的"镣铐"与"枷锁"。

革命是历史的火车头，拉响火车第一声汽笛的是受到国内外双重压迫与最沉重剥削的中国农民阶级。从 17 世纪开始的人口大规模增加，让农民对土地的需求不断攀升，本就苛重的地租也一涨再涨，国内阶级矛盾在第一次鸦片战争所带来的巨额赔款、洋货倾销与白银外流中被进一步激化。从 1851 年至 1864 年，持续 10 余年的太平天国运动席卷了大半个中国。"天下的百姓，耕者有其田，有食物同吃，有衣物同穿，有钱财同使，处处均匀，处处保暖"的革命方案，在运动初期对传统小农社会中的贫苦农民有着巨大的诱惑力，但随着运动的持续与深入，其乌托邦色彩就越发浓重，放弃商品经济和坚持绝对平均主义在当时历史发展水平下严重违背客观规律。运动后期颁布的《资政新篇》反映出极少数先进分子学习资本主义制度的美好愿望，但在当时封建势力强大、列强环伺的历史条件下也缺乏现实的可能性。太平天国运动虽然达到了中国农民战争的最高峰，给予了封建统治以沉重打击，但农民阶级的自身局限性体现在其缺乏科学革命理论指导，无法提出完整正确的政治纲领与社会改革方案，既不能制止领导集团的腐败蜕变，也不能保持领导集团的长期团结，这些局限性无法通过自身独立克服，也就决定了农民阶级不可能独立完成中国的革命任务。

在国内外战争的连番冲击下，仍在期盼"金瓯永固"的封建地主阶级也缓慢开始了自救行动。19世纪中叶，清政府开启"师夷长技以自强"的洋务运动，并逐步形成了"中学为体、西学为用"的原则，即强调以中国传统的思想、文化、制度为根基，引进并应用西方先进的科学和技术，效仿西方国家在教育、赋税、武备、律例等方面的一些具体措施，以挽回清王朝江河日下的颓势。在这一思想指导下，洋务新政开启了中国近代史上第一次以工业化为核心的现代化探索，创建包括兵工厂和大型纺织厂在内的大型工业企业，开展了以组建北洋舰队为核心的国防现代化建设，尝试了派遣留学生出国、终止延续千年的科举考试等教育革新。但器物学习没有真正抓住中国落后于世界的制度之因，寄希望于在统治阶级少数人领导参与下，在维护封建皇权统治基础上来发展近代工业，人为割裂了社会进步的整体性。"拘束在旧偶像之下"的畸形发展终究是昙花一现，1894年中日甲午战争的战败，也宣告了洋务运动的彻底失败。"中体西用"是在没有克服中、西之间固有的内在矛盾下的直接嫁接，必然会被新的形势所替代。

此后，资产阶级维新派的康有为、梁启超领导了维新运动，希望学习英国、日本等君主立宪国家的经验，试图保留封建统治的皇帝，并建立起资本主义立宪制度。他们从根本上极力维护封建伦理纲常，将所有的希望寄托于光绪皇帝一人，通过光绪皇帝自上而下的合法改革建立君主立宪制。但仅仅在新政的103天后，幻想以皇权自身的觉醒来限制皇权的维新运动，在封建地主阶级顽固派的合力绞杀下迅速失败，在这之后的"皇室立宪"也以一场政治闹剧告终。晚清精英阶层用整整半个世纪的时间，都没有走出改革的泥潭。究其原因，清政府统治阶级始终没有勇气和能力坚持进行触及自身利益的深刻社会变革，一切变革始终建立在维护自身统治与既得利益之上，而不是为了全体人民的生活改善，一旦改革效果或其他因素暂缓了阶级矛盾或改革活动触及自身核心利益，就马上停止改革甚至倒退复辟。19世纪下半叶，国家蒙辱日甚，人民蒙难愈重，文明蒙尘日久，列强倾轧日紧，在风雨飘摇中封建地主阶级退出了历史舞台中央。

资产阶级革命派曾希望在中国建立资产阶级民主共和国，也为之进行了艰苦探索。以孙中山先生为代表的革命党人，在1911年发动了震惊世界的辛亥革命，推翻了清朝政府，结束了在中国延续几千年的君主专制制度，建立起亚洲第一个共和制国家。中国人民也曾以为推翻皇帝就能过上幸福的生活，但真实情况却远远不尽如人意。此时的中国不但国力孱弱，而且政局更加动荡不安。中央政府已经名存实亡，军阀混战下兵灾战祸，再加上连年灾荒，经济社会环境进一步恶化，仍然是一个列强宰割、军阀混战、土匪出没、民不聊生的旧中国。

辛亥革命与其革命的产物资产阶级民主共和国为什么会在中国最终失败？客观来看，辛亥革命极大促进了中华民族的思想解放，传播了民主共和的理念，打开了中国进步潮流的闸门，撼动了反动统治秩序的根基，以巨大的震撼力和深刻的影响力推动了中国社会变革，为实现中华民族伟大复兴探索了道路。① 但由于历史进程和社会条件的制约，民族资产阶级没有找到解决中国前途命运问题的正确道路和领导力量，辛亥革命也没有改变旧中国半殖民地半封建的社会性质和中国人民的悲惨境遇，没有完成实现民族独立、人民解放的历史任务。从中国的民族资产阶级自身来看，这是由其阶级自身的软弱性和妥协性决定的。中国民族资产阶级由于受列强的压迫和本国封建主义的束缚，存在反对外国资本主义、反对封建主义的革命要求，但他们又同外国资本主义和封建主义有着千丝万缕的联系，在经济上和政治上都异常软弱。他们幻想不反对外国资本主义侵略而获得民族独立，不推翻封建土地制度而建立民主政治，这就决定了辛亥革命必然失败的命运。其所奉行的"三民主义"自身存在太多缺陷。一是没有彻底否定封建土地所有制，资产阶级始终没有解决农民的土地问题，封建统治的根基没有被触及，因此得不到农民的支持。二是没有提出反对中华

---

① 《求是》评论员：《向着中华民族伟大复兴的目标继续奋勇前进》，求是网，2021年10月15日。

民族的主要敌人帝国主义。南京临时政府成立后还幻想得到帝国主义的支持，没有认清真正的敌人，仅仅把"排满"作为要务，没有认识到国家独立和民族解放是实现中华民族伟大复兴的重要前提。

经过一轮又一轮的历史实践，由农民阶级、地主阶级、资产阶级为主导的社会运动，无论是改良式的，还是革命式的，都以失败告终。究其原因，除了这些阶级所提倡的政治思想本身有所局限以外，最重要的是，由于他们本身阶级立场的局限，在提出政治思想的过程中，总是站在自己的阶级立场，为了维护自己的阶级利益，主观或者客观地忽略中国面临的实际问题。所以，这些政治思想不可避免地遭受到了历史的抛弃，历史总是将那些违背时代要求的政治思想沉溺于底层，以促进新的政治思想的萌芽。

二、马克思主义的传播与中国共产党的创立

被铁甲舰队打开的国门中涌入的，不仅是五花八门的外国商品，还有思想上的"舶来品"。透过洞开的国门，少数先进知识分子有机会"睁眼看世界"，西方现代主义思潮的渗透与积累与日俱增，知识分子们开始更加深入思考广运万里的泱泱大国为何屡屡受制于小夷，中国思想界也再一次活跃起来。

洋务运动之后，与西方接触较多的人们开始认识到西方国家除武器十分先进以外，在"驯致富强"方面也颇有造诣，逐步开始正视西方制度。当时中国首位驻外使节郭嵩焘提出，应

当从只承认中学有本有末到承认西学同样有本有末,在当时算是重要的思想突破。王韬、郑观应等早期维新派提出,西方国家实现国家富强社会稳定的根本不在于船坚炮利,而是其议会制度使整个国家上下同心,社会运转高效,明确主张重视学习西方制度。康有为等维新派大声疾呼国家制度变革已经到了不可不变的危急时刻。辛亥革命后,向西方学习的范围和深度进一步扩大与加深,逐步从制度推演到最深层的文化层面。直至新文化运动树立起民主、科学两面旗帜,鲜明地用新思想、新文化、新道德反对旧思想、旧文化、旧道德,随着"打倒孔家店"的口号提出,有力打破了文化领域的封建专制统治。

与此同时,国际环境的深刻变革,随着十月革命的到来为中国革命事业带来了历史契机。十月革命爆发之前,中国知识分子群体被集体笼罩在一种彷徨迷茫的气氛中。"中学"已经被打倒,"西学"凡可学者也都学遍,器物、制度、文化轮番登场,无奈诸路不通,苦难中国依然国弱民贫,备受列强欺凌,整个国家到底该何去何从依然没有答案。前途晦暗不明之时,却有柳暗花明之意,1917年俄国爆发了世界震惊的十月革命,"阿芙乐尔"号巡洋舰的一声炮响,为中国送来了马克思列宁主义。

马克思主义的传播首先得益于俄国十月革命带来的强大示范效应。这场革命将马克思主义从一种正义理论变成了眼前的现实,为中国先进知识分子和一切生活在压迫之下、渴望民族独立和解放的人们带来了新的希望与巨大震撼,史无前例地用实践指出了一条完全不同于资本主义的新道路。特别是资本主义世界在第一次世界大战期间的纷争动荡与社会主义运动的勃勃兴起形成了鲜明对比，中国出现了一批赞成俄国十月革命道路、具有初步共产主义思想的知识分子，也盼望着中国能够参与其中。对于当时的中国人来说，马克思主义不仅是一种外国传来的思想学说，还是救民救国于水火的治世良方，能够通过彻底革命摆脱束缚在人民身上的一切锁链，最终实现民族独立与国家富强。正如中国著名文学家、思想家、革命家鲁迅曾经说：我觉到了旧社会的腐败，我希望着新社会的起来，但我也不知道这"新的"是什么，是否一定就好。待到十月革命后，我才知道这"新的"社会的创造者是无产阶级。

从文化角度看，积淀深厚的中国文化所具有的独特文化特质，为中国接受马克思主义提供了前提与介质。在文化理想和文化追求的终极指向上，中国传统的"大同社会"理想与马克思主义共产主义理想间具有文化和价值层面的相通相契；在世界观和辩证法方面，几千年积淀而成的中国传统文化系统中有着极为丰富的唯物主义思想和辩证法文化的深厚底蕴，它为中国文化与马克思主义辩证唯物主义理论的视野融合提供了哲学思想上的文化纽带；中国传统文化中"知行合一"的文化实践取向与马克思主义理论中所经常言说的理论与实践相结合，实际上是相同相契的；中国文化兼收并蓄的文化特征、文化内涵与文化精神，使之具有了浓厚的"跨民族文化经验"的实践支撑，这也就为中国在近现代的历史发展中，吸收、借鉴、消化外来的西方文化，并转化生成自己的现代性文化系统提供了历史文化的内生性机理机制。

从社会基础看，无产阶级队伍的壮大为马克思列宁主义在中国的传播奠定了最广泛最积极的受众。当中国的思想界发生剧烈变化的时候，中国社会结构也在悄悄发生深刻变动。第一次世界大战期间，帝国主义国家忙于在欧洲战场厮杀，暂时放松对中国的经济侵略，中国民族资本主义经济得到比较迅速的发展，带动了工人阶级的力量壮大。中国工人阶级是近代中国新生的伟大的革命阶级，除了具有与最先进的经济形式相联系、富于组织性纪律性、没有私人占有的生产资料等基本优点，还具有坚决而彻底的革命性等突出优点，他们与最为他们谋福利、最认可他们身上力量、并告知给他们如何使用这种力量的马克思主义学说，有着天然与根本的亲和力，而接受了马克思主义学说的中国工人阶级，也必然成为中国革命最强大的推动力量。

此外，第一次世界大战后召开的巴黎和会，使中国先进分子认识到帝国主义列强联合压迫中国人民的实质，这是马克思主义在中国广泛传播的直接原因。1919年，第一次世界大战中取胜的协约国在巴黎举行"和平会议"。中国代表在会上提出，废除外国在中国的势力范围、撤退外国在中国的军队等7项希望，取消日本提出的旨在灭亡中国的"二十一条"及换文的陈述书。会议拒绝了中国的合理要求，还将德国在山东的全部特权转交给日本，腐朽无能的北洋军阀政府竟准备在这样丧权辱国的和约上签字。消息传到国内，激起各阶层人民的强烈愤慨，成了中国五四运动爆发的导火索。五四运动时期，马克思主义者同资产阶级改良主义者、无政府主义者等之间的论争，扩大了社会主义思潮的影响，进一步推动了一些进步青年接受马克思主义，促进了马克思主义在中国的广泛传播，促进了马克思主义同中国工人运动的结合。中国先进知识分子经过反复比较、推求和各自的摸索，逐渐划清了社会主义同资本主义的界限、科学社会主义同其他社会主义流派的界限，逐步深入地感受到马克思主义这一理论的科学性和真理性，走上了马克思主义道路。

在中国人民和中华民族的伟大觉醒中，在马克思列宁主义同中国工人运动的紧密结合中，1921年7月中国共产党应运而生。中国产生了共产党，这是开天辟地的大事变，中国革命的面貌从此焕然一新。中国共产党第一次全国代表大会在嘉兴南湖一条画舫船上，通过了中国共产党的第一个纲领和第一个决议。这两份文件明确表明：中国共产党自诞生之日起就是一个新型的以实现共产主义为目的、以马克思主义为行动指南的、集中统一的无产阶级革命的政党。

100多年前，中国共产党的成立在当时并没有立刻产生什么反响，可能很少有人预想到能够成就后来的历史伟业，胡乔木曾写过这样一段话：一大开过了，似乎什么也没有发生，连报纸上也没有一点报道。但历史却在此处埋下了重重的伏笔，在辛亥革命后，具有政党性质的政团多达300余个，但就是这个成立之初在全国只有50多个党员的政党，最后在众多党派中脱颖而出，而在后来的100多年中，中国共产党领导中国彻底改变积贫积弱的面貌，让中华民族彻底从沉沦中奋起、迎来伟大复兴的光明前景，使得中国人民彻底摆脱备受剥削被压迫的地位、真正掌握自己的命运，深刻改变了世界发展的趋势和格局，正所谓"其作始也简，其将毕也必巨"。毛泽东在总结中国共产党创建的历史时说："中国产生了共产党，这是开天辟地的大事变。""从此以后，中国改换了方向。"与以往中国乃至全世界其他政党和政治组织不同的是，中国共产党不但是工人阶级利益的代表者，而且也是中国最大多数人民利益的代表者，是全民族利益的代表者，一经诞生就确立起为中国人民谋幸福、为中华民族谋复兴的初心和使命，成了由一个个使命驱动而不是一张张选票驱动的马克思主义使命型政党，这也成为其独特标识。

三、中国革命的伟大胜利

新民主主义革命时期（1919—1949年），中国共产党面临的主要任务是，反对帝国主义、封建主义、官僚资本主义，争取民族独立、人民解放，为实现中华民族伟大复兴创造根本社会条件。中国共产党深刻认识到，近代中国社会主要矛盾是帝国主义和中华民族的矛盾、封建主义和人民大众的矛盾。实现中华民族伟大复兴，必须进行反帝反封建斗争。

第一阶段（1921—1927年）：中国共产党建党初期和大革命时期。这一时期，中国共产党制定民主革命纲领，发动工人运动、青年运动、农民运动、妇女运动，推进并帮助国民党改组和国民革命军建立，领导全国反帝反封建伟大斗争，掀起大革命高潮。1924年国民党一大后，国民党与共产党实现第一次合作，促成1926年开始的北伐战争的胜利进行。北伐战争的胜利，中国工人运动与农民运动的蓬勃发展，动摇了中国封建势力和帝国主义统治根基。但是关键时刻斗争发生转折，1927年国民党反动派叛变革命，残酷屠杀共产党人和革命人民，由于共产党内以陈独秀为代表的右倾思想发展为右倾机会主义错误并在党的领导机关中占了统治地位，党和人民不能组织有效抵抗，致使大革命在强大的敌人突然袭击下遭到惨重失败。这次失败反映出处于幼年时期的中国共产党缺乏斗争经验，还不善于将马克思主义列宁主义的基本原理和中国革命的实践相结合。

第二阶段（1927—1937年）：土地革命时期。这一时期，中国共产党从残酷的现实中认识到，没有革命的武装就无法战胜武装的反革命，就无法夺取中国革命胜利，就无法改变中国人民和中华民族的命运，必须以武装的革命反对武装的反革命。南昌起义打响武装反抗国民党反动派的第一枪，标志着中国共产党独立领导革命战争、创建人民军队和武装夺取政权的开端。八七会议确定实行土地革命和武装起义的方针。中国共产党领导举行秋收起义、广州起义和其他许多地区起义，但由于敌我力量悬殊，这些起义大多数失败了。事实证明，在当时的客观条件下，中国共产党人不可能像俄国十月革命那样通过首先占领中心城市来取得革命在全国的胜利，迫切需要找到适合中国国情的革命道路。

从进攻大城市转为向农村进军，是中国革命具有决定意义的新起点。毛泽东领导军民在井冈山建立第一个农村革命根据地，中国共产党领导人民打土豪、分田地。古田会议确立思想建党、政治建军原则。随着斗争发展，中国共产党创建了中央革命根据地和地方根据地，在国民党统治下的白区也发展了党和其他革命组织，开展了群众革命斗争。然而，由于王明"左"倾教条主义在党内的错误领导，中央革命根据地第五次反"围剿"失败，红军不得不进行战略转移，经过艰苦卓绝的长征转战到陕北。"左"倾路线的错误给革命根据地和白区革命力量造成极大损失。

第三阶段（1937—1945年）：抗日战争时期。九一八事变后，中日民族矛盾逐渐超越国内阶级矛盾上升为主要矛盾。在日本帝国主义加紧侵略中国、民族危机空前严重的关头，中国共产党率先高举武装抗日旗帜，广泛开展抗日救亡运动，促成西安事变和平解决，对推动国共再次合作、团结抗日起了重大历史作用。七七事变后，中国共产党实行正确的抗日民族统一战线政策，坚持全面抗战路线，提出和实施持久战的战略总方针和一整套人民战争的战略战术，开辟广大敌后战场和抗日根据地，领导八路军、新四军、东北抗日联军和其他人民抗日武装英勇作战，成为全民族抗战的中流砥柱，直到取得中国人民抗日战争最后胜利。这既是近代以来中国人民反抗外敌入侵第一次取得完全胜利的民族解放斗争，也是世界反法西斯战争胜利的重要组成部分,极大地提高了国际地位,中国在此后成为联合国安理会五大常任理事国之一。

第四阶段(1945—1949年):解放战争时期。1945年抗日战争胜利后,国共两党进行重庆谈判,签订关于和平建国问题的协定(即《双十协定》)。1946年,蒋介石撕毁《双十协定》,发动内战。面对国民党反动派悍然发动的全面内战,中国共产党领导广大军民逐步由积极防御转向战略进攻,打赢辽沈、淮海、平津三大战役和渡江战役,向中南、西北、西南胜利进军,消灭国民党反动派八百万军队,推翻国民党反动政府,推翻帝国主义、封建主义、官僚资本主义三座大山。中国共产党领导的人民军队在人民支持下,以一往无前的英雄气概同穷凶极恶的敌人进行殊死斗争,为夺取新民主主义革命胜利建立了历史功勋。

在革命斗争中,以毛泽东为主要代表的中国共产党人,把马克思列宁主义基本原理同中国具体实际相结合,对经过艰苦探索、付出巨大牺牲积累的一系列独创性经验作了理论概括,开辟了农村包围城市、武装夺取政权的正确革命道路,创立了毛泽东思想,为夺取新民主主义革命胜利指明了正确方向。

经过28年浴血奋斗,中国共产党领导中国人民,在各民主党派和无党派民主人士积极合作下,于1949年10月1日宣告成立中华人民共和国,实现民族独立、人民解放,彻底结束了旧中国半殖民地半封建社会的历史,彻底结束了极少数剥削者统治广大劳动人民的历史,彻底结束了旧中国一盘散沙的局面,彻底废除了列强强加给中国的不平等条约和帝国主义在中国的一切特权，实现了中国从几千年封建专制政治向人民民主的伟大飞跃，也极大改变了世界政治格局，鼓舞了全世界被压迫民族和被压迫人民争取解放的斗争。

小结

历史和人民选择了中国共产党，没有中国共产党领导，民族独立、人民解放是不可能实现的。中国共产党和中国人民以英勇顽强的奋斗向世界庄严宣告，中国人民从此站起来了，中华民族任人宰割、饱受欺凌的时代一去不复返了，中国发展从此开启了新纪元。①

第二节 勇于变革

中国共产党为了人民并依靠人民执政，以无产阶级专政理论为理论依据，通过暴力革命取得执政地位，在70多年全面执政实践中持续优化执政方式，不断深化对执政规律的认识和把握，努力做到科学执政、民主执政、依法执政，已经成了世界上最大的马克思主义执政党。中国共产党致力于巩固长期执政地位，始终赢得人民衷心拥护，必须永葆"赶考"心态，深入

---

① 《中共中央关于党的百年奋斗重大成就和历史经验的决议》，新华社，2021年11月16日。

推进新时代党的建设新的伟大工程，以自我革命引领伟大的社会革命，为实现新时代新征程各项目标任务提供最强大的执政党力量。

一、执政党的责任与担当

"新中国站在每个人民的面前，我们应该迎接它。新中国航船的桅顶已经冒出地平线了，我们应该拍掌欢迎它。举起你的双手吧，新中国是我们的。"毛泽东在1940年充满诗意地描绘未来，仅仅9年后蓝图就变为了现实，1949年10月1日中华人民共和国成立了。中国共产党随之也完成了从局部执政到全面执政的历史性转变，以马克思主义执政党的身份开始的继续革命。

在回顾这段艰辛但富有成效的探索过程前，必须首先搞清楚马克思主义执政党是与西方"执政党"具有明显不同的概念。执政党按其在西方政治学中的本意来讲，是指代表本国统治阶级执掌国家政权的党，或者指负责组织政府的党。换句话说，凡是负责组织政府并通过政府贯彻本党政策的政党都可以被称为执政党。在西方政党政治的话语逻辑中，遵循"合法反对"原则，执政党是与在野党对立存在的，反对党可以通过合法程序与和平方式夺取政权而成为执政党，而执政党也可以被以合法程序与和平方式替代而成为在野党。从历史发展来看，西方政党是政治秩序业已建立后，为了政治活动顺利运转而进行的制度设计。在"先有国后有党"的基本逻辑下，党派代表某一个阶级或利益集团参与政治活动。而对于半殖民地半封建社会，政治秩序本身也需要政党来构建，在"先有党后有国"的基本逻辑下，政党必须先完成建立国家与政权的历史任务，并以此为基础在执政条件下开展经济发展、社会建设等一系列其他活动。要理解中国共产党的执政党行为，必须从马克思主义的而非西方的执政党理论逻辑和话语体系来阐释，并在回答"为何执政、如何取得执政地位、怎样执政"这三个基本问题的答案中寻找。

首先，为何执政？政党是为了代表阶级利益而存在，无产阶级政党由于其领导"为绝大多数人谋利益的独立的运动"，代表着大多数人的利益，而不是少部分人、特定利益集团的利益。中国共产党自诞生之日起就是为了代表全体中国人民利益、代表中华民族整体利益，因此把全心全意为人民服务作为自己的根本宗旨。无产阶级政党执政，更为重要的是完成自己所肩负的历史使命，而不是像西方执政党为了下次竞选来履行上一次选举对选民所作出的承诺。马克思认为，在资本主义社会和共产主义社会之间，有一个从前者变为后者的革命转变时期。同这个时期相适应的也有一个政治上的过渡时期，这个时期的国家只能是无产阶级的革命专政，那么对于中国共产党而言，执政一方面是为了实现共产主义的远大理想，另一方面源自自建党之日就肩负起的为中国人民谋幸福、为中华民族谋复兴的历史使命。巩固长期执政地位，确保了中国共产党不背离马克思主义建党目的的坚守，不背离肩负的历史使命。

其次，如何取得执政地位？历史证明，任何一个阶级、政治集团要想在斗争中取得胜利，都要受到民心向背的制约。不同于西方执政党，依靠选举中支持自己党派的选民力量获得执政地位，马克思主义认为，无产阶级只有通过暴力革命，才能夺取自己的政治统治。在半殖民地半封建的社会条件下，中国无产阶级及其政党，既没有议会可以利用，也没有组织工人举行罢工的合法权利。因此，中国革命只能采取武装斗争的形式，即"枪杆子里面出政权"。正如毛泽东所说："革命的中心任务和最高形式是武装夺取政权，是战争解决问题。"中国共产党获得了中国人民群众的认同和支持，领导人民军队获得了全面执政地位，这既是历史的选择，也是人民的选择。人民既是中国共产党执政的最大底气，也是执政最深厚的根基。正是因为得到了人民的信任、拥护和支持，中国共产党才能取得执政地位并能长期执政。

最后，怎样执政？马克思主义认为，政党的本质属性包括政治属性和社会属性两个方面，决定了政党的执政职能包括政治领导职能和社会管理职能两方面。中国共产党明确了自身首要职责是领导人民执掌好、巩固好人民民主专政的国家政权。并以此为基础，充分利用国家政权的力量，把发展作为党执政兴国的第一要务，推动社会的全面进步，努力实现最大多数人民的福祉。中国共产党关键是正确处理了党与政、党与民、党与法的关系，真正做到了科学执政、民主执政、依法执政。一是全面加强和改善党的领导。二是始终坚持以人民为中心，不断加强对权力运行的民主监督，同时紧紧依靠人民执政，通过全过程人民民主，在各个方面确保人民当家作主落到实处。三是坚持依法治国的基本方略，党领导人民制定和实施宪法和法律，又始终在宪法和法律范围内活动，各级领导干部必须依法行使权力，不能以言代法、以权压法、徇私枉法。

二、新时代中国共产党的长期执政

新中国成立之初，中国共产党没有现成的"执政手册"，对上述三个问题的回答，既有来自马克思主义的方向性指导，但更多是从中国共产党的创造性实践中摸索出来的。因为在马克思、恩格斯所处的时代，受当时的历史条件制约，除了短暂的巴黎公社，工人阶级政党没有掌握过政权，他们也未曾对革命胜利后社会主义国家实行何种政党制度有过具体的考虑。由于国情不同，苏联的经验也不能完全照搬。中国共产党只能在探索中总结经验，逐步把经验上升为理论，并在实践中反复检验，从而不断深化对执政规律的认识。从全面执政逐步走向长期执政纵贯了一条主线——为实现中华民族伟大复兴而接续奋斗，在这个过程中充分发挥中国共产党的政治领导职能和社会管理职能，统筹推进执政党使命担当和自身建设，在不断强化党的建设的同时，坚持把发展作为党执政兴国的第一要务。

社会主义革命和建设时期（1949—1978年），中国共产党完成了进行社会主义革命、推进社会主义建设的主要任务。新中国成立以后，中国共产党坚决肃清了国民党反动派残余武装力量和土匪，和平解放了西藏，实现了中国大陆完全统一，彻底完成了土地革命，完成了广大农民千百年来耕者有其田的社会梦想。为了捍卫新中国安全，人民志愿军参与到抗美援朝战争中，并战胜了世界一众强敌。在错综复杂的国内国际环境中，新中国站稳了脚跟，随即展开了向社会主义的建设过渡，到1956年，基本上实现生产资料公有制和按劳分配，建立起了社会主义经济制度，与人民代表大会制度、中国共产党领导的多党合作和政治协商制度、民族区域自治制度等一同构筑起社会主义的制度体系，完成了具有深远影响的社会主义革命。社会主义的新中国刚正式起步，便集中各方面力量发展社会生产力，瞄准实现工业化的目标，开展了大规模的社会主义建设。经过几个五年计划，充分发挥了社会主义集中力量办大事的体制优势，建立起独立完整的工业体系和国民经济体系，为下一阶段发展提供宝贵经验、理论准备和物质基础，为实现中华民族伟大复兴奠定了根本政治前提和制度基础。

但由于执政经验不足，特别是在国内外复杂形势影响下，党在执政进程中也不可避免地出现了"大跃进"运动、"文化大革命"等错误。但中国共产党能够坚持真理、修正错误，在探索执政规律进程中不断前进。

改革开放和社会主义现代化建设新时期（1978—2012年），中国共产党仍致力于探索中国建设社会主义的正确道路，不断解放和发展生产力，使人民摆脱贫困，实现"富起来"的阶段使命。随着对社会主义本质的深刻反思和对生产力水平落后的国情考察，中国共产党深刻认识到只有改革开放才是唯一出路。1978年召开党的十一届三中全会，实现了党和国家工作中心从"以阶级斗争为纲"到以经济建设为中心的战略转移。这次历史性的转折后的40多年，中国共产党一直坚持走自己的路，从实际出发成功开辟了中国特色社会主义道路。1992年，党的十四大正式建立了社会主义市场经济体制的改革目标，开启了社会主义制度与市场经济体制从传统社会主义中的对立、到初步兼容最后实现制度融合的伟大创举，大大加快了中国特色社会主义现代化建设步伐。进入21世纪，中国共产党牢牢把握住本世纪头20年的重要战略机遇期，在全面建设小康社会的伟大实践中接力推进中国社会主义现代化建设。对内改革与对外开放两者在相互促动中前行，坚持对外开放的基本国策，中国实现从封闭半封闭到全方位开放的重大转折，从兴办深圳等经济特区到加入世界贸易组织，从"引进来"到"走出去"，利用国际国内两个市场、两种资源，中国在与世界的重新接轨中赢得了巨大活力。在坚持发展是硬道理的指引下，中国共产党领导中国人民取得了经济快速发展与社会长期稳定的两个奇迹，社会生产力在重视经济与稳定有序的社会环境中得到极大解放和发展。经济增长奇迹让中国彻底摆脱贫穷面貌，用事实证明了改革开放的关键历史作用，证明了中国特色社会主义道路是指引中国发展繁荣的正确的道路，中国大踏步地赶上了时代。

在这一时期，中国共产党执政的自觉意识明显增强，彻底从战争年代的思维和行为方式中摆脱出来，聚焦以经济建设为中心，探索出通过社会主义市场化体制改革和制度建设进行国家治理的新路子。面对改革开放带来的治国理政新挑战，中国共产党强调治国必先治党，治党务必从严，开始了党的建设新的伟大工程。面对提高党的领导水平和执政水平、提高拒腐防变和抵御风险能力两个历史性课题，中国共产党不断加强执政能力建设和先进性建设。首先，实现社会主义现代化的蓝图成为全体中国人的共同目标，中国共产党始终作为中国特色社会主义事业的领导核心，这就使得党和中国社会的发展在新的目标下更加密切相关，进一步提高了人民的认同感，强化了党的领导水平。其次，在改革开放的时代条件下，经济社会发展扩大了执政党的社会基础，社会主义市场经济出现了多个新兴阶层并存的情况，中国共产党正确把民营企业家等新兴阶层定位为社会主义事业的建设者，并允许其加入党，扩大了党的社会基础，提高了政党开放性，更好地满足了时代需求和社会需求。最后，把反腐败斗争提高到关系党和国家生死存亡的高度，推进惩治和预防腐败体系建设。中国共产党在这一时期的成功执政，不仅在世界社会主义低谷期经受住了历史考验，捍卫了社会主义政权，成功抵御了1997年亚洲金融危机、2008年国际金融危机等经济风险，战胜了汶川特大地震等自然灾害，还在创造、坚持和发展中国特色社会主义中，与时俱进地成长为中国特色社会主义的坚强领导核心。

中国特色社会主义进入新时代（2012年至今），中国共产党把目标投射到全面建成小康社会的历史性任务上，开启实现社会主义现代化强国的新征程，朝着实现中华民族伟大复兴的梦想继续前进。新时代之新，在于中国进入一个新的发展阶段，发展环境、发展条件和目标任务都发生了新的变化。从国际环境来看，2008年国际金融危机后，西方国家的深层次结构性问题未得到实质性解决，单边主义、保护主义、逆全球化浪潮愈演愈烈，重大疫情、激烈战争等使困顿中的世界更加动荡不安，全球产业链供应链安全面临严峻挑战。从国内来看，中国经济经过40多年的高速增长积累了雄厚物质实力，工业实力从基础薄弱到世界第一制造大国，人民群众生活水平得到很大提高，但"世界工厂"让中国的生态环境与能源资源消耗付出巨大代价并难以为继，不断倒逼着经济发展方式加快转变。同时，人民群众在教育、医疗、住房、养老等民生领域的压力显著增大，居民收入差距、区域发展差距、城乡差距明显拉大，党内消极腐败现象蔓延，政治生态出现严重问题，党群干部关系受到损害。

面对一系列前所未有的重大考验，以习近平同志为主要代表的中国共产党人，以巨大的政治勇气与强烈的历史担当，出台了一系列重大方针政策，推出一系列重大举措，解决了许多长期想解决而没有解决的难题，办成了许多想办而没有办成的大事，取得了历史性成就、发生历史性变革，彰显了中国特色社会主义的强大生机活力，党心军心民心空前凝聚振奋，为实现中华民族伟大复兴提供了更为完善的制度保证、更为坚实的物质基础、更为主动的精神力量，充分体现出中国共产党对长期执政的历史自觉与历史主动。

新时代中国共产党领导坚持以经济建设为中心，坚持以人民为中心的发展思想，推动高质量发展迈上了新台阶。中国共产党作出中国经济发展进入新常态的重要判断，强调不再简单以生产总值增长率论英雄，明确中国经济由高速增长阶段向高质量发展阶段转变，要求深入贯彻创新、协调、绿色、开放、共享新发展理念，大力推进供给侧结构性改革，加快建设现代化经济体系，积极构建以国内大循环为主体、国内国际双循环相互促进的新发展格局，壮大实体经济，保证制造业合理比重，坚持金融为实体经济服务、数字技术为实体经济赋能，坚持和完善社会主义基本经济制度，强化反垄断和防止资本无序扩张，为资本设置"红绿灯"，加快实现创新成为第一动力、协调成为内生特点、绿色成为普遍形态、开放成为必由之路、共享成为根本目的的高质量发展，在高质量发展中逐步实现共同富裕，促进国民经济发展更高质量、更有效率、更加公平、更可持续、更为安全。

改革开放只有进行时、没有完成时，新时代中国共产党领导开创了改革开放新局面。中国共产党在2013年召开的十八届三中全会，和1978年召开的十一届三中全会一样都是划时代的，实现改革由局部探索、破冰突围到系统集成、全面深化的转变。2013年成立了中央全面深化改革领导小组，2018年升格为中央全面深化改革委员会，加强了改革的顶层设计和整体谋划,改革的系统性、整体性、协同性大大加强,这也是中国共产党第一次在党中央层面成立专司改革工作的决策议事协调机构。新时代改革突出问题导向,在重要领域和关键环节的改革也都取得重大突破。在经济领域,历史性地将市场在资源配置中起基础性作用转变为决定性作用,社会主义市场经济体制确立为社会主义基本经济制度之一;在民主法制领域,坚持中国共产党的领导、人民当家作主、依法治国有机统一,开启了一场全面依法治国的国家治理深刻革命;在民生领域,长期存在的教育、住房、医疗等民生老大难问题得到了有效解决;在国防和军队领域,大刀阔斧开展整体性重塑性改革,把人民军队建设成为世界一流军队。

办好中国的事情,关键在党。新时代中国共产党在坚持党的全面领导和全面从严治党有机统一。对于后发展国家,强有力的政治领导是各项事业进步发展的决定性因素,特别是对党中央重大决策执行不力,是党和国家工作的重大危险与隐患。习近平总书记在这一问题上保持高度战略清醒,鲜明提出中国特色社会主义最本质的特征是中国共产党的领导,中国特色社会主义制度的最大优势是中国共产党的领导,中国共产党是最高政治领导力量。面对由于一度出现管党不力、治党不严问题造成的部分党员干部政治信仰危机,形式主义、官僚主义、享乐主义和奢靡之风盛行,特权思想和特权现象较为普遍存在,腐败问题触目惊心等党自身存在的严重问题,习近平总书记强调打铁必须自身硬,发扬钉钉子精神,全面加强党的理想信念教育，为党员干部精神"补钙"，持之以恒纠正形式主义、官僚主义、享乐主义和奢靡之风，刹住了公款送礼、公款吃喝、公款旅游、奢侈浪费等过去认为不可能刹住的歪风，纠治了一些多年未除的顽瘴痼疾。特别是以刮骨疗毒、壮士断腕的勇气开启了前所未有的反腐败斗争，打掉位高权重的"大老虎"，拍死群众身边腐败的"小苍蝇"，不放过外逃出境的"狐狸"，清除一切腐败分子，全面加强对权力运行的制约和监督。经过新时代以来的坚决斗争，党中央权威和集中统一领导得到有力保证，全党更加团结一致，党的政治领导力、思想引领力、群众组织力、社会号召力显著加强，反腐败斗争取得压倒性胜利并全面巩固，消除了党、国家、军队内部存在的严重隐患，长期执政的马克思主义政党在革命性锻造中更加坚强。

纵观中国共产党百年发展历程，虽然在不同的历史时期，有不同的工作侧重点和主攻方向，但革命与执政始终贯穿其事业全过程。中国共产党坚持革命斗争，打破一个旧世界，不是为了革命而革命，而是要夺取政权，实现人民翻身做主人；中国共产党坚持执政为民，建设一个新世界，不是为了执政而执政，而是要推动伟大社会革命，最终实现共产主义理想。100多年来，中国共产党无论是革命、建设、改革，都始终把人民放在最高位置，始终践行以人民为中心的价值理念，在坚持党的全面领导下，接续实现中华民族伟大复兴的历史使命，勠力实现共产主义和人的自由而全面发展的最终目标。

三、中国共产党的自我革命与社会革命

中华文明自古就有"胜人者有力，自胜者强"的深邃思考。回首百年峥嵘，中国共产党在乱云飞渡时从容，在惊涛骇浪中笃定，在激流险滩处跨越，总能够站在历史的正确一边，始终走在时代前列，正是得益于中国共产党敢于直面问题，勇于修正错误，以"打铁必须自身硬"的态度，把自我革命精神贯穿于全面从严治党始终，在革命性锻造中更加坚强有力。中国共产党百年党史中至少有六次自我革命，对党和国家发展具有极其重要的里程碑意义，充分体现出中国共产党融入政党基因的蓬勃朝气、昂扬锐气、浩然正气与铿锵勇气。

第一次是1927年八七会议。这是中国共产党在早期探索中国革命遭受挫折、危急关头的一次自我革命。中国共产党成立后不久，便投入轰轰烈烈的大革命运动中，但由于缺乏革命斗争经验，对主导北伐战争的国民党领导集团政治警觉不够。1927年北伐胜利进军时，蒋介石、汪精卫集团相继背叛革命，屠杀大量革命群众和共产党人。在大革命面临失败的紧要关头，党中央于1927年8月7日在湖北汉口召开会议，专门检讨党的工作，批判大革命后期右倾机会主义错误，确立了实行土地革命和武装起义的总方针。会上，毛泽东提出"枪杆子里面出政权"的重要思想。会议指出："我们党公开承认并纠正错误，不含混不隐瞒，这并不是示弱，而正是证明中国共产主义运动的力量。"会议制定的继续进行革命斗争的正确方针，使全党重

新鼓起同国民党反动派斗争的勇气，开启了中国共产党独自担当起领导中国革命艰巨使命的伟大征程。

第二次是1935年遵义会议。这是在极端危急关头实现中国共产党历史伟大转折的一次自我革命。中央红军第五次反"围剿"遭受严重挫折，湘江战役伤亡空前惨烈。1935年1月15日至17日，党中央在贵州遵义召开政治局扩大会议，批评博古、李德在军事指导上的错误。毛泽东的发言不仅对他们在军事指导上的错误进行了深刻分析，而且还阐述了中国革命战争的战略战术问题和此后在军事上应该采取的方针。会议改组中央领导机构，选举毛泽东为中央政治局常委，决定仍由朱德、周恩来指挥军事。2月初在川滇黔交界的"鸡鸣三省"村子举行会议，政治局常委再作分工，由张闻天代替博古在中央负总责，毛泽东、周恩来负责军事。3月中旬，在遵义附近的苟坝召开政治局扩大会议。根据毛泽东提议，重新成立"三人团"，代表政治局全权指挥军事，以周恩来为团长，成员为毛泽东和王稼祥。遵义会议以来的这些重大决策，在长征濒临绝境时挽救了党和红军，挽救了中国革命，是一个生死攸关的转折点。从此，中国共产党就在以毛泽东同志为核心的第一代中央领导集体正确领导下，带领中国革命走向胜利。

第三次是延安整风运动。这是中国共产党在抗战时期通过总结历史经验，从思想上批判以王明为代表的"左"倾教条主义错误，提高全党马克思主义理论水平的一次自我革命。遵义会议后，中国共产党从军事上、政治上纠正了王明"左"倾错误,但一直没有来得及从思想上系统地彻底清算这种错误。有鉴于此,加强党的建设,解决党内思想矛盾,批判党的历史错误,克服不好的思想意识,提高全党特别是高级干部的马克思主义水平,就非常必要。它既是一次全党范围内深刻的马克思主义的思想教育运动,也是破除党内把马克思主义教条化、把共产国际决议和苏联经验神圣化错误倾向的思想解放运动,对于全党同志特别是党的高级干部坚持一切从实际出发、理论联系实际、实事求是的辩证唯物的思想路线具有深远意义。它的直接成果,就是既为制定《关于若干历史问题的决议》、确立毛泽东思想为党的指导思想奠定了理论基础,也为夺取抗日战争的胜利和新民主主义革命在全国的胜利奠定了思想基础。

第四次是新中国成立初期践行"两个务必"思想的整风整党运动。在党的七届二中全会谋划筹建新中国时,毛泽东提出务必继续地保持谦虚、谨慎、不骄、不躁的作风,务必继续地保持艰苦奋斗的作风。新中国成立后,党中央践行"两个务必"思想,1950年下半年开始,整风运动全面展开;1951年春开展整党运动,为党在全国执政的新的历史条件下坚持共产党员先进性进行教育;1951年底,党中央又决定将正在开展的"三反"运动与整党结合,严肃批判与处理部分党员干部存在的贪污、浪费、受贿等腐化堕落行为。其中最引人注目的是从严处理了号称共和国反腐第一案的刘青山、张子善事件,开启了从严治党、清廉治国的良好风气。这是中国共产党在全国执政后首次刀刃向内的自我革命。

第五次是粉碎"四人帮"的胜利和党的十一届三中全会开始的全面拨乱反正。1976年10月粉碎"四人帮"的胜利,从危难中挽救了党和国家,挽救了社会主义。1978年底召开的十一届三中全会是新中国成立以来中国共产党历史上具有深远意义的伟大转折。全会开始实现从"两个凡是"到解放思想、实事求是,从以阶级斗争为纲到以经济建设为中心,从僵化半僵化、封闭半封闭到对外开放的历史性转变。全会还充分肯定必须完整地准确地掌握毛泽东思想的科学体系,开始全面地认真地纠正"文化大革命"中及其以前的"左"倾错误,审查和解决了一批重大冤假错案和一些重要领导人的功过是非问题。这标志着中国共产党重新确立马克思主义的思想路线、政治路线和组织路线。1981年通过的《关于建国以来党的若干历史问题的决议》,又标志着中国共产党实现了指导思想的拨乱反正。这个决议指出,我们党敢于正视和纠正自己的错误,有决心有能力防止重犯过去那样严重的错误。"坚持真理,修正错误",这是我们党必须采取的辩证唯物主义的根本立场。过去采取这个立场,曾使我们的事业转危为安、转败为胜。今后继续采取这个立场,必将引导我们取得更大胜利。

第六次是党的十八大以来开启的全面从严治党新征程。这是中国特色社会主义进入新时代的伟大自我革命。改革开放以来,中国共产党把马克思主义基本原理同中国改革开放的具体实际结合起来,团结带领人民进行建设中国特色社会主义新的伟大实践。党中央提出全面从严治党,以雷霆万钧之势开展反腐败斗争，标本兼治，坚持"打虎""拍蝇""猎狐"无禁区、全覆盖、零容忍。党中央严肃查处从中央到地方一批腐败变质的领导干部和一批重大案件，反腐败斗争取得压倒性胜利。全面从严治党这场伟大的自我革命，校正了党和国家前进的航向，解决了党和国家事业发展带有全局性、根本性、方向性的问题。它在理论上将对党的建设规律认识提到新高度，在实践上深得党心民心，更加巩固了执政基础。①

勇于自我革命是中国共产党区别于其他政党的显著标志。毛泽东曾说：有无认真的自我批评，也是我们和其他政党互相区别的显著的标志之一。正是因为具备这种独有的政治品格，中国共产党才能多次在危难之际重新奋起、失误之后拨乱反正，成为打不倒、压不垮的马克思主义政党。

中国共产党历史长、规模大、执政久，如何跳出治乱兴衰的历史周期率？如何成为长期执政的马克思主义政党？毛泽东在延安的窑洞里给出了第一个答案——民主，"只有让人民来监督政府，政府才不敢松懈"。经过百年奋斗特别是党的十八大以来新的实践，中国共产党又给出了第二个答案，这就是自我革命。中国共产党之所以强大，并不是因为它从来不犯错误，而是在于它敢于承认错误、敢于直面问题，能够在自我扬弃的过程中，不断自我净化、自我完善、自我革新、自我提高。中华文明的先哲早就提出"不私，而天下自公"。中国共产党没有任何自己特殊

---

① 石仲泉：《从百年党史看自我革命》，《学习时报》2021年4月5日。

的利益，这是其敢于自我革命的勇气之源、底气所在。正因为无私，才能本着彻底的唯物主义精神经常检视自身、常思己过，才能摆脱一切利益集团、权势团体、特权阶层的围猎腐蚀，并向党内被这些集团、团体、阶层所裹挟的人开刀。

前事不忘后事之师。苏联亡党亡国的深刻教训时刻警示着我们，由于在长期执政过程中弱化党的领导和忽视党的建设，特别是摒弃了自我革命的优良传统和政治优势，导致苏共从充满生机活力、勇于自我革命，变成思想保守僵化、体制机制固化、顽瘴痼疾缠身，直至亡党亡国。中国国民党创建之初也是一个革命的政党，是中国现代政党政治的先驱，但掌握政权后，不但丢掉了革命的精神和革命的立场，而且党内不断腐化堕落、纪律松弛、派系林立。蒋介石在败退台湾前，也反思道：自抗战以来，本党革命工作因循守旧没有进展，社会信誉一落千丈，失掉了革命精神，组织纪律涣散，被历史淘汰是必然的结果。中国近代历史中曾出现过二三百个政党，政党成立容易，消失得也很快。相比之下，中国共产党以先进的马克思主义为指导，时刻保持着坚定的革命精神，紧跟时代发展的步伐，才能在时代潮流中不断发展进步，永葆先进、勇立潮头。

小结

中国共产党是马克思主义执政党，从新民主主义革命到社会主义革命，从改革开放伟大革命到新时代的社会革命，

> 中国共产党的执政规划不只是以5年为计量单位，而是居安思危、常怀远虑，以千秋伟业为奋斗目标，其成功关键在于勇于自我革命、刀刃向内，敢于自我净化、自我完善、自我革新、自我提高，因而能在新的赶考路上交出优异的答卷，这是跳出"其兴也勃焉，其亡也忽焉"历史周期率的关键法宝，也是实现执政千秋伟业的根本之道。

第三节 不忘初心

中国共产党被国际政治学界称作"使命型政党"，这一定位凸显其区别于西方竞争型政党的鲜明特质。回顾中国共产党的百年党史，可以清晰发现其承担救国、兴国、富国、强国一个又一个历史使命的生动历程。在实现中华民族伟大复兴的奋斗征程上，中国共产党始终把握"使命型政党"的内在品质，对比中外政党的行动差异，才能深刻理解中国共产党的执政范式与治理逻辑。

一、中国共产党作为使命型政党的鲜明特质

作为使命型政党，中国共产党始终保持强烈的使命意识，肩负起中华民族伟大复兴、后发展国家独立自主的现代化道路探索与人类社会共同发展的伟大历史使命，历经百年巨变始终

"不忘初心",永葆使命型政党的现代性自觉与追求。

第一,肩负起中华民族伟大复兴的使命担当。在中华百万年人类史、一万年文化史、5000多年文明史中,古老的中华民族多次站在人类发展高峰,引领全世界科技、制度、文化的创新创造,但由于复杂原因错失了科技变革与制度变革的历史机遇,造成了自身在近代的落后与封闭。资本主义所创造的现代性对于人类社会是进步的,但残酷血腥的现代化过程却给中华民族带来了沉重苦难。面对"三千年未有之大变局",救亡图存的民族先进分子在反复比选中确立了马克思主义的指导地位,确立了中国共产党在中华民族伟大复兴过程中的领导核心地位,在中国革命的具体实践中完成了马克思主义的中国化时代化,以科学理论武装了全党、启迪了全国人民,建立起听党指挥的人民武装,凝聚起团结统一的中华民族命运共同体,历经千难万险实现了中华民族的独立和解放,为中华民族伟大复兴奠定了根本的政治前提与制度基础。中华民族没有在苦难中沉沦、在失败中萎靡,而是在中国共产党领导下自力更生、艰苦奋斗,由落后时代到赶上时代再到自信引领时代,彻底实现了从衰落到复兴的命运扭转,不可阻挡地走向繁荣富强的伟大进步。

第二,肩负起现代国家建设的使命担当。鸦片战争开始后,中国人第一次在列国林立、弱肉强食的世界中打量自身,逐步开始建构起现代国家意识,试图推动从传统国家到现代民族国家的跨越转型。何以建国、何以立国、何以治国,成了中国建立现代民族国家进程上的连环考题，中国共产党肩负起了建构与建设现代化国家的历史使命。经过28年的革命斗争，中国共产党顺利完成在半殖民地半封建社会条件下，在构建并建立现代化国家的历史使命后，更在长期的治国实践中不断探索符合中国实际的现代国家治理方案，自觉把政党力量融入国家治理现代化之中并成为重要引擎。作为使命型政党，中国共产党代表人民为国家建设与治理确定政治基础是其重要使命，在实践中也成功实现了对国家前进方向的掌控、国家面貌的重塑、国家发展道路的抉择、国家发展机遇的把握，以及国家制度的建构。

第三，肩负起开辟中国式现代化道路的使命担当。自中国共产党成立以来，就把国家现代化作为奋斗目标与使命担当。中国式现代化道路是一条以中国共产党为领导核心，以人民群众为主要建设力量的伟大路径。《中共中央关于党的百年奋斗重大成就和历史经验的决议》对此总结阐释为，"党领导人民成功走出中国式现代化道路，创造了人类文明新形态"。在推进现代化进程的征程上，中国共产党始终坚守使命担当，立志探索一条适合中国国情的现代化道路，在保持独立自主中积极融入世界现代化大潮，把科学社会主义的基本原则与中国国情实际相结合，合理借鉴西方现代化的成功经验，终于为自身和那些想保持自身独立又谋求现代化发展的国家找到了一条正确道路，成功打破了资本主义模式下以资本为中心的现代化道路模式和话语体系。中国式现代化与其他国家现代化模式的根本区别也正是在于中国共产党作为马克思主义先进型政党对中国现代化建设的自觉的使命意识、高尚的理想情怀、坚定的责任担当、艰辛的实践探索、顽强的斗争精神、清晰的底线思维、强烈的忧患意识，这正是理解中国现代化何以成功的关键。

中国共产党在自觉认定、主动担当、大力推进现代化使命中，完成了自身马克思主义先进政党形象的多重建构，成长为一个成熟而具有高超执政能力和领导水平的长期执政的马克思主义使命型政党，走出了一条反映普遍规律、彰显中国特色的现代化道路，为追赶型国家走向现代化提供全新典范。

二、西方"竞争型政党"与中国"使命型政党"的比较

政党自诞生起便是传统治理模式的运转枢纽，也是现代政治的关键力量。西方政党经过数百年的发展，在推动政治民主化、治理现代化等方面取得一定的经验。但在资本主义国家，议会、政府和利益集团三者间盘根错节的利益网络，让政治往往被资本主宰，失去了有效回应民众需求、维护社会运转秩序、合理公平分配公共利益的正常功能，社会贫富差距愈加严重，阶层板结高度固化，使本该作为现代政治主心骨的政党陷入资本侵扰、政党恶斗等泥淖中。

21世纪以来，以选举政治和多党竞争政治为核心的西方"竞争型政党"模式加速萎靡，暴露出西方政党已经无法代表大多数人民意愿，也无力协调社会各种力量，日益丧失为国家未来发展

提供保障的功能。首先，所谓民主选举被严重异化，西方各党派一切为了选举上台，信口许诺任性决策，在实际执政中却无法履行"空头支票"。其次，党争不断。政党间竞争往往为了反对而反对，一味争权夺利而脱离群众，沦为了各个利益集团的政治工具。最后，政治极化。各个政党由于各自利益代表往往拒绝协商，经常深陷党派间恶斗，很难达成平衡和妥协，根本无暇顾及国家的未来发展。长此以往，人们对政党的支持与日俱减，对其不信任反而与日俱增。政党的代表功能、整合功能纷纷陷于低效失能的尴尬境地，并进一步造成社会的分化与分裂。

中国共产党是以使命驱动的马克思主义政党，为使命执政是其区别于为选票执政的西方传统政党的主要特征。西方选举型政党是在国家实体、政治主体与制度框架建构后，为了代表其中部分选民利益，实现政治实体运转而存在的团体。对于广大后发展国家，特别是中国来说，政党反而早于国家存在，成为建构国家的核心组织力量。"没有共产党，就没有新中国"这句在中国家喻户晓的歌词，正是反映这种历史现实的写照。中国共产党自诞生起就不是为了一小部分人的支持与选票，而是站在中国大多数人的立场上为人民谋幸福、为民族谋复兴。这种使命将政党发展、国家进步与人民利益紧密联系起来、休戚与共，政党的代表功能更为普遍也更为强大。从根本上看，中国共产党代表最广大人民的根本利益，没有自己的特殊利益，能够超越一切政治力量之上，整合协商各种力量投入中华民族伟大复兴的历史使命中。

西方竞争型政党的"精英主义"与中国使命型政党的"人民史观"是两者间的价值分野。西方政党名义上代表选民利益，重视全体选民的诉求表达，但实际信奉"英雄史观"，在精英政治主导下事实上造成资源垄断与阶层歧视，最终导致社会贫富差距持续扩大、底层民众的基本人权都难以保证。中国共产党坚持人民史观的核心价值和行动理念，坚持以"全心全意为人民服务"为宗旨，始终代表最广大人民根本利益，与人民休戚与共、生死相依。对于使命型政党，人民是其承担使命的价值源泉、力量源泉，使命来自对人民的承诺，完成使命更要依靠人民的坚定支持，而使命本身就是服务人民，这一政党性质决定了与西方政党的根本差异。

西方竞争型政党的"自我美化"与中国使命型政党的"自我革命"是两者间的内在差异。西方政党以虚伪的"自由、民主、法治、人权"维系统治，迷信市场万能、资本至上与私人财产神圣不可动摇，在苏联解体、东欧剧变前后作出了"历史终结"的错误判断。西方政党对其自身缺乏自我革命的勇气与动机，总是极力美化自身、恶意否定竞争对手，使执政党与在野党陷入互相攻讦、推卸责任的政治泥潭，政党恶斗使议会立法与监督功能严重下降，加速政治极化与社会分裂。中国共产党则坚持以辩证唯物主义和历史唯物主义的世界观和方法论指导，坚持理论联系实际、解放思想、与时俱进、开拓创新，坚持马克思主义不迷信任何权威与教条的鲜明导向，塑造出自我否定、自我批判与自我超越的内在品质，坚持全面从严治党，自觉接受民主党派与人民群众的监督，以强烈的批判意志、发展意识和行动定力不断提升自我净化、自我完善的能力，敢于刀口向内清除一切侵蚀党健康肌体的病毒，保证党的先进性与纯洁性。

小结

实现中华民族伟大复兴是近代以来中华民族最伟大的梦想。中国共产党一经成立，就把实现共产主义作为党的最高理想和最终目标。中国共产党没有自己的特殊利益，而是承担着人民和民族寄托的长远而光荣使命的政党，这是中国共产党有别于其他国家尤其是西方发达国家政党的根本所在。使命呼唤担当，使命引领未来，面对世界百年未有之大变局和中华民族伟大复兴战略全局，面对许多新的历史特点的伟大斗争，中国共产党正踏上征程再出发，奏响时代最强音。

第四节　开创未来

马克思、恩格斯在《共产党宣言》中揭露资本主义社会的黑暗，提出建立自由人的联合体，实现人的自由而全面发展。共产主义是为了全人类的自由解放而奋斗，契合全世界人民在历史更迭与政治建构中对真、善、美的追求。中国共产党更是把实现共产主义作为最高纲领，以高度的价值认同、情感共识致力于构建"超越资本宰制、切实反映民意、资源分配公正、人类全面解放"的文明新形态。

100多年来的实践充分证明，中国共产党赓续传承中华文明，用无产阶级的世界观作为观察改变国家命运的新视角，建构了贯通本土历史、文化、传统的全新主体史观，找到了中国文化重塑的新进路。在注重本来、吸收外来、开创未来的宏大叙事中创造人类文明新形态，实现立足内、贯通外、内外合、体用备的古今中外多重变奏，描绘出人类命运共同体的全球治理新蓝图。

一、坚持胸怀天下的中华优秀传统文化

文化是一个国家、一个民族的灵魂。源远流长的中华文明是中国共产党领导和团结中国人民在惊涛骇浪的世界中站稳脚跟的根基，博大精深的中华文化是我们应对各种风险挑战的精神力量。

中国是拥有5000多年历史的文明古国，历来注重家与国同构，民与邦共生，"天下一家"的价值理念深深根植于中华民族的血脉基因中。《礼记》中"大道之行，天下为公"所畅想的人类美好社会理想，《大学》中"修身齐家治国平天下"所涵养的家国情怀，《孟子》中"穷则独善其身，达则兼济天下"所崇尚的品德胸怀，杜甫"大庇天下寒士俱欢颜"中的大爱之心，范仲淹"先天下之忧而忧，后天下之乐而乐"的崇高精神，顾炎武"天下兴亡，匹夫有责"的责任担当，张载"为天地立心、

为生民立命、为往圣继绝学、为万世开太平"的永恒使命,这些中国人耳熟能详、日用而不觉的价值理念为一代又一代中国人所尊崇,体现出强烈的社会责任感和为国为民为天下的大情怀。

中国共产党自诞生之日起,赓续中华优秀传统文化的血脉基因,承载中华文明蕴含的鲜明价值理想,始终胸怀天下、立己达人,追求的不仅是中国人民的福祉,还追求"各美其美,美人之美,美美与共,天下大同"的人类命运共同体,将中华优秀传统文化进行创造性转化、创新性发展,让中华优秀传统文化焕发出熠熠生辉的时代光芒,把为人类和平与发展贡献力量作为自己的重要追求,为世界发展进步贡献中国智慧。

第一,"天下大同"是中华民族的文化基因。中国共产党秉承"天下大同"的价值理念,矢志不渝为人类作出新的更大贡献。新民主主义革命时期,中国共产党团结带领人民浴血奋斗,实现了中华民族从"东亚病夫"到站起来的伟大飞跃,改变了世界政治格局,鼓舞了全世界被压迫民族和人民争取解放的斗争;社会主义革命和建设时期,中国共产党团结带领人民艰苦奋斗,提出"中国应当对于人类有较大的贡献",坚持独立自主和平外交政策,倡导和坚持和平共处五项原则,作出中国永远不称霸的庄严承诺;改革开放和社会主义现代化建设新时期,坚定维护广大发展中国家利益,推动建立公正合理的国际政治经济新秩序,促进世界持久和平、共同繁荣;中国特色社会主义进入新时代,习近平总书记汲取中华优秀传统文化的思想智慧，统筹中华民族伟大复兴战略全局和世界百年未有之大变局，创造性地提出推动构建人类命运共同体，倡导全人类共同价值，不是谋求一种制度、一种文明替代另一种制度、另一种文明，而是主张不同社会制度、意识形态、历史文明、发展水平的国家，在国际活动中目标一致、利益共生、权利共享、责任共担，促进人类社会和谐包容、整体发展。

第二，"天下己任"是中国共产党的道义担当。中华民族自古追求"以天下为己任"。中国共产党一贯秉承"天下己任"的价值理念，洞察时代大势，把握历史主动，正确处理中国和世界的关系。新时代以来，习近平总书记站在世界历史的制高点，从历史长河、时代大潮、全球风云中分析演变机理，探究历史规律，提出一个国家、一个民族要振兴，就必须在历史前进的逻辑中前进、在时代发展的潮流中发展。中国共产党将团结带领中国人民深入推进中国式现代化，为创造人类文明新形态作出新贡献；团结带领中国人民全面深化改革和扩大开放，为世界各国共同发展繁荣作出新贡献；履行大国大党责任，为增进人类福祉作出新贡献；积极推动完善全球治理，为人类社会携手应对共同挑战作出新贡献。中国共产党始终不渝做世界和平的建设者、全球发展的贡献者、国际秩序的维护者。

第三，以"天下一家"，满足人民对美好生活的向往。中华民族历来强调"民惟邦本，本固邦宁"，主张"民为贵，社稷次之，君为轻"，强调"天之生民，非为君也；天之立君，以为民也"。中国共产党秉承"天下一家"的价值理念，把实现共同富裕作为始终如一的奋斗目标。创造幸福美好生活是人类孜孜以求的梦想，发展是世界各国的权利，而不是少数国家的专利，在人类追求富裕的道路上，一个国家、一个民族都不能少。当今世界仍面临着严重的发展困境，许多人还在贫困、饥饿、疾病之中挣扎。一些国家越来越富，另一些国家越来越穷，世界不可能长久太平、持久繁荣。中国共产党主张，发达国家要加大对发展中国家的发展援助，发展中国家要增强内生发展动力，中国将尽己所能，持续为全球事业贡献智慧和力量，把人民对美好生活的向往变成现实。①

百年来，中国共产党始终从中华文明的文化基因和自身发展逻辑出发，通过发掘、继承、弘扬、创新中华优秀传统文化，激发了中华优秀传统文化的内生力。中国共产党传承与弘扬的中华优秀传统文化蕴含着面向人民、最大限度满足人民需求的基本立场，开放包容、命运与共、天下和合、协和万邦的天下情怀，百折不挠、发愤图强、锐意进取、守正创新的精神标识，以其独特魅力和深厚底蕴向世界各国人民展示中华文化影响力。

二、马克思主义与中华优秀传统文化内在逻辑契合

170多年前，马克思、恩格斯就鲜明地指出，共产党人的远大理想，就是要建立一个没有压迫、没有剥削、人人平等、人

---

① 刘勇：《中国共产党胸怀天下的文化根脉》，《中国社会科学报》2022年1月13日。

人自由的理想社会。这个理想描绘未来社会将是每个人自由和全面发展的"自由人联合体",寄托了人类关于美好社会的全部情愫和渴望;这个理想指明从必然王国向自由王国飞跃的途径,不必再像空想社会主义者那样悲天悯人地憧憬着"乌托邦";这个理想昭示"资产阶级的灭亡和无产阶级的胜利是同样不可避免的""英特纳雄耐尔就一定要实现"。它是崇高的、科学的、坚定的,召唤着无数共产党人向往之、奔赴之、笃行之。马克思主义与中华优秀传统文化也有着内在的逻辑契合。

第一,主体的契合——人民是历史的主体。马克思主义站在前所未有的高度,提出人民是历史的主体、实践的主体、价值的主体,摒弃以往哲学家们解释世界的说辞,致力于改变世界。马克思主义的人民主体思想与中华优秀传统文化中丰富蕴含的民本思想相契合。同时,中国古代的民本思想经历了由顺应天命到真正体恤民众的过程。从害怕被上天惩罚而去关注人民疾苦,到真正体察民情提出"民贵君轻",这既体现了中国古代为政者思想的向好发展,也体现了人民主体思想的根深蒂固。

第二,理论的契合——实践是关键的基因。马克思主义是马克思与恩格斯在实际探索工人解放道路和领导工人运动的实践过程中产生并不断得到丰富和完善,真正做到了从实践中来到实践中去。实践是马克思主义不可磨灭的基因,亦是中华优秀传统文化中至关重要的精神内核。早在春秋战国时期,在诸子百家著书立说为一众国家治国理政建言献策时,就已初见端倪。无论是"内圣外王",还是"修实政""行实德",经世致用思想始终兴盛不衰。另外，知行合一也是中华优秀传统文化中浓墨重彩的一笔。实践是中华优秀传统文化的精髓，同时也被深深刻在了中国人的基因里。实践体现在中国共产党为寻找救国救民之良方将马克思主义确立为指导思想的探索中，升华在中国共产党带领人民百年的不竭奋斗中。

第三，目标的契合——大同与共产主义。马克思主义在诞生之初就确定了自己的理想追求，即为人类求解放，实现人的自由而全面发展。马克思主义这一理想追求与中华优秀传统文化中人们对理想生活的畅想相耦合。中国自古有着"公天下"的情怀，实现所有人公平公正的天下，自然也就不存在剥削和压迫，人人自由、平等的社会。马克思主义犹如壮丽的日出，照亮了人类探索历史规律和寻求自身解放的道路。马克思主义所设想的人类社会美好前景不断在中国大地上生动地展现出来，对世界各国人民产生了强大的感召力，也是中国共产党人基于人类解放事业终极关怀的现实选择。

三、马克思主义中国化时代化的不断探索

中国共产党用马克思主义的科学理论引领伟大实践，带领中国人民坚定地走出了一条中国特色社会主义道路，不仅以中国的发展成就证明了马克思主义的真理性，而且还以中国化的马克思主义丰富和发展了马克思主义理论宝库。

1949年6月30日，在新中国成立前夕，毛泽东撰写了《论人民民主专政》一文。文章指出，"康有为写了《大同书》，他

没有也不可能找到一条到达大同的路"。这段话实际上也点出了传统大同理想的根本性问题——虽然对美好社会进行了描述，但是没有找到实现美好社会的途径。换句话说，传统大同理想具有"空想性"，如何在未来得以实现其实是未知数。中国共产党一方面继承了传统大同理想的合理内核，另一方面又在长期的马克思主义中国化的过程中，克服了传统大同理想及其他社会主义流派的"空想性"，探索出一条指向未来的、逐渐通向大同的实践道路——这也是中国共产党对人类文明发展的贡献。

在俄国十月革命的影响下，早期中国马克思主义者认识到阶级斗争的重要意义，开始探索实现美好理想的科学道路。马克思主义用阶级斗争的视角看待人类历史，号召广大被压迫被剥削阶级联合起来反抗压迫和剥削阶级，利用暴力革命推翻剥削阶级统治的国家机器，建立没有剥削、人人平等的无产阶级专政。这种学说不但能够为人们提供信心，而且指明了解决问题的基本路径。而俄国十月革命的胜利，更是提供了阶级斗争获得成功的现实样板。党的二大明确提出，党的最终奋斗目标，即最高纲领是：组织无产阶级，用阶级斗争的手段，建立劳农专政的政治，铲除私有财产制度，渐次达到一个共产主义的社会。

在新民主主义革命和社会主义建设的过程中，中国共产党充分吸收传统大同理想的合理内核，取得革命和建设的重大成就。在马克思和恩格斯原本的设想中，社会主义和共产主义必须建立在高度发达的社会生产力的基础之上。俄国十月革命却在生产力并不高度发达的"帝国主义链条上最薄弱的环节"上爆发，而俄国"以城市为中心"的革命道路，被照搬到中国后却未能成功，反而造成灾难性的后果。中国共产党通过曲折探索，最终走出一条"农村包围城市"的成功道路，以毛泽东为主要代表的中国共产党人，把马克思主义阶级斗争学说与中国传统大同理想相结合，把农民阶级"均贫富"的朴素愿望升华为社会主义和共产主义的革命理想，把农民阶级源远流长的反抗意识升华为阶级觉悟。由此，中国共产党实现对农民阶级的广泛动员，为新民主主义革命的胜利提供了重要保障。社会主义革命和建设时期，在"一穷二白"的基础上，新中国进行大规模基础设施建设，民生得到基本保障。在相关物质基础上，大同理想中的"平等"原则得到充分贯彻。

中国特色社会主义进入新时代，中国共产党坚持以人民为中心的发展思想，贯彻新发展理念，倡导人类命运共同体，全面推进中国式现代化。习近平总书记多次强调，深入挖掘和阐发中华优秀传统文化讲仁爱、重民本、守诚信、崇正义、尚和合、求大同的时代价值。"求大同"虽然被放在末尾，但并非最不重要的。恰恰相反，它关乎中国共产党最终追求的理想社会状态。

相比近代西方倡导的自由、民主，中国的"和"文化蕴含着的天人合一的宇宙观、协和万邦的国际观、和而不同的社会观、人心和善的道德观，回答了中国与世界相处的基本价值原则。全人类共同价值基于中华文明以共同体为本位的主体性，在充满冲突、纷争的当代世界，这种平等合作意识与主动担当精神，不啻人类文明舞台上的一股清流。

构建人类命运共同体一方面源自马克思主义共同体理论与世界历史理论的思想创发，另一方面也是对中国传统大同理想的时代升华。追求全人类共同价值体现着中国人的古老智慧和深刻洞见。构建人类命运共同体是中华文化的必然要求，中华民族是一个有着厚重共同体意识的民族。中国的历史是各民族共同缔造、发展、巩固、统一伟大祖国的历史，辽阔的疆域是各民族共同开拓的，悠久的历史是各民族共同书写的，灿烂的文化是各民族共同创造的，伟大的精神是各民族共同培育的。中华民族的共同体意识深深镌刻在中华儿女的骨子里，融进了各族人民的血液和灵魂，源源不断地注入了中华民族的特质和禀赋，涵育了正确的国家观、民族观、文化观、历史观。正是由于中华民族的共同体意识，中华文明才具有无与伦比的包容性和吸纳力，才可久可大、根深叶茂，成为推动中国发展进步的强大精神动力。

中国共产党百年来开创的中国式现代化发展道路，证明了马克思关于跨越"卡夫丁峡谷"设想的真理性，为世界其他国家探索独立自主的现代化发展道路提供了可资借鉴的选择。中华民族既自强不息、不甘落后，又博大包容、开放博采。这种文明意志体现在中国共产党身上，就是要在新的时代境遇下不断延续、发展、创造中华民族文明的新形态，进而为人类文明形态提供新方案、新示范。

四、中西方文化的碰撞交融

理清文化发展的脉络，是探索文明之路的先决条件。从历史角度来看，人类文明发展演进的历史是一部充满悖论与反思的历史，走的是一条否定之否定的扬弃之路，其过程必定是鲜花和荆棘交织的。东西方文化自轴心时代划开一条界线之后，便朝着各自的方向发展。时至今日，二者也没有因受到世界一体化进程的影响而偏离各自的方向汇入同一条河流中。而是分别从各自国情出发选择了一条更为适合自身发展的道路和模式。作为人类历史长河中的一种文化现象，并没有简单意义上的优劣区分，东西方文化在世界文化的花圃中，各自都开出了灿烂的文明之花。

西方文化自古希腊时期就开始用逻辑思维解读世界，这种理性思维奠定了西方沿袭至今的文化内核。古希腊时期，无论是亚里士多德著名的三段论，还是毕达哥拉斯的勾股弦定理等都体现了西方对逻辑的推崇和对理性的追求。后来的西方启蒙思想家致力于在人间建立由正义、真理、自由、平等、天赋人权等实践理性观念塑造的"理性王国"，进而造就了西方社会追求至今的自由、平等、民主与法治等精神文化价值。

中华文化经历了5000多年岁月的洗礼，基于对"道"的遵循和"德"的践行，形成了灿烂辉煌、博大精深、源远流长的中华优秀传统文化，同时也经历了近代以来备受凌辱后，被迫学习西方"术"和"器"的文化自卑与自我怀疑。再到新时代中国特色社会主义文化以更加自信的姿态屹立于世界文化舞台，这段特殊的、跌宕起伏的文化历史，是在中西方文化不断融合的过程中持续发展的，这种丰富且厚重的文化演进历程，既体现了中华文明的精神内核，也为世界文明提供了有益借鉴。

东西方文化的差异集中体现在道德约束与宗教信仰、天人合一与征服自然、集体本位与个人本位、圣贤文化与精英文化、和谐万邦与征服世界等方面截然不同的理念与实践。正是由于东西方价值观和文化的差异，也带来了非常明显的治理方法论上的差异，包括治理目的不同、约束方式和激励方式不同、决策方式不同、思维方式不同。① 随着时间的推移，思考的深入，我们可以尝试从哲学的层面，以价值判断、人性本质、本体存在的角度，揭开重重表象，去看待、理解、剖析东西方文化之所以存在这些不同蕴含的更深层次的原因。

价值判断是研究文化和哲学最根本问题。人是万物的尺度，人在社会中本体地位的不同，决定了中西价值定义、价值标准与价值取向存在根本差异。西方把"小我"即个体看成最高的价值尺度，形成了个体本位的价值取向，认为个人的价值高于一切，强调个人自由和私人权利的至高无上，由此形成了个人主义和利己主义的价值观。

中国则与之相反，往往把"大我"即群体看成最高的价值尺度，形成了群体本位的价值取向，强调以群体为中心，以群

---

① 王晶：《人类命运：治理简史》，五洲传播出版社2019年版，第161页。

体利益为核心利益，个人只是群体的组成部分，强调个人对家族、社会等群体的责任、义务和贡献，由此产生了集体主义和利他主义的价值观。价值观的不同，决定了中西价值判断和价值取向的不同，以此为基础所形成的国家理论、国际政治理论等也截然不同。例如，西方从微观经济学的角度，对基于个体本位的人进行提炼和概括所提出的"理性经济人"经典理论假设，就成了几乎覆盖西方所有社会科学理论的基本假设，成为各种理论的共同逻辑起点。这一假设认为无论是个人、企业还是国家，所有的行为体都是逐利的"理性经济人"，都以自身利益最大化为目标，为了最大限度地满足自己的私利甚至可以不择手段。西方主导的近现代化历史进程已有几百年，发展至今个人主义已走向极端，步入僵化，呈现一种颓势、一种历史终结的征兆。

人性论是关于人的共同本质的理论。西方基于性恶论的个体本位逻辑导向推演出了一整套完整而系统的国家理论和国际关系理论。无论是马基雅维利的《君主论》，还是霍布斯的《利维坦》；无论是亚当·斯密的《国富论》，还是摩根索的《国家间政治》；无论是《大国政治的悲剧》的作者米尔斯海默鼓吹的进攻性现实主义，还是《注定一战：中美能避免修昔底德陷阱吗？》的作者艾利森所宣扬的修昔底德陷阱等。这些学者提出的一系列核心概念和理论假设，如个体理性、自然状态、丛林法则、零和博弈等，代表了西方社会认识世界和理解国际关系的一种既定的方法和逻辑。

中国文化背景下的国家治理及全球治理理念，毫无疑问是以性善论为逻辑起点，历史地延续了中国对人性善的传统理解和主张，同时也顺应了人性不断进化和时代不断发展的潮流，基于人的自我完善、自我觉醒的精神追求，强调共生性、相互性、和谐性，形成了诸如共商、共建、共享的全球治理观，相互尊重、公平正义、合作共赢的新型国际关系等一系列新型外交理念，从而有力地推动了国际社会从性恶向性善，从"小人"向"君子"，从"经济人"假设向社会人、道德人的自我预期，从对一己私利的价值追求到对人类共同利益和目标价值追求的转换，引领人类迈入新时代。

本体论既是探究世界本原的哲学理论，也是关于存在的基本学说。东西方在本体论上存在明显差异，由此决定了各自逻辑起点的不同。西方哲学最早关注的是物的世界，偏重于对客体世界的本源探究，彰显一种物质本体、自然本体的逻辑偏好，包括亚里士多德和斯宾诺莎的实体学说，乃至黑格尔的"绝对精神"，都是作为外缘的、离开主体而客观独立存在的实体。在探究物质世界本源的过程中，竭力排除人和人的主观感知和主观认识作用，追求物质世界终极性的真正的存在。基于这一逻辑起点，西方倾向于物质决定论，善于用物质、工具和科学的进步来解释历史的发展，用定量的方式来分析、论证命题的结果，习惯于用暴力方式解决各种问题。在世界体系内，则重视权力分配、行动逻辑、力量均衡及制度安排等。在此之前由西方定义的全球化和世界体系，在结构上是物质第一性的，在安排上是权力和制度性的，而意识层面的诸如观念、思想、道义、精神则退居次要，只起到点缀或美化的作用。

中国的哲学更关注人的世界，偏重于对人的主体世界的本源探究，彰显一种对关系本体、观念本体、精神本体的逻辑偏好，具体表现为老子的"道"的本体、《易经》的"无极"本体、佛家的"性"的本体等。在探究人的世界的根本存在的过程中，尽量忽略或排除物质因素的外在干扰，关注人的主体性和内在性。中国因此而倾向于观念的能动性和观念对客体的建构作用，善于用思想和理念的进步、通过知行合一的实践逻辑框架来解释历史发展，通过改良的方式解放思想、不断自我更新观念来推动社会进步。在天下体系中，重视观念引领、思想逻辑、和合共生及关系网络的打造等。① 习近平新时代中国特色社会主义思想坚持人民至上的价值取向具有深厚的本体论基础，与西方重视的物质本体有所不同，更侧重在人的灵魂层面，旨在实现身心灵的协调统一发展与提升，不仅弥补了西方重物轻人的本体论缺失，而且在历史转换和未来世界秩序的重构中呼唤着人的回归，帮助人们重新找回人并确立人在国际关系中的主体地位，这无疑是一场本体论革命。

从历史观点看，东西方两种文化本质上是互补、兼容的，甚至是共生的，特别在世界日益全球化的今天，只有把两者相互结合起来，才能更有效、可持续地进行治理。

---

① 武心波、严安林等：《习近平外交思想的理论与实践意义笔谈》，《国际展望》2022年第4期。

从哲学的角度看，中西方文化的逻辑起点与逻辑体系虽然不同，但却具有指向普遍性的可能，这种普遍性的实现绝不是基于排除异己、唯我独尊的单边诉求，而是基于文明的交流互鉴，在相互激荡、互补共生中的整体实现。

从现实的需要看，东西方只有共存一体、东西合璧、共生互动、取长补短，才能实现真正意义上的普世性与人类普遍性，才能共同面对世界问题，并共同解决世界问题。

从时代的契机看，数字时代的到来，为中西文化的汇聚和融合，为中西国家治理模式的相互学习借鉴、共同升级，乃至治理思想、治理理念和治理方式走向共性重构、共生同构，既提供了重要平台和落地工具，也为构建人类命运共同体的全球治理模式奠定了重要基础。

五、走向人类的未来

历史、现实、未来是相通的。历史是过去的现实，现实是未来的历史。中华民族是富于"人类正义心的伟大民族"，中国是一个"应当对于人类有较大贡献"的国家，中国共产党是"为人类进步事业而奋斗的政党"。

恩格斯说："一个知道自己的目的，也知道怎样达到这个目的的政党，一个真正想达到这个目的并且具有达到这个目的所必不可缺的顽强精神的政党——这样的政党将是不可战胜的。"作为拥有9600多万名党员的世界第一大执政党，中国共产党始终以马克思主义为指导，胸怀中华民族伟大复兴和人类进步发展的千秋伟业，站在历史正确的一边，站在人类进步的一边，为创新发展马克思主义、焕发科学社会主义活力、维护世界和平与正义事业、促进人类社会发展与稳定、构建人类命运共同体，提供了中国智慧、中国方案、中国经验，作出了彪炳史册的贡献。

习近平总书记指出："政党作为推动人类进步的重要力量，要锚定正确的前进方向，担起为人民谋幸福、为人类谋进步的历史责任。"①把世界各国人民对美好生活的向往变为现实，既是全世界政党的共同责任，也需要各国政党齐心协力。世界正处于大发展大变革大调整时期，各国之间的联系与依存越发紧密。与此同时，人类又面临多方面的挑战，世界经济增长动能不足，地区热点问题此起彼伏，恐怖主义、难民危机、气候变化等非传统安全威胁持续蔓延，没有哪个国家能够独自应对人类面临的各种挑战。各国政党应担负起引领方向的责任，把握和塑造人类共同未来；担负起凝聚共识的责任，坚守和弘扬全人类共同价值；担负起促进发展的责任，让发展成果更多更公平地惠及各国人民；担负起加强合作的责任，携手应对全球性风险和挑战；担负起完善治理的责任，不断增强为人民谋幸福的能力。人类只有抱团才能应对共同挑战，这个"团"就是命运共同体。中国已为此作出示范，表明中国共产党不仅是为中国人民谋幸福的政党，还是为人类进步事业而奋斗的政党。

当今世界，人类的发展进步到了一个新的十字路口，世界

---

① 《担起为人民谋幸福、为人类谋进步的历史责任——习近平总书记在中国共产党与世界政党领导人峰会上的主旨讲话解读》，新华网，2021年7月7日。

向何处去？是彼此对抗还是相互合作，是封闭隔绝还是开放交流，是独善其身还是命运与共？习近平总书记深刻洞察"世界之变"，科学回答"世界之问"，鲜明地提出推动构建人类命运共同体、弘扬全人类共同价值、全球发展倡议、全球安全倡议、全球文明倡议等重大思想理念，为解决全球问题指明了前进方向，为共创美好世界提供了中国智慧。中国共产党积极倡导和推动构建人类命运共同体，顺应了人类社会发展的基本规律，反映了人类社会的共同价值追求，为人类社会实现共同发展、持续繁荣、长治久安绘制了蓝图、指明了方向，成为中国共产党和中国政府引领时代潮流和人类文明进步方向的鲜明旗帜。

人类文明的发展过程中，科技创新始终发挥着重要驱动作用。科技革新引起生产力质的飞跃，驱动着国家治理体系的变革转型。以蒸汽机、电力与计算机为代表的前三次工业革命，都推动并塑造了与之生产力水平相适应的治理模式。当前伴随第四次工业革命走向纵深，生产力在极大飞跃中引领人类进入数字时代。大数据、人工智能、区块链等新兴技术深刻地影响着国家治理的方方面面，全社会数字化进程无法扭转，一个以新质生产力为引领的大变革时代是摆在全人类面前的全新局面。数字技术在制造各类治理难题的同时，也在为解决这些问题提供新思路、新方法、新手段。新的治理模式必须能够适应并完成更复杂的治理场景、更多的治理层级、更多样的治理任务。基于数据、面向数据和经由数据的数字治理，这既已成为全球治理改革的大趋势，是全球数字化转型的最强劲引擎。

中国共产党领导的数字中国建设，正在14亿多中国人的数字参与中火热进行，而数字治理正是这一伟大实践中的重要部分。与前三次工业革命中落后者、学习者的角色不同，中国在第四次工业革命中成为部分核心领域的并跑者、领跑者，这既为中华民族带来了千载难逢的历史性机遇，也为中国这样一个超大规模国家，利用数字与智能技术提高治理效率、破解治理瓶颈、化解治理困局带来了切实可行的方案。数字时代的治理新范式的探索，在于建构起"用数据说话、用数据决策、用数据管理、用数据创新"的治理新机制，呈现出全社会的数据互通、数字化的全面协同与跨部门的流程再造等治理新特征。

数字技术赋能国家治理，致力于打造精简、高效、统一的数字政府，进一步运用数字治理为市场增效、为社会赋权，反哺更广阔的经济和社会数字化转型。首先，实现超大范围协同的国家治理。现代社会治理中的艰巨挑战往往涉及各个领域与不同部门，数字治理打通政府与社会间、区域间、部门间的信息流、业务流，建立起超大范围的数据平台。其次，实现精细、精准的治理过程。数字技术破除了信息稀缺、信息不对称等传统治理障碍，能够通过海量数据的汇聚与挖掘为服务与监管对象精准画像，在政策资源的精准投放中不断提高国家治理的"精准性"。最后，实现超时空预判降低治理风险。在现实物理世界之外，一个数字虚拟世界被孪生打造。依托数据采集和算力提升，数字世界的数字化模拟能够预判出现实世界的趋势和风险。数字化赋能国家治理是一场正在发生的治理革命，使得国家治理具有传统语境无法想象的数字化能力，而中国共产党正以极其敏锐和开放的心态在中国大地上引领这场历史性变革。

时代在发展，社会在进步。人类历史上每一次生产力的发展都引发生产关系的变革，国家治理的对象、内容也在社会发展的进程中发生变化，治理的模式和手段也必须随之而变。

大道不孤，天下一家。中国的发展，关键在于中国人民在中国共产党领导下，走出了一条适合中国国情的发展道路。中华民族拥有在5000多年历史演进中形成的灿烂文明，中国共产党拥有百年奋斗实践和70多年执政兴国经验，我们积极学习借鉴人类文明的一切有益成果，立足中国特色社会主义伟大实践，创造了人类文明新形态，为人类国家治理和全球治理提供可以借鉴的中国智慧和中国方案。

小结

立天下之正位，行天下之大道。中国共产党以胸怀天下的"大道"引领美好未来的"大同"。时间的年轮告诉世人，中国共产党带领中国人民走的是人间正道，站的是历史正确，赢的是世道人心，也必将担负起迎接人类美好未来的天命，引领人类走向光明世界。

第五章　中国式现代化的治理创新

回望历史，中华民族拥有悠久历史和灿烂文明，但近代以后也经历了血与火的磨难。为了实现民族复兴，旧中国试穿了各种各样的"鞋子"，但都"不合脚"，只有中国共产党把马克思主义基本原理同中国具体实际相结合，同中华优秀传统文化相结合，才真正找到了中国人自己的道路。

从计划经济时期的国家管控，到改革开放时期的国家管理，再到新时代人民至上的现代化国家治理，"中国之治"始终为不同阶段的发展目标提供了强有力的治理支撑，也在回答不同时代问题的转换中实现了"术治"到"法治"再到"德法共治"的与时俱进。中国共产党在全力推进中国式现代化的历史进程中，为人类现代化提供了全新选择，也必将创造超越资本主义文明、指向以人的全面自由发展为旨归、以人的精神文明为中轴的人类文明新形态。

中国道路和中国制度创造的奇迹以铁一般的事实，有力实证了中国特色社会主义制度和国家治理体系是真正管用、真正有效的制度和治理体系，在迈向未来数字时代的进程中，中国治理之道也必将为全人类治理提供鲜活的中国智慧与中国方案。

第一节　现代国家治理制度的创新与发展

　　制度，定国安邦之根本，制度优势是一个国家的最大竞争优势；和平、发展、公平、正义、民主、自由既是人类社会共同的价值追求，也是中国之治的价值内核。如果将中国特色社会主义制度体系看成一棵参天大树，那么根本制度就是植入土壤的树根，居于核心地位；基本制度就是树干，居于主体地位，发挥承上启下的关键作用；一系列重要制度支撑起中国特色社会主义制度体系的四梁八柱。通过制度设计与治理完善，目的就在于让广大人民在生产生活中切实享受到和平与发展的红利、公平与正义的保障、民主与自由的福祉，从而激发起广大人民共同守护这棵制度之树、治理之树、文明之树。

一、人民代表大会制度——根本政治制度

人民代表大会制度作为中国的根本政治制度，集中体现了国家制度和治理体系的优势，是实现民主的根本途径和最高形式，为全过程人民民主提供了制度设计、程序支撑和实践平台，是中国共产党领导人民在人类政治制度史上的伟大创造。

（一）人民代表大会制度在中国政治制度中的定位

明确了中国是工人阶级领导的、以工农联盟为基础的人民民主专政的社会主义国家，国家的一切权力属于人民。人民行使国家权力的机关是全国人民代表大会和地方各级人民代表大会，大会由民主选举产生，对人民负责，受人民监督。

明确了中国政治运行中立法与行政司法、中央与地方的国家机构职权划分、各民族关系等重大关系问题。国家行政、监察、审判、检察等各个机关由人民代表大会产生，对人大负责，受人大监督，地方国家机构遵循在中央国家机构的统一领导下、充分发挥地方的主动性积极性，同时坚持各民族一律平等，实行民族区域自治，巩固和发展平等团结互助和谐的社会主义民族关系。

明确了国家的根本任务。中国将沿着中国特色社会主义道路前进，实行全面依法治国，在法治轨道上全面建设富强、民主、文明、和谐、美丽的社会主义现代化国家，以中国式现代化实现中华民族伟大复兴。

明确了中国共产党是最高政治领导力量。人民代表大会制

度坚持中国共产党领导,坚持以马克思列宁主义、毛泽东思想、邓小平理论、"三个代表"重要思想、科学发展观、习近平新时代中国特色社会主义思想为理论指导,保证中国共产党领导人民依法有效治理国家。通过人民代表大会制度,中国共产党的主张经过法定程序成为国家意志,确保的党的基本理论、基本路线、基本方略和重大战略部署在国家工作中全面贯彻并有效执行。

(二)中国人民代表大会制度的建立

人民代表大会制度是人类政治制度史的伟大创造,建立这一制度深刻总结了近代以来中国政治动荡黑暗的惨痛教训,见证了中国社会100多年来的风云激荡与中国人民的艰辛求索,实现了中国人民翻身作主、掌握自己命运的历史梦想。

中国共产党在革命战争年代已经开始了卓有成效的探索,从建党伊始的工农兵代表会议,到抗日战争时期的边区参议会制度,就开始形成了人民代表大会制度的初步构想,再到解放战争时期,解放区政权组织形式逐步从参议会向人民代表会议过渡。实践探索激发了理论思考的深化与丰富,毛泽东曾在1940年指出,没有适当形式的政权机关,就不能代表国家。中国现在可以采取全国人民代表大会、省人民代表大会、县人民代表大会、区人民代表大会直到乡人民代表大会的系统,并由各级代表大会选举政府。

新中国成立为这一构想变成现实提供了现实条件,1949年9月,《中国人民政治协商会议共同纲领》庄严宣告,新中国实行人民代表大会制度。1954年9月,第一届全国人民代表大会第一次会议通过的《中华人民共和国宪法》明确规定："中华人民共和国的一切权力属于人民。人民行使权力的机关是全国人民代表大会和地方各级人民代表大会。"这就以国家根本法的形式确立了人民代表大会制度这一根本政治制度的宪制基础。

党的十八大以来，以习近平同志为核心的党中央把握历史规律、占据历史主动，高度重视坚持和完善人民代表大会制度，全面加强对人大工作的领导，推动社会主义民主法治开创新局面、实现新发展，人民代表大会制度展现出更加旺盛的生机活力。①

（三）与西方议会制度的比较

环顾当今世界，在世界政治制度的"大花园"中，不同政体同时并存反映出各国发展道路的现实差异，也说明了并不存在放之四海而皆准的"标准政体"。深入理解人民代表大会制度与西方议会制度的本质区别，才能在对比中进一步确立制度自信，牢牢把国家和民族前途命运掌握在人民手中。

选举方式不同。中国的人大代表由人民选举产生，行政权（政府）由人大产生，行政权力来源于人大的委托；美国立法权属于国会，国会议员由选民直接选举产生，行政权（总统）也由全国选民选举，是两次选举进行了两次不同的权力委托；英国的议会分为上院和下院，下院由选民选举产生，上院由贵族世袭或国王决定，立法机关主要是下院，行政权（首相）是选民选举下院的同时选出多数党领袖担任，其本质是一次选举同

---

① 王晨：《坚持和完善人民代表大会制度这一根本政治制度》，《人民日报》2019年11月19日。

时进行两种委托。

权力地位不同。中国的最高权力机关是全国人大，行政机关、监察机关、审判机关、检察机关都由人民代表大会产生，对它负责，受它监督，所以国家权力机关地位高于国家行政机关和司法机关；美国强调三权分立，立法权、行政权和司法权之间是平级关系，总统的行政权不是来自国会的委托，总统和国会一样都是由选民投票选举产生的。

成员关系不同。中国各级人大常委会组成人员不能兼任国家行政机关、监察机关、审判机关和检察机关职务，但人大代表可以兼任；美国贯彻三权分立理论，总统、各部部长不允许兼职国会议员，即掌握立法权的议员不能兼任掌握行政权的长官；英国行政机关成员和立法机关成员都是兼任的关系，因为内阁首相和政府部门部长都由议会多数党议员担任。

权力分工不同。在中国，人大与"一府一委两院"的关系是决定与执行的关系、监督和被监督的关系、协调一致开展工作的关系。这种"无分权、有分工"的议行合一体制是一种更能体现人民主权原则、更为优越的权力结构；而在西方资本主义国家，立法权、行政权、司法权三权分立，分别由议会（国会）、政府和法院把持，并且相互制约，不存在"议行合一"的国家最高权力机关，议会仅在其规定的范围内行使职权，与行政权、司法权相互制约。①

---

① 詹姆斯·麦格雷戈·伯恩斯：《民治政府——美国政府与政治》，吴爱明译，中国人民大学出版社2007年版，第305页。

实践证明，中国社会主义民主政治具有强大生命力，中国特色社会主义政治发展道路是符合中国国情、保证人民当家作主的正确道路，这条道路越走越宽广、越走越充满生机活力。

二、中国的政党制度——基本政治制度

习近平总书记指出："中国共产党领导的多党合作和政治协商制度作为我国一项基本政治制度，是中国共产党、中国人民和各民主党派、无党派人士的伟大政治创造，是从中国土壤中生长出来的新型政党制度。"[①]

（一）中国政党制度的基本含义

中国共产党领导的多党合作和政治协商制度的核心内容是，中国共产党是中国的唯一执政党，八个民主党派在接受中国共产党领导的前提下，具有参政党的地位，与中国共产党合作，参与执政，中国共产党和各民主党派均以宪法为根本活动准则。从政党地位和作用来看，中国共产党是执政党，代表工人阶级和广大人民掌握人民民主专政的国家政权，各民主党派是参政党，参加国家政权、参与国家大政方针的国家领导人选的协商、参与国家事务管理等。中国共产党和各民主党派长期共存、互相监督、肝胆相照、荣辱与共，共同致力于建设中国特色社会主义，形成了"共产党领导、多党派合作，共产党执

---

① 习近平:《坚持多党合作发展社会主义民主政治　为决胜全面建成小康社会而团结奋斗》，新华网，2018年3月4日。

政、多党派参政"的政治格局。①新型政党制度，以合作代替斗争、以参与代替旁观、以协商代替攻讦，在全过程人民民主的实际运行过程中，能够更好地实现利益代表的广泛性、凝聚共识的一致性、治理决策的科学性。

中国人民政治协商会议是中国人民爱国统一战线的组织，是中国共产党领导的多党合作和政治协商的重要机构。民主党派和无党派主要通过人民政协开展政治协商、民主监督和参政议政，从而能够参加国家政权，参与国家大政方针和国家领导人选的协商，参与国家事务的管理，参与国家方针政策、法律法规的制定和执行，具有多方面的制度优势。第一，作为统一战线的组织，人民政协在国家治理中巩固共同政治基础。第二，作为多党合作和政治协商的机构，人民政协在国家治理中扩大政治共识。第三，作为人民民主的重要实现形式，人民政协在国家治理中激发民主政治活力。

（二）新型政党制度是伟大的政治创造

中国新型政党制度是马克思主义政党理论与中国实际相结合的产物，是中国共产党、中国人民和各民主党派、无党派人士的伟大政治创造，是从中国土壤中生长出来的，是在中国历史传承、文化传统、经济社会发展的基础上长期发展的结果。

植根于中华优秀传统文化。中华传统文化，倡导天下为公、以民为本，崇尚和合理念、求同存异，注重兼收并蓄、和

---

① 《中国新型政党制度白皮书》，国新办网，2021年6月25日。

谐共存，为中华民族生生不息、发展壮大提供了强大精神支撑，也为中国新型政党制度的形成发展提供了丰富文化滋养。

孕育于近代以来中国民主革命的历史进程。辛亥革命后，中国效仿西方国家实行议会政治和多党制，各类政治团体竞相成立。中国共产党提出新民主主义革命纲领，在共同抗击日本帝国主义侵略、反对国民党独裁统治的斗争中，与各民主党派建立了亲密的合作关系。

形成于协商筹建新中国的伟大实践。1948年4月，中国共产党提出召开政治协商会议、成立民主联合政府的主张，得到各民主党派、无党派人士和社会各界热烈响应，揭开了中国共产党同各党派、各团体、各族各界人士协商建国的序幕。1949年9月，中国人民政治协商会议第一届全体会议通过《中国人民政治协商会议共同纲领》，中国新型政党制度由此确立。

发展于社会主义革命、建设、改革的伟大进程。新中国成立后，中国共产党加强与各民主党派、无党派人士的团结合作，提出"长期共存、互相监督"的方针，之后进一步发展为"长期共存、互相监督、肝胆相照、荣辱与共"的方针，确立了中国新型政党制度长期存在和发展的格局。1993年，"中国共产党领导的多党合作和政治协商制度将长期存在和发展"载入宪法，中国新型政党制度有了明确的宪法依据。

完善于中国特色社会主义新时代。党的十八大以来，明确提出中国共产党领导的多党合作和政治协商制度是新型政党制度，是国家治理体系的重要组成部分，是对人类政治文明的重大贡献，推动多党合作事业发展进入新阶段。①

（三）新型政党制度具有鲜明特色和显著优势

新型政党制度新就新在它是马克思政党理论同中国实际相结合的产物；新就新在它把各个政党和无党派人士紧密团结起来、为着共同目标而奋斗；新就新在它通过制度化、程序化、规范化的安排集中各种意见和建议、推动决策科学化民主化。②

能够有效避免旧式政党制度代表少数人、少数利益集团的弊端。中国共产党就是人民的党，从根本保证了中国政党制度坚持人民至上的价值取向，能够真实、广泛、持久代表和实现最广大人民根本利益。中国共产党与各民主党派和无党派人士的合作，也是建立在实现最广大人民根本利益的基础上，保障各民主党派及所联系群众的权益，从而能够最大限度满足社会各方面利益诉求。

能够有效避免一党缺乏监督或者多党轮流坐庄、恶性竞争的弊端。西方政党制度的本质是不同政治利益集团通过选举掌握权力，为了争取选民、获得执政地位，有时激烈地争权夺利和相互倾轧，有时进行丑陋的政治交易谋求轮流坐庄，实质上严重伤害了选民的利益。中国新型政党制度明确中国共产党是唯一的执政党，各民主党派是自愿接受中国共产党领导的参政党，中国共产党和各民主党派及无党派人士基于坚持和发展中

---

① 《中国新型政党制度白皮书》，国新办网，2021年6月25日。
② 习近平：《坚持多党合作发展社会主义民主政治　为决胜全面建成小康社会而团结奋斗》，新华网，2018年3月4日。

国特色社会主义的共同思想政治基础团结奋斗。

能够有效避免旧式政党制度囿于党派利益、阶级利益、区域和集团利益决策施政导致社会撕裂的弊端。西方政党制度决定了政党追求选票最大化、任期内的短期利益最大化、所代表利益集团的利益最大化，既难以接受其他党派的合理建议，也不继承前任执政党派的有益成果，加剧了社会不同阶层、族群间的撕裂。在中国，新型政党制度与国情国体相适应，既坚持人民民主的原则，又贯彻团结和谐的要求，把各种不同意见纳入到协商解决的民主方向上，畅通各种利益诉求进入决策程序的渠道，最大限度凝聚全社会共识、汇聚全社会力量。

实践证明，中国新型政党制度具有历史的必然性、伟大的创造性、巨大的优越性和强大的生命力，体现了中华优秀传统文化的精髓，反映了社会主义制度的本质要求，符合中国国情和国家治理需要，是有利于国家发展、民族振兴、社会进步、人民幸福的基本政治制度。

三、社会主义基本经济制度

百年来中国共产党对基本经济制度的认识和确立，是根据中国的发展目标和在不同发展阶段的具体实际不断进行调整与完善的，最终确立了公有制为主体、多种所有制经济共同发展，按劳分配为主体、多种分配方式并存，社会主义市场经济体制等社会主义基本经济制度。

（一）基本经济制度探索

新中国成立后，中国就开始了对社会主义经济制度的最初探索。1956年底，中国基本完成了对农业、手工业和资本主义工商业的社会主义改造，在单一公有制基础上，中国建立了高度集中的计划经济体制，其以全民所有制经济和集体所有制经济为微观基础，以中央计划制度、高度集中统一的财政预算、实物平衡及统购统销为基本的资源配置方式，对启动与推进中国工业化发挥了重要作用。

改革从农村破冰，激活了中国经济"一池春水"，家庭联产承包责任制显著促进了农村经济的快速发展。随后，改革重心转移到城市，经济体制改革也随之展开。"计划经济为主、市场调节为辅"的制度破冰，使得市场和商品重新回到中国，"公有制基础上的有计划的商品经济"进一步让社会主义经济制度探索不断加快。自此，中国经济体制改革在正确方向上进入了快车道。党的十二大创新性地提出要正确贯彻计划经济为主、市场调节为辅原则，强调在经济和社会生活中坚持按劳分配制度。党的十四大历史性地提出建立社会主义市场经济体制的目标，首次明确了市场机制在资源配置中的基础性地位，肯定了除公有制和按劳分配以外的其他经济成分和分配方式，实现了社会主义基本经济制度的重要创新。① 进入21世纪，面对经济发展的新情况，党的十六大首次提出"两个毫不动摇"的方针，

---

① 郭根、范明英：《社会变革的动力谱系：基于中国改革的经验性研究》，《中共浙江省委党校学报》2012年第28期。

强调把坚持公有制为主体与促进非公有制经济发展相统一，促进了社会主义基本经济制度的进一步完善。

中国特色社会主义进入新时代，社会主义基本经济制度的完善进入了新的历史时期。党的十八届三中全会首次提出市场在资源配置起决定性作用，从基础性作用到决定性作用的重大转变，进一步凸显中国共产党全面深化改革的坚定决心。党的十九届四中全会把社会主义市场经济体制纳入基本经济制度，这是对社会主义基本经济制度内涵的丰富和拓展，标志着我国社会主义基本经济制度更加成熟、更加定型，这也是习近平新时代中国特色社会主义经济思想的重要创新和发展。

总之，中国特色社会主义基本经济制度是在马克思主义基本原理与丰富实践的结合中形成和确立的，也是被实践检验证明具有巨大优越性的制度，保证了中国经济平稳健康又持续稳定的发展，是中国共产党和中国人民的伟大创造。①

（二）所有制结构

生产资料所有制是生产关系的核心，决定着社会的基本性质和发展方向。在中国特色社会主义市场经济中，公有制经济和非公有制经济都是重要组成部分，都是国家经济社会发展的重要基础。坚持公有制为主体、多种所有制经济共同发展，本质上就是以适应生产力发展水平的所有制形式充分动员社会资源，鼓励多种所有制经济之间合作竞争，充分利用两种所有制

---

① 何自力：《坚持和完善社会主义基本经济制度》，《光明日报》2019年11月26日。

优势投入中国式现代化建设。

坚持"两个毫不动摇",是中国改革开放的重要成果。毫不动摇地巩固和发展公有制经济,就是要坚持公有制经济的主体地位,让公有资产在社会总资产中占优势,同时让国有经济控制国民经济命脉,对经济发展起主导作用。毫不动摇地鼓励、支持、引导非公有制经济发展,就是要坚持非公有制经济是国家经济制度的内在要素,为非公有制经济发展营造良好环境和提供更多机会。①

坚持和完善以公有制为主体、多种所有制经济共同发展的基本经济制度,是建设高水平社会主义市场经济、推动实现高质量发展的关键所在。一方面要促进公有制经济深化改革,不断增强公有制经济的竞争力、创新力、控制力、影响力、抗风险能力;另一方面要加快废除对非公有制经济各种形式的不合理规定,消除各种隐性壁垒,鼓励民营企业依法进入更多领域,引入非国有资本参与国有企业改革,持续激发非公有制经济活力和创造力。

(三)分配方式

在中国由于生产资料所有制结构、社会主义初级阶段生产力的发展水平,以及社会主义社会人民劳动差别的存在,决定了国家现阶段实行按劳分配为主体、多种分配方式并存的分配制度,统筹推进公平和效率相统一,这也是发展社会主义市场

---

① 黄锟:《完整准确理解"两个毫不动摇"》,《学习时报》2020年10月14日。

经济的客观要求。

坚持按劳分配为主体，就是把劳动贡献和劳动报酬紧密地联系起来。强调保护劳动所得，能够充分调动劳动者的积极性，促进社会主义生产力的发展，同时按劳分配不只是局限于公有制经济的特殊分配制度，而是不同所有制经济都应该遵循的分配正义的原则，全社会都应该增加劳动者特别是一线劳动者劳动报酬，提高劳动报酬在初次分配中的比重，稳步提高劳动者的工资性收入。

坚持多种分配方式并存，就是允许按劳动、资本、土地、知识、技术、管理、数据等生产要素分配。发展社会主义市场经济，必须遵循市场经济的规律，各种生产要素的所有者都应得到相应的收入。同时，必须建立起生产要素由市场评价贡献、按贡献决定报酬的机制。特别是在新经济迅猛发展，高质量全面推进的新时期，更好地实现知识、技术、管理、数据等要素的价值，把握最具时代特征新生产要素的重要变化，才能激发创新创造活力，实现生产力水平进一步跃升。

在分配制度中，还强调构建初次分配、再分配、第三次分配协调配套的制度体系，加快缩小收入差距，规范财富积累机制，逐步实现共同富裕。在初次分配中，提高居民收入在国民收入分配中的比重，提高劳动报酬在初次分配中的比重；在再分配中，健全税收、社会保障、转移支付等的调节机制，合理调节分配关系；同时重视发挥第三次分配作用，发展慈善等社会公益事业。保护合法收入，调节过高收入，取缔非法收入。

总体上看，中国的分配制度既鼓励先进促进效率，最大限度激发活力，又坚决防止两极分化，推动形成橄榄型的收入分配格局，持续扩大中等收入群体，逐步实现共同富裕。①

（四）社会主义市场经济体制

市场经济，简言之就是通过市场配置社会资源的经济形式，由于市场经济首先诞生在欧洲资本主义国家，人们往往把市场经济错误地认定为资本主义经济制度的基本特征。中国改革开放以后，以邓小平同志为主要代表的中国共产党人在理论上率先进行了大胆创新，明确指出社会主义和市场经济之间不存在根本矛盾，计划经济不等于社会主义，资本主义也有计划；市场经济不等于资本主义，社会主义也有市场，创造了中国特色社会主义市场经济体制，发挥了有效市场和有为政府的双重作用，与资本主义市场经济相较具有显著差异，具体表现在：

第一，发展逻辑的差异。资本主义市场经济是"以物的依赖性为基础"的发展形式；中国特色社会主义坚持"以人民为中心"的理论逻辑和基本原则。

第二，思维范式的差异。资本主义市场经济强调私有财产神圣不可侵犯，认为市场只能任由"看不见的手"自行调节；中国自古以来就有"天人合一"的古老哲学命题，习惯于以人为出发点和落脚点来认识事物，建立在人与人关系基础之上的

---

① 胡亚莲：《中国特色社会主义基本经济制度的发展与创新》，《党政干部学刊》2020年第2期。

"人—物—人",也即"主—客—主"的思维框架。①

第三,生产资料所有制的差异。资本主义以生产资料私有制为经济基础,社会财富越来越集中在少数资本所有者手中;中国特色社会主义市场经济始终坚持生产资料社会公有制,同时结合中国国情对马克思主义理论不断创新,将非公有制经济成分引入社会主义所有制结构中。

第四,分配制度的差异。资本主义制度下分配关系的基本准则是按资分配;中国特色社会主义致力于贯彻马克思主义按劳分配原则,同时探索形成了以按劳分配为主体、多种分配方式并存的分配制度,也是在马克思主义理论基础上的创新发展。

第五,市场经济运行机制的不同。西方现代经济学理论不承认资本主义私有制经济关系所决定的无政府状态与经济循环和危机的内在联系;中国特色社会主义经济发展道路将社会主义市场经济与国家宏观调控有机统一,能够使资源合理配置、调动各种生产要素积极性、增强经济发展活力,是对马克思主义经济理论的创新。

第六,经济交往关系宗旨的差异。当代资本主义国家推行的国际经济霸权,造成了不合理的国际空间布局;中国特色社会主义经济把国内发展与世界发展紧密联系起来,大胆地学习和借鉴发达资本主义国家所创造的一切先进文明成果,打破了资本主义现代化"国强必霸"的逻辑和后发展国家必然沦

---

① 习近平:《对发展社会主义市场经济的再认识》,《东南学术》2001年第4期。

为西方附庸的怪圈，使社会主义现代化不断展示出无比光明的前景。

新时代以来，习近平总书记围绕社会主义市场经济建设发表的一系列原创性、战略性观点，从政治方向、党的领导、资源配置、市场主体等各个方面深刻回答了对社会主义市场经济怎么看、怎么干的重大问题，是习近平经济思想的重要内容，丰富和发展了21世纪马克思主义政治经济学，对坚持和完善社会主义市场经济具有十分重要的指导意义。

第一，发展市场经济不能忘了"社会主义"这个定语。市场经济是一种在不同社会条件下反映不同性质的社会经济关系，习近平总书记强调："我们是在中国共产党领导和社会主义制度的大前提下发展市场经济，什么时候都不能忘了'社会主义'这个定语。之所以说是社会主义市场经济，就是要坚持我们的制度优越性，有效防范资本主义市场经济的弊端。"[①]这一重要论述指明了中国市场经济必须坚持社会主义制度属性的政治要求。

第二，中国共产党的领导是社会主义市场经济体制的重要特征。习近平总书记强调："坚持党的领导，发挥党总揽全局、协调各方的领导核心作用，是我国社会主义市场经济的一个重要特征。"[②]这一论述阐明了社会主义市场经济体制的政治特征，

[①] 习近平：《不断开拓当代中国马克思主义政治经济学新境界》，《求是》2020年第16期。

[②] 习近平：《正确发挥市场作用和政府作用　推动经济社会持续健康发展》，新华社，2014年5月27日。

指明了正确处理加强中国共产党的领导、发挥政治优势与发挥社会主义经济活力的辩证统一关系，有利于更自觉把握和驾驭社会主义市场经济的特殊规律。

第三，使市场在资源配置中起决定性作用和更好发挥政府作用。政府和市场的关系是中国经济体制改革的中心问题，不同于古典经济学中政府"守夜人"身份与任由市场发挥"看不见的手"，也不同于凯恩斯主义的国家干预，中国特色社会主义市场经济坚持有机融合"有效市场"与"有为政府"的双重作用。习近平总书记强调："在市场作用和政府作用的问题上，要讲辩证法、两点论，'看不见的手'和'看得见的手'都要用好，努力形成市场作用和政府作用有机统一、相互补充、相互协调、相互促进的格局，推动经济社会持续健康发展。"① 这一重要论述科学指明了发挥两种作用的重要意义，深化了对发挥政府与市场作用的方法论认识。

第四，资本是社会主义市场经济的重要生产要素。资本是市场经济的产物，如何正确认识和处理社会主义条件下的资本问题是马克思主义经典作家没有遇到过的新问题。习近平总书记指出："资本是社会主义市场经济的重要生产要素，在社会主义市场经济条件下规范和引导资本发展，既是一个重大经济问题、也是一个重大政治问题，既是一个重大实践问题、也是一个重大理论问题，关系坚持社会主义基本经济制度，关系改革

---

① 习近平：《正确发挥市场作用和政府作用 推动经济社会持续健康发展》，新华网，2014年5月27日。

开放基本国策，关系高质量发展和共同富裕，关系国家安全和社会稳定。"① 作为工具手段的资本是经济发展的核心要素，资本主义可以用，社会主义当然也可以用，关键是要把资本利用得好，利用出社会主义社会的价值导向，引导其为人民的美好生活服务。

小结

中国特色社会主义制度是中国共产党和人民在长期实践探索中形成的科学制度体系，它根植于中国文化土壤，借鉴吸收人类政治文明建设发展成果，基于中国的历史和现实的国情实际，既是中国共产党领导中国人民在人类制度历史上的伟大创造，也是"中国之治"的根本支撑。实践证明，中国特色社会主义制度体系是一套行得通、真管用、有效率的制度体系，是具有强大生命力和显著优越性的制度体系，为实现国家长治久安、为社会和谐稳定、为人民幸福安康提供了坚实保障。在新征程上，面临各种各样的严峻挑战，必须不断把制度优势转化为国家治理效能，不断开辟"中国之治"的更新境界、更高境界。

---

① 《习近平总书记在中共中央政治局第三十八次集体学习并发表重要讲话》，新华网，2022年4月30日。

第二节　中国国家治理的探索变革历程

一个国家选择什么样的国家制度和国家治理体系，是由这个国家的历史文化、社会性质、经济发展水平决定的。在各个历史时期，中国共产党始终致力于探索符合中国实际、彰显中国特色、贡献中国智慧的国家治理道路，使中国从四分五裂、一盘散沙到高度统一、民族团结，从积贫积弱、一穷二白到全面小康、繁荣富强，从被动挨打、饱受欺凌到独立自主、坚定自信，仅用几十年时间就走完发达国家几百年走过的历程，创造了经济快速发展和社会长期稳定两大奇迹。当代中国的伟大社会变革，不是简单延续历史文化的母版，不是简单套用马克思主义经典作家设想的模板，不是其他国家社会主义实践的再版，也不是国外现代化发展的翻版，而是坚持原则性与开放性、稳定性与发展性的有机统一，并在不断适应发展变化的现实中与时俱进，对社会主义的本质、发展路线、发展战略和方针进行科学合理的探索，才找到的国家治理的正确方向。

一、计划经济时期国家管控

新中国成立后，面临严峻的国际政治形势和繁重的国内政权建设任务，为了应对帝国主义的封锁和巩固新生社会主义政权，通过实行高度集中的计划经济和政治掌控，改变了中国社会自清末以来长期的"一盘散沙"局面，形成了以政治导向为主的高度集权的政治经济文化体制，构建起以党政一体、一元治理为特点的全能型国家治理。

（一）社会主义制度的确立

从1949年新中国成立到1956年社会主义改造基本完成，把落后的农业国转变为先进的社会主义工业国是这一时期国家治理的战略目标，对于中国这个各方面都非常薄弱的社会而言，唯有通过国家集中权力从而集中资源，才能满足发展工业所需的物质资源，权力集中型的国家治理模式在当时的客观形势下，尤其是新中国国家治理经验的缺乏现状下，几乎是不可避免的。与此同时，苏联社会主义国家治理模式也对新中国执政巩固期的国家治理模式产生着深刻影响，也成为新中国成立之初全方位"以俄为师"，形成以苏联为参照的权力集中型国家治理模式的重要内因。

在毛泽东的领导下，中国共产党的第一代领导集体以敢为天下先的精神，不断摸索、一步步创建了符合中国国情的社会主义制度，为后期中国特色社会主义制度的开创和发展提供了丰富的物质基础、坚实的理论准备和极其宝贵的实践经验。

（二）国家管控模式的治理

从新中国成立到改革开放前夕的历史时期，中国实行的计划经济逐步形成了高度集中的政治、经济、文化、社会的国家管控型体系，在特定的时间段中发挥过巨大制度优势，但这种体制缺乏必要的灵活性，国家权力对市场过度干预，尤其是阶级斗争为纲的治国模式，也让社会付出了沉重的代价。

首先，高度集中统一的计划经济体制是中国高度集权的国家治理模式在经济领域主要表现。1949年底，国家组建起占全国工业固定资产80%左右的国营工业，由此掌握了国家经济命脉，初步建立起社会主义公有制，制定了全国财政经济统一管理的方针，以指令性方式提出了财政收支统一、公粮统一、税收统一、编制统一、贸易统一、银行统一的"六个统一"计划管理措施。1950年初步形成了决策权归国家，决策权力的分配采取行政方式形成条块分割的计划经济决策等级结构。1954年第一部宪法规定"国家用经济计划指导国民经济的发展和改造"，在这一体制下，国家经济运行中所涉及的生产、资源分配、产品消费都依赖来自政府的指令性计划，生产什么、怎样生产和为谁生产都通过政府指令进行资源分配，基本由政府计划取代了市场行为。

其次，政党与国家之间职能相互交叉，形成"党国同构""党政一体"的治理模式。中国共产党凭借各层级党组织对行政部门的领导作用，完成了其对国家与社会的双重引领，确保了权力的集中性，并通过有限资源的权威性高速整合，能够在全国范围内高效开展建设，全能型国家治理模式也就随之建立。党政一体模式的实质，是党以治理主体的方式直接介入国家治理过程，党和政府构成合二为一的高度融合关系，具有两个基本的特质：一是党政不分，党既是国家基本路线、方针和政策的制定者，又是具体的执行者、监督者和行动者，党的各级领导人既是党内事务的最高决策者，又是实质上的政府领导人。

二是以党代政，即使政府内部事务的决策，乃至国有企事业单位的具体管理和经营行为也由各机构党组织包办代替，政府的功能和职责被彻底虚化，同时执政党的政治领导功能也难以有效发挥，在这期间的政治无序局面即是因权力边界不清而导致的后果。

（三）全能型国家治理的积极作用与消极影响

全能型治理模式是一种相当有效的动员机制，取得了重要的成果，其积极作用主要在于：

第一，有利于新生的社会主义政权的巩固，维护社会秩序的和谐稳定。党掌握一切的权力，垄断一切的社会资源，凭借层级的组织网络全面渗透进社会，因而全国上下能够齐心合力地捍卫新生的人民政权。

第二，迅速完成工业化原始积累，为社会主义现代化建设提供了物质前提。依靠行政权力强行压低消费，提高积累，使得工业化完成最初的原始积累。大规模的工业化、城镇化和农业现代化建设进程，使得中国仅仅用了30多年的时间，走过了资本主义200多年的历程。

第三，使国家平稳渡过了短缺经济时代，实现了人类发展指标明显进步。如面对物资极度短缺的情况，提出妇女解放、教育公平、男女平等，采取了分配上的平均主义，平稳渡过了短缺经济时代。

新中国成立后至改革开放前夕，依托高度集中的计划经济体制和高度集权的政治体制，帮助新生政权有效应对了一系列内政外交重大风险挑战，但随着国内外环境和国家社会主要矛盾的变化，其制度弊端也逐渐显露。

第一，过于强调政府作用与权力集中，造成了国家、社会与市场间的发展失衡。政府对企业统筹得过多、过死，使企业和劳动者不能充分发挥其主动性和积极性，降低了劳动生产率，从而阻碍了生产力的发展。同时，计划经济消灭了竞争，不能按照市场规律优胜劣汰、鼓励创新，整齐划一、一成不变的产品供给更不能满足社会成员的多样性需求。

第二，"强国家、弱社会、弱市场"的治理结构存在弊端。国家没收了社会的治理权力，社会资源完全被政府所掌握，社会组织自我治理自我发展权得不到发挥，社会公众参与治理的积极性被压抑甚至泯灭。①

第三，"革命"没有被适当地约束，相反被过度地引导，最终导致了"文化大革命"的发生。全能主义政治和意识形态达到顶峰，社会主义民主法治遭到了严重破坏，治理渠道严重不畅，人治大于法治，特别是在1966年至1976年"文化大革命"期间，国家运行体系几乎瘫痪，意识形态狂热化，社会陷于一片混乱的状态，整个国家付出了沉重代价。

总体上看，全能型国家治理在新中国成立之初确实存在历史与逻辑的合理性，为后来实现中国特色社会主义现代化道路上更进一步的发展奠定了牢固的物质基础与"器物"基底。但

---

① 李晓乐：《新中国国家治理模式嬗变的历史逻辑》，《广西师范大学学报》2018年第1期。

在其完成历史使命后，特别是国家治理目标转变为提高人民生活水平后，全能型国家治理模式亟须全面调整与变革。

二、改革开放时期国家管理

改革开放时期，随着国家工作中心的转移，经济发展一跃成为国家治理的首要目标。经济导向型治理为社会主义现代化建设提供了雄厚物质基础和灵活机制保障。

（一）治理模式变迁的背景及动因

改革开放前，落后和贫穷拷问着中国、拷问着社会主义。邓小平从中国的惨痛教训和世界飞速发展的现实中意识到，中国的当务之急就是要大力发展国民经济，改变落后贫穷的局面，否则社会主义制度的优越性很难体现出来。

从1978年开始，我们党认识到要真正解放和发展生产力，必须以体制改革为突破，迅速结束"以阶级斗争为纲"的政策路线，把工作重心集中到经济建设上。在这一背景下，党的十一届三中全会为经济体制改革指导思想的形成、确立改革开放的基本国策奠定重要基础。

邓小平对当时的国内外形势作出准确判断，作出和平与发展是当今世界两大主题的科学论断。在摆脱强敌环伺的困境后，经济全球化初露端倪又给中国带来了难得的历史机遇。中国要想快速发展，就要从根本上改变闭关锁国的状态，打开国门向世界开放，通过吸收发达资本主义国家的文明成果来推动中国社会主义现代化的进程。从此以后，"改革开放"逐渐成为中国人耳熟能详的一项基本国策。从新中国成立伊始的闭关自守、自力更生到打开国门、融入世界，对外开放可谓是在天时、地利、人和的条件下作出的战略抉择。

（二）抓住历史机遇

从明确"以经济发展为中心、满足人民物质文化需要"的治理目标，到经济体制改革与政治体制改革的逐步深入，再到"对外开放"融入经济全球化进程，融入时代发展的浪潮，中国的全能型国家治理逐步向经济导向型治理全面转型。

首先，以经济发展作为首要的治国目标。1978年，邓小平在"北方谈话"中首次明确提出把工作的重点转移到经济建设上来，[①] 与转移工作重点相适应，邓小平认为必须进行经济体制改革，他强调，我们是社会主义国家，社会主义制度优越性的根本表现，就是能够允许社会生产力以旧社会所没有的速度迅速发展，使人民不断增长的物质文化生活需要能够逐步得到满足。这一论述站在社会主义制度优势的高度，理直气壮地为解放和发展生产力正了名，为改善人民生活水平松了绑，打消了长期萦绕在人们头上"宁要资本主义的草，不要社会主义的苗"的错误思想，意味着国家治理目标将转换到解放和发展生产力、加快经济发展，提高人民群众生活水平的正确轨道。[②]

其次，从"关起门来"到对外开放。新中国成立后，由于

[①] 陈成志、焦春红：《回顾20世纪90年代中国改革发展的历史进程》，《传承》2009年第24期。

[②] 刘畅然：《我国实行改革开放的背景与基础》，《黑龙江史志》2009年第23期。

资本主义国家对中国经济、政治、文化的全方位封锁,以及东西方两大阵营的冷战对立,中国对外开放的条件尚不具备。以党的十一届三中全会为起点,1978年到1991年间,中国打开了国门并加大与世界各国的贸易往来,以扬长补短的开放态度对待国际贸易和经济理论,决定在全球市场上发挥中国的比较竞争优势。1992年,邓小平在南方谈话中指出,"计划多一点还是市场多一点,不是社会主义与资本主义的本质区别。计划经济不等于社会主义,资本主义也有计划;市场经济不等于资本主义,社会主义也有市场。计划和市场都是经济手段。"[①]这一论断拨开了笼罩在人们思想上的迷雾,极大地推动了20世纪90年代中国的社会进步与经济改革,中国对外开放战略向内陆全面开放、周边开放及全球开放不断纵深推进,一个全方位对外开放的格局基本形成。从21世纪加入世界贸易组织以来,中国开放力度不断加大,2010年中国已发展成为世界第二大经济体,逐渐成长为世界经济舞台上的重要力量。

第三,法治建设重新起航。新中国成立之初,加强法制建设一直是完善国家治理的重要方面,但"文化大革命"严重破坏了这一进程,导致了国家治理脱离了法治的轨道。党的十一届三中全会指出"为了保障人民民主,必须加强社会主义法制,使民主制度化、法律化",凝聚起重视社会主义法制建设的普遍共识。1992年党的十四大确立了社会主义市场经济体制改

[①] 中共中央文献研究室:《十三大以来重要文献选编》(下),人民出版社1993年版,第1854页。

革目标，把中国法制建设带入了快车道，这一阶段的立法任务是，"在20世纪末初步建立适应社会主义市场经济的法律体系。"党的十五大在立法方面进一步提出，要"加强立法工作，提高立法质量，到2010年形成有中国特色社会主义法律体系"。在这一背景下，中国立法工作大大加快，中国特色社会主义法律体系初步形成。[1]1997年党的十五大明确提出了"依法治国，建设社会主义法治国家"的基本方略，从"法制"到"法治"反映出中国共产党对法治内涵的认识递进。1999年3月，"依法治国，建设社会主义法治国家"写进了宪法。法治就此成为国家治理中神圣不可动摇的重要基石，社会主义市场经济在法治轨道上得到了蓬勃发展。[2]

（三）经济导向型治理的历史成效与局限

经济导向型治理是改革开放和社会主义现代化建设时期中国治理模式的鲜明特征，这一治理模式显著夯实了国家的物质基础，为中国经济快速增长与社会长期稳定的两大奇迹提供了强有力的制度支撑。

从其历史成效来看，第一，经济导向型治理使得国家从全能型治理的繁重任务中解脱出来，让市场和社会共同分担其治理责任，实现了党和国家、社会与市场的协调发展，是人类治理模式上的一大创举。第二，经济导向型治理极大解放和促

---

[1] 姚桓：《中国共产党依法治国的历程及思考》，人民网，2015年4月3日。
[2] 吴传毅：《改革开放以来中国法治建设探索的三阶段》，《国家行政学院学报》2016年8月1日。

进了生产力发展，中国特色社会主义把社会主义制度和市场经济有机结合起来，两方面的制度优势得到了充分发挥与实践检验。第三，这一时期提出的"科学技术是第一生产力"，使科技政策开始从国际竞争、市场经济的需要出发，激发了创新活力，反过来又推动了经济增长。第四，世所罕见的经济增长奇迹让中国彻底摆脱贫穷面貌，实现"站起来"向"富起来"的历史性跨越。

但经济导向型治理的局限性也显而易见。首先经济导向型治理机制下的社会主义市场经济存在各种形态的资本，资本逐利是其基本属性，如果任由其无序竞争，必然会造成社会经济运行失序、贫富差距拉大、行业垄断加剧，甚至官员腐化堕落、拜金文化盛行等问题。客观地看，经济导向型治理一定程度上会推进经济的快速增长，但并不能处理好经济、政治、社会、文化、生态协调推进和统筹发展，必须适应新发展阶段的时代特征，重塑发展理念，创新国家治理模式，时代的发展呼唤新的治理能力和治理体系。

三、新时代人民至上引领现代国家治理

经过新时期的改革开放，中国从计划经济走向了市场经济，从封闭走向开放，社会进入了深度转型期，这一时期自然是矛盾多发、问题叠加，改革进入了攻坚期。

（一）治理变革的背景与动因

"新时代""新阶段"是国家治理的历史方位。党的十八大

以来，我国社会主要矛盾已经转化为人民日益增长的美好生活需要和不平衡不充分的发展之间的矛盾，要实现国家"富起来"走向"强起来"，需要"整体转型升级"。从经济发展驱动看，由"要素驱动、投资规模驱动"走向更加注重"创新驱动"和资源高效应用的"创新发展"；从收入分配看，由"一部分人先富起来"走向更加注重"促进公平正义、增进人民福祉"、逐步实现共同富裕；①从整体社会发展水平看，由非均衡发展走向更加注重全面协调发展；从治理形态看，由人治走向法治，由"国家管控""国家管理"走向"国家治理"；从文明跃迁看，由"农耕文明""工业文明""信息文明"迈向"数字文明"，向现代文明转型升级。全面建成小康社会第一个百年奋斗目标实现后，中国迈向第二个百年奋斗目标的新征程，要继续回答如何走向民族复兴之路，实现从站起来、富起来到强起来历史性飞跃的一系列根本性问题。

"世情""党情"是国家治理的现实依据。从国际形势看，当今世界正处在百年未有之大变局，进入新的动荡变革期。虽然总体上和平与发展仍是时代主题。但同时也面临诸多难题和挑战，地缘政治格局和大国关系深刻调整，逆全球化、保护主义、民粹主义、单边主义升温，冷战思维抬头，霸权主义和强权政治依然存在；新冠疫情后，世界原有供需大循环被打破，全球产业链受到严重冲击；新科技革命和全球产业变革正在孕

---

① 张学中、何汉霞：《新时代·新矛盾·新理论：习近平新时代中国特色社会主义思想的逻辑理路》，《中国井冈山干部学院学报》2018年第11期。

育、兴起，全球经济结构将因新一轮科技革命和产业变革而进行重塑。

从国内形势看，改革开放和社会主义现代化建设取得巨大成就，但一系列长期积累及新出现的突出矛盾和问题亟待解决。党内也存在不少落实党的领导弱化、虚化、淡化问题，有些党员、干部政治信仰发生动摇，一些地方和部门形式主义、官僚主义、享乐主义和奢靡之风屡禁不止，特权思想和特权现象较为严重，一些贪腐问题触目惊心；经济结构性体制性矛盾突出，发展不平衡、不协调、不可持续，传统发展模式难以为继，一些深层次体制机制问题和利益固化藩篱日益显现。特别是一些人对中国特色社会主义政治制度自信不足，有法不依、执法不严等问题严重存在；拜金主义、享乐主义、极端个人主义和历史虚无主义等错误思潮不时出现，网络舆论乱象丛生，严重影响人们思想和社会舆论环境；民生保障也还存在不少薄弱环节，资源环境约束趋紧、环境污染等问题突出；维护国家安全制度不完善、应对各种重大风险能力不强，国防和军队现代化存在不少短板弱项；香港、澳门落实"一国两制"的体制机制不健全，国家安全受到严峻挑战，等等。这意味着新时代的中国共产党需要担当的任务使命之重前所未有，矛盾风险挑战之多前所未有，治国理政的考验之大前所未有。

（二）习近平总书记关于国家治理的总目标和战略部署

进入中国特色社会主义新时代，以习近平同志为主要代表的中国共产党人，以伟大的历史性成就、历史性变革为中华民族伟大复兴提供了更为完善的制度保证、更为坚实的物质基础、更为主动的精神力量,成功将中华民族伟大复兴带入到不可逆转的历史进程,不断推进国家治理体系和治理能力现代化,必将为中华民族伟大复兴提供强大制度支撑。

第一,新时代国家治理的战略目标——中华民族伟大复兴的中国梦。中华民族伟大复兴是中国共产党百年奋斗的鲜明主题,中国共产党一经诞生,就确立了为中国人民谋幸福、为中华民族谋复兴的初心使命,中华民族伟大复兴中国梦是党的十八大以来以习近平同志为核心的党中央提出的政治宣言,它着眼于坚持和发展中国特色社会主义,是我们党高度的历史担当和使命追求。习近平总书记反复强调,中华民族伟大复兴不是轻轻松松、敲锣打鼓就能实现的,必须勇于进行具有许多新的历史特点的伟大斗争,准备付出更为艰巨、更为艰苦的努力。实现国家治理体系与治理能力现代化就是根据经济社会的发展需要,坚持以党的最新创新理论为思想准绳,坚持以人民为中心,适应新发展阶段,贯彻新发展理念,加快构建新发展格局推进高质量发展。

第二,新时代治国理政总的布局——"五位一体"和"四个全面"。进入新时代,中国共产党领导中国人民统筹推进经济建设、政治建设、文化建设、社会建设、生态文明建设"五位一体"总体布局,协调推进全面建设社会主义现代化国家、全面深化改革、全面依法治国、全面从严治党"四个全面"战略布局。"五位一体"是完善的总体布局,是对中华民族复兴战略的顶层设计和全面统筹，回答了从哪些领域建设中国特色社会主义的问题，充分体现了中国共产党"一张蓝图绘到底"的历史耐心和战略定力。"四个全面"是我们党在新的历史条件下对民族复兴战略实施路径的系统谋划。"五位一体"总体布局和"四个全面"战略布局统筹联动、共同推进，从顶层设计上确立了新时代坚持和发展中国特色社会主义的战略规划、战略目标和战略举措。

第三，新时代国家治理的思想精髓和实践方略——"十个明确""十四个坚持"。习近平新时代中国特色社会主义思想围绕国家治理这一主题，提出了一系列具有时代性、原创性和系统性的新思想新论断，构建起适应新时代国家治理的"四梁八柱"。

"十个明确"对习近平新时代中国特色社会主义思想的核心内容作了概括。第一，明确中国特色社会主义最本质的特征是中国共产党领导，中国特色社会主义制度的最大优势是中国共产党领导，中国共产党是最高政治领导力量，全党必须增强"四个意识"、坚定"四个自信"、做到"两个维护"。第二，明确坚持和发展中国特色社会主义，总任务是实现社会主义现代化和中华民族伟大复兴，在全面建成小康社会的基础上，分两步走在本世纪中叶建成富强民主文明和谐美丽的社会主义现代化强国，以中国式现代化推进中华民族伟大复兴。第三，明确新时代我国社会主要矛盾是人民日益增长的美好生活需要和不平衡不充分的发展之间的矛盾，必须坚持以人民为中心的发展思想，发展全过程人民民主，推动人的全面发展、全体人民共同富裕取得更为明显的实质性进展。第四，明确中国特色社会主义事业总体布局是经济建设、政治建设、文化建设、社会建设、生态文明建设五位一体，战略布局是全面建设社会主义现代化国家、全面深化改革、全面依法治国、全面从严治党四个全面。第五，明确全面深化改革总目标是完善和发展中国特色社会主义制度、推进国家治理体系和治理能力现代化。第六，明确全面推进依法治国总目标是建设中国特色社会主义法治体系、建设社会主义法治国家。第七，明确必须坚持和完善社会主义基本经济制度，使市场在资源配置中起决定性作用，更好地发挥政府作用，把握新发展阶段，贯彻创新、协调、绿色、开放、共享的新发展理念，加快构建以国内大循环为主体、国内国际双循环相互促进的新发展格局，推动高质量发展，统筹发展和安全。第八，明确党在新时代的强军目标是建设一支听党指挥、能打胜仗、作风优良的人民军队，把人民军队建设成为世界一流军队。第九，明确中国特色大国外交要服务民族复兴、促进人类进步，推动建设新型国际关系，推动构建人类命运共同体。第十，明确全面从严治党的战略方针，提出新时代党的建设总要求，全面推进党的政治建设、思想建设、组织建设、作风建设、纪律建设，把制度建设贯穿其中，深入推进反腐败斗争，落实管党治党政治责任，以伟大自我革命引领伟大社会革命。①

---

① 《中共中央关于党的百年奋斗重大成就和历史经验的决议》，新华网，2021年11月16日。

"十四个坚持"作为新时代坚持和发展中国特色社会主义的实践方略，回答了新时代怎样坚持和发展中国特色社会主义：第一，坚持党对一切工作的领导。第二，坚持以人民为中心。第三，坚持全面深化改革。第四，坚持新发展理念。第五，坚持人民当家作主。第六，坚持全面依法治国。第七，坚持社会主义核心价值体系。第八，坚持在发展中保障和改善民生。第九，坚持人与自然和谐共生。第十，坚持总体国家安全观。第十一，坚持党对人民军队的绝对领导。第十二，坚持"一国两制"和推进祖国统一。第十三，坚持推动构建人类命运共同体。第十四，坚持全面从严治党。①

"十个明确"和"十四个坚持"既是习近平新时代中国特色社会主义思想的理论概括，又明确了实现目标任务的方法和路径，系统呈现习近平总书记既扎根马克思主义、扎根中华优秀传统文化，又面向民族复兴、面向中国式现代化、面向世界、面向未来的治国理政宏大思路，将中国智慧、中国方案、中国力量呈现在世界面前。

（三）伟大成就和百年变局

新时代10年的伟大变革，在党史、新中国史、改革开放史、社会主义发展史、中华民族发展史上具有里程碑意义。第一，创立习近平新时代中国特色社会主义思想，为新时代国家治理明确了理论指引。第二，全面加强党的领导，为新时代

---

① 习近平：《决胜全面建成小康社会 夺取新时代中国特色社会主义伟大胜利——在中国共产党第十九次全国代表大会上的报告》，新华网，2017年10月27日。

国家治理明确了领导核心。第三，强化战略部署，为新时代国家治理搭建起系统框架。第四，全面建成小康社会，为新时代国家治理明确了历史方位。第五，贯彻新发展理念推进高质量发展，为新时代国家治理奠定雄厚物质基础。第六，全面深化改革，为新时代国家治理明确了战略任务。第七，积极主动的开放战略，为新时代国家治理创造外部环境。第八，坚持走中国特色社会主义政治发展道路，为新时代国家治理夯实政治基础。第九，确立和坚持马克思主义在意识形态领域指导地位的根本制度，为新时代国家治理打造意识形态基础。第十，大力解决民生问题，为新时代国家治理回归了根本目的。第十一，生态文明建设是新时代国家治理创新的重要方向。第十二，重视安全问题是新时代国家治理的鲜明特征。第十三，推动国防现代化是新时代国家治理的重要内容。第十四，全面准确推进"一国两制"实践是新时代国家治理的重要成就。第十五，全面推进中国特色大国外交，促进新时代国家治理与全球治理相互联动。第十六，深入推进全面从严治党，有力增强了新时代国家治理的最高政治领导力量。

然而，在当前复杂的国际国内环境中，推进国家治理现代化又面临诸多新形势新挑战。

置身世界百年未有之大变局中，世界的动荡分裂增加了未来世界的不确定性，使我国推进国家治理现代化面临极其复杂的外部环境，特别是在经济安全、国防安全、意识形态安全、公共安全等重点领域治理难度显著升级。人民日益增长的美好生活需要和不平衡不充分的发展之间的矛盾成为当前中国社会主要矛盾，对推进国家治理现代化提出了更高的要求，不只是满足物质文化生活的需要，还包括对民主、法治、公平、正义、安全、环保等方面的高要求，这就要求推进国家治理现代化必须在体制机制上进行系统性重塑，从根本上、系统化解决中国发展不平衡不充分问题，不断满足人民日益增长的美好生活需要。

就此推进国家治理现代化必须全面深化改革，破除一切束缚国家发展的体制机制障碍。改革是一场自我革命，必将触动现有的利益格局，全面深化改革已进入深水区，推进国家治理现代化仍然面临一系列严峻考验。

改革越深入，整体推进和系统配套要求就越强，多目标兼顾、多利益统筹、多方案比较的要求就越高；越接近改革目标，就越要啃硬骨头，因而遇到的矛盾也会越深刻、越尖锐。习近平总书记指出："要解决我们面临的突出矛盾和问题，仅仅依靠单个领域、单个层次的改革难以奏效，必须加强顶层设计、整体谋划"。① 党的二十大报告指出："我国发展进入战略机遇和风险挑战并存、不确定难预料因素增多的时期，各种'黑天鹅''灰犀牛'事件随时可能发生。我们必须增强忧患意识，坚持底线思维，做到居安思危、未雨绸缪，准备经受风高浪急甚至惊涛骇浪的重大考验。"

---

① 习近平：《坚持历史唯物主义不断开辟当代中国马克思主义发展新境界》，《求是》2020年第2期。

小结

"九层之台，起于累土"，实现中华民族伟大复兴的中国梦，不可能一蹴而就，需要一代代人接力奋斗。中国共产党的领导可以集中全国人民的意志，可以协调各方的利益，并且一以贯之地长期坚持实行，这就是中国制度的独特优势。新中国成立70多年，一个个令世界惊叹的中国故事，证明了中国共产党领导下的国家治理探索与变革的显著优势，正因为这个优势，越来越多的传奇故事将在未来续写。

第三节　新时代国家治理的战略方向

实现现代化是近代以来全体中国人民矢志奋斗的梦想，中国共产党100多年团结带领中国人民追求民族复兴的历史，也是一部不断探索现代化道路的历史。经过数代人不懈努力，中国走出了中国式现代化道路，既基于自身国情，又借鉴各国经验；既传承历史文化，又融合现代文明；既造福中国人民，又促进世界共同发展；既是强国建设、民族复兴的康庄大道，也是中国谋求人类进步、世界大同的必由之路。中国式现代化展现了不同于西方现代化模式的新图景，不仅集中刻画了中华5000多年文明赓续的特殊规律，还在多个维度上探寻人类文明特别是发展中国家、后发展国家文明复兴的普遍真理，构建起多样文明在同一时空环境中交融互鉴的宏大格局，完成了对西方现代化逻辑和传统社会主义现代化模式的双重超越，创造了人类文明新形态。

一、中国式现代化开辟现代化新路径

现代化，作为人类文明发展与进步的显著标志，因其最早诞生于西方，西方现代化道路曾被视作通往现代化的"唯一通道"，具有广泛的"普世"价值。中国式现代化新道路是对既有现代化道路的超越，也是对改革开放之初的中国式现代化道路的守正创新，它极具中国特色又包含世界现代化共性，开辟了马克思主义中国化时代化新境界。

（一）中国式现代化的道路选择

中国式现代化道路是经历了中华民族自近代以来的无数仁人志士艰苦努力而探索出的一条正确道路，中国共产党人不断把马克思主义中国化时代化，从而实现马克思主义中国化的历史性飞跃，中国式现代化是接续推进的，中国式现代化理论是在现代化历史进程中不断丰富和发展的。

新中国成立之初，毛泽东提出了实现"四个现代化"的战略目标和"两步走"战略。这一时期，中国共产党人对现代化的探索，从以发展重工业为中心环节的工业化，到实现以先进科学技术为基础的农业现代化、工业现代化、国防现代化和科学技术现代化的"四个现代化"，并把实现"四个现代化"划分为"两步走"战略。

改革开放和社会主义现代化建设新时期，以邓小平为主要代表的中国共产党人提出"三步走"基本实现社会主义现代化的战略构想。邓小平提出："我们要实现的四个现代化，是中国式的四个现代化。""就是到本世纪末在中国建立一个小康社会，这个小康社会，叫作中国式的现代化。"

党的十八大以来，中国特色社会主义进入新时代，社会主义现代化建设进入新阶段、开启新征程。以习近平同志为主要代表的中国共产党人深刻把握时代，创造性地提出了关于中国式现代化的一系列新理念新思想新战略，确立了到2020年实现全面建成小康社会的宏伟目标，对全面建成小康社会、全面建设社会主义现代化国家作出重大战略安排。党的十九大提出了决胜全面建成小康社会，开启全面建设社会主义现代化国家新征程，把中国建设成为富强民主文明和谐美丽的社会主义现代化强国的历史任务。2021年7月1日，习近平总书记在庆祝中国共产党成立100周年大会上庄严宣告："经过全党全国各族人民持续奋斗，我们实现了第一个百年奋斗目标，在中华大地上全面建成了小康社会"。这标志着中国式现代化向前迈出了一大步，在社会主义现代化建设进程中具有里程碑意义。

党的二十大报告指出："在新中国成立特别是改革开放以来长期探索和实践基础上，经过十八大以来在理论和实践上的创新突破，我们党成功推进和拓展了中国式现代化。"党的二十大明确了新时代新征程中国共产党的中心任务，对全面建成社会主义现代化强国作出总的战略安排，确立了到2035年中国发展的总体目标。对中国式现代化的主要特征、本质要求、总体目标、战略安排，必须把握的重大原则，作出了全面系统的阐述，概括形成了中国式现代化的理论体系，这是科学社会主义的最新重大成果。

在中国特色社会主义制度基础上开拓发展的中国式现代化，打破了"现代化＝西方化"的迷思，展现了现代化的另一幅图景，拓展了发展中国家走向现代化的路径选择，为人类对更好社会制度的探索提供了中国方案。

（二）中国式现代化的中国特色

中国式现代化是中国共产党领导的社会主义现代化，既有各国现代化的共同特征，也有基于自己国情的中国特色。

第一，中国式现代化是人口规模巨大的现代化。中国14亿多人口整体迈进现代化社会，其规模超过现有发达国家人口的总和，将彻底改写现代化的世界版图，在人类历史上是一件有深远影响的大事。中国式现代化其艰巨性和复杂性前所未有，发展途径和推进方式也必然具有自己的特点。

第二，中国式现代化是全体人民共同富裕的现代化。中国特色社会主义制度的本质决定了要让全体人民都过上好日子，都有机会凭自己的能力参与现代化进程，凭自己的贡献分享国家发展的成果。当然共同富裕不是平均主义，更不是劫富济贫，这里有一个先富后富、先富带后富的问题；同时，共同富裕也是一个长期的历史过程，不可能一蹴而就。

第三，中国式现代化是物质文明和精神文明相协调的现代化。以往一些国家的现代化一个重大弊端就是物质主义过度膨胀，强大的物质基础、人的物质生活资料丰富当然是现代化的题中应有之义，但如果人只追求物质享受、没有健康的精神追求和丰富的精神生活，成为社会学家描述的那种"单向度的人"，丰富多彩的人性蜕变为单一的物质欲望，那也是人类的悲剧。中国式现代化追求的是既物质富足又精神富有，是人的全面发展。

第四，中国式现代化是人与自然和谐共生的现代化。纵观世界现代化史，工业化、城市化过程中对生态环境的破坏是一个通病。中国之前也走过不少弯路，党的十八大以后中国坚决遏制住了生态环境破坏的势头，生态环境保护发生历史性、转折性、全局性的变化。习近平总书记提出的"绿水青山就是金山银山"的理念已经深入人心，并融入国家的制度、政策和文化之中。

第五，中国式现代化是走和平发展道路的现代化。中国不走一些通过战争、殖民、掠夺等方式实现国家现代化的老路，中国高举和平、发展、合作、共赢的旗帜，这既是由中国的国家制度决定的，也是由中华文化决定的。走和平发展道路符合中国的根本利益，在坚定维护世界和平与发展中谋求自身发展，又以自身发展更好地维护世界和平与发展。

中国式现代化的五个方面特征，是对社会主义现代化理论，对马克思主义现代化理论的一个新突破，是一个新的发展，开辟了一条崭新的社会主义现代化新道路。

(三)中国式现代化的世界意义

中国式现代化是一个具有科学性、整体性、系统性的理论实践创新体系，具有鲜明的中国特色和时代特征，是马克思主义同中国具体实际相结合、同中华优秀传统文化相结合的结果，既体现了社会主义建设规律，也体现了人类社会发展规律，是科学社会主义的最新成果，是对世界现代化理论和实践的重大创新和历史性贡献。

其一，实现了对西方现代化的超越。从现代化的实现方式和过程来看，西方现代化从早期公开的明目张胆的显性侵略扩张掠夺，到后期通过资本、技术霸权和军事威胁的隐性攫取和剥削，自始至终，都具有殖民主义的掠夺性质。中国式现代化代表了人类文明进步的发展方向，从人类社会发展的历史进程上超越了以资本为中心的西方现代化，超越了以两极分化为特征的西方现代化，超越了被资本逻辑异化了的片面的以"物质主义"为中心的"单向度"西方现代化，超越了以高消耗、高排放、牺牲人类自然环境为代价的西方现代化，超越了以对外侵略扩张掠夺、具有殖民色彩和寄生性特征的西方现代化。中国式现代化破解了人口规模巨大的后发展国家实现现代化发展的世界性难题，是人类历史上前所未有的壮举，其巨大的历史性贡献是西方现代化所无法比拟的。

其二，拓展了发展中国家走向现代化的途径。中国式现代化新道路是在吸收借鉴其他现代化文明成果基础上，既遵循现代化建设一般规律，又注重"走自己的路"，核心在于符合中国实际、具有中国特色。一个国家或民族选择什么样的道路走向现代化，归根结底要看这条道路是否符合自身实际，能否解决现代化建设面临的突出问题。中国用几十年时间走完了发达国家几百年走过的工业化历程，创造了世所罕见的经济快速发展奇迹和社会长期稳定奇迹，证明了中国式现代化新道路走得对、走得通。中国式现代化新道路取得的成就，展现了世界现代化模式的多样性，拓宽了发展中国家走向现代化的途径，为世界现代化模式多元发展提供了全新选择。

其三，为推动人类文明进步贡献中国智慧。中国式现代化新道路，是走和平发展道路的现代化，既传承5000多年中华文明的和平、和睦、和谐的传统，又顺应时代潮流，把握"和平与发展"的时代主题，坚持合作共赢的理念，推动构建人类命运共同体，超越了"西方中心论"、"文明冲突论"和"国强必霸"、"零和博弈"的思维方式，充分展现了中国式现代化为解决全球性问题、促进人类文明进步作出的贡献。基于中国式现代化新道路创造人类文明新形态，推动世界各国超越制度与意识形态的隔阂，在交流互鉴中实现共同发展，为人类文明进步贡献中国智慧和中国方案。

实践充分表明，中国式现代化扎根中国大地，既切合中国实际，体现了社会主义建设规律，也体现了人类社会发展规律，为人类实现现代化提供了新的选择。中国式现代化道路越走越宽广，必将更好地发展自身、造福世界。

二、中国式现代化提升人类文明新境界

中国式现代化在开启人类现代化新篇章的同时，也以社会全面发展和人的全面发展的崭新姿态展现了人类文明发展的新内涵和新价值。习近平总书记在庆祝中国共产党成立100周年大会上指出："我们坚持和发展中国特色社会主义，推动物质文明、政治文明、精神文明、社会文明、生态文明协调发展，创造了中国式现代化新道路，创造了人类文明新形态。"这是一个具有重大世界历史意义的判断：一方面阐明了坚持和发展中国特色社会主义是人类文明发展的正途大道；另一方面宣布中国在人类文明发展上迈向了新的历史起点。

（一）人类文明新形态的文明架构

马克思曾提出人类历史的三种基本形态，从最初的基于人的依赖关系，到以物的依赖性为基础的关系，再到建立在个人全面发展基础上的自由个性。基于此，人类迄今为止经历了"前文明形态"，即原始部落状态；以物的依赖性为基础的"内在分裂的文明形态"的文明阶段，即建立在阶级社会的分裂和对抗基础之上的奴隶制文明、农奴制文明、资本主义文明，人类真正的文明形态还没有完全超出其范畴；而"人自由而全面发展的文明"是未来社会的文明形态，是摆脱了对抗性的文明。人类文明新形态内生于中国式现代化道路，是中国特色社会主义在实践探索中追求的文明形态，具有丰富的理论内涵，是对马克思世界历史理论的创新和发展。

第一，以国有经济为主导的经济基础体现的现代物质文明。与生产资料私有制的资本主义国家不同，也与苏联的生产资料公有制不同，中国特色社会主义实行的是公有制经济和非公有制经济"两个毫不动摇"的发展，运行体制采取社会主义市场经济，使市场在资源配置中起决定性作用，更好地发挥政府作用，引导资本沿着中国特色社会主义的方向运作，防止资本无序扩张。在这种经济体制下，中国只用了几十年时间，就基本赶上了资本主义发达国家用几百年时间达到的经济发展水平。这就证明，这是人类历史上迄今为止最好的最能促进生产力发展的经济模式。

第二，以人民民主专政为国体，以人民代表大会制度为政体的全过程人民民主体现的现代政治文明。建立民主体制是中国共产党自成立起就追求的目标，中国的民主是建立在绝大多数人民利益基础上的民主，是维护、保障人民不断改善福祉的民主，是维护、保障人民和平生活的民主，不是只维护资产阶级的民主，不是资产阶级民主。在国家社会政治生活各方面，实行民主选举、民主决策、民主管理、民主监督，这个全过程人民民主基本保证了国家社会经济生活的稳定发展，保证了生产力的快速进步，既是社会主义民主的新形态，也是人类社会的民主新形态。

第三，马克思主义基本原理同中华优秀传统文化相结合体现的现代精神文明。无论在任何历史阶段，对于国家发展而言，精神文明建设与物质文明建设具有同等重要地位，甚至精神文明的发展要对物质文明的发展起到一定的引领和带动作用。精神文明是贯穿在人类文明新形态中的内在力量，形成于中华上下5000多年的文明滋养，在马克思主义基本原理的指导下孕育而成，是始终坚持马克思主义指导地位、坚持中国共产党领导地位、坚持人民主体地位，对世界文化多样性给予尊重和保护，对中国的发展和世界的发展都具有重大意义。

第四，共同奋斗、共同富裕体现的现代社会文明。社会文明是贯穿在人类文明新形态中的强大凝聚力，从人类文明发展客观规律可以得出，人类社会的文明化程度与其文明进步程度是正相关的。共同富裕符合马克思对未来理想社会的描述，中国共产党坚持人民至上，把实现全体人民共同富裕视为党的重要目标和使命。只有实现共同富裕，社会的公平正义才可能真正实现，社会生产力发展的动力才可能具有无限扩大的潜力，社会稳定和谐发展的目标才可能真正实现。因此，共同奋斗、共同富裕成为新时代社会主义的社会文明，是一种新社会文明形态，完全不同于资本主义社会无限追求利润最大化的社会文明形态。

第五，人与自然和谐共生体现的现代生态文明。从提出生态文明建设到实现碳达峰、碳中和，中国正在推动着美丽中国的繁荣发展，推动着地球气候的改变。地球还是那个地球，人类的现代化活动导致地球发生了许多不利于人类生存的改变。新时代中国特色社会主义要改变这种发展观，要运用天人合一的观念治理河山。"绿水青山"观念是中国古人天人合一观念在新时代的再现,生态文明就是中国特色社会主义新时代条件下新的文明形态的突出表现形式。①

不难发现,物质文明、政治文明、精神文明、社会文明、生态文明,它们不是单个存在的,而是相互联系、相互制约、协调发展的。其中,物质文明是基础,政治文明是保证,精神文明是灵魂,社会文明是条件,生态文明是前提,从而使"人类文明新形态"成为一种内涵丰富而又协调发展的文明体系。

(二)人类文明新形态传承发展中华文明

人类文明新形态不是无源之水、无本之木,而是生发于中华文明的"文明母体",折射着中华文明的"传统智慧"。"民为邦本"的民本思想、"止于至善""天下为公"的政治理想、"协和万邦"的政治视野、"以德化人"的德治主张、"等贵贱均贫富"的平等思想、"周虽旧邦,其命维新"的改革精神、"以和为贵"的和平理念,等等。这些跨越古今的国家治理理念和文化基因,根植在中国人内心,潜移默化地影响着中国人的思想方式和行为方式。如果说,人类文明新形态是蕴含"中国特色"于其中的伟大文明创造,那么,这样的"中国特色"归根结底以中华文明的深厚底蕴为文化给养。

其一,"民为邦本"的治政思想。"民本"思想是中国古代重要的治国理政思想,源于《尚书》"民惟邦本,本固邦宁"一语,强调治国理政要畏民重民、注重民生,重视人民在国家治

---

① 张海鹏:《试论人类文明新形态》,《中国社会科学报》2021年第2315期。

理中的重要位置。中国共产党领导人民创造的人类文明新形态，始终坚持以人民为中心的价值立场，以追求和平、发展、公平、正义、民主、自由的全人类共同价值为旨归，是对"民本思想"的继承与超越。秉持以人民为中心的价值立场，人民既是人类文明新形态创造的价值主体，也是文明成果的享有主体，这种新文明形态以实现全体人民共同富裕为价值旨归，将中华文化民本主义理想转化成"人民至上"的现实。

其二，"修齐治平"的家国情怀。《大学》有云："古之欲明明德于天下者，先治其国；欲治其国者，先齐其家；欲齐其家者，先修其身。""修齐治平"即修身、齐家、治国、平天下，其强调以民族大义为念，以家国天下为重，把个人追求与社会目标统一起来，把个人命运与国家命运维系在一起。因此，注重家国同构也成了人类文明新形态的显著特征之一。在中国人民的精神谱系之中，修、齐、治、平的关系是互相依托的，家是国的基础，国是家的延伸，"修齐治平"的家国情怀就是个人对民族、国家的大爱，是对国家的无比认同，更是对"舍小家，为大家"，"有国才有家"思想的认同与升华。

其三，"协和万邦"的处世之道。中华民族自古以来就有"协和万邦"的宽广胸怀，并作为一种民族基因赓续传承。"协和万邦"所涵盖的"和平、和谐、合作"价值理念是中国文化对于人类文明的永久性价值贡献。在面临百年未有之大变局，国际局势复杂多变的形势下，"协和万邦"理念中的主动示好与寻求契合的善意，既表现出了中华民族爱好和平、珍视和平、争取和平、维护和平的优良传统，也为人类和平相处提供文化上的支撑和道义上的驱动，其经过不断的创造性转化与创新性发展也已成为构建人类命运共同体的基本遵循。当今世界正处在一个挑战层出不穷、风险日益增多的时代，面对变乱频仍的世界形势，人类社会发展历史已经无数次证明，只有通过"各美其美"、"美人之美"实现"美美与共"、"天下大同"，才能更好地推动人类文明创造性发展。

中华文明、中华优秀传统文化是中国式现代化道路和人类文明新形态得以创造的原生性文化基因，这一文化基因、文化根脉、文化沃土、文化信仰恰恰赋予了中华文明特殊的经济结构、政治结构、社会结构、文化结构和治理结构，从而与中国特色社会主义的精神气质实现了历史与时代的创造性耦合。

（三）人类文明新形态对西方工业文明的超越

近代以来，西方国家率先实现从传统农业文明向现代工业文明的过渡，推动人类社会进入了工业化、现代化的文明阶段。有种观点认为，资本主义文明是"人类文明的终极形态"。然而，历史证明，中国共产党团结带领人民开辟了一条不同于西方资本主义的现代化道路，创造了具有"社会主义性质"与"人类性"有机融合的人类文明新形态，实现了对西方文明形态的反思与超越，彰显了人类文明的多样性。

第一，以全过程人民民主实现了对西式民主的超越。西式民主以"自由、平等"为标榜，而民主权利仍然掌握在少数资产阶级政客手里，人民群众并不能直接和真正参与国家治理。

作为捍卫人民利益的政治文明新形态的表现形式，中国的全过程人民民主是民主选举、民主协商、民主决策、民主管理、民主监督各个环节紧密联系、相互贯通的全链条民主，真正实现了国家权力属于人民，彰显了中国特色社会主义民主政治优势，对只维护精英阶层和资本的利益，而把广大民众边缘化的西式民主进行了超越，生动地擘画了人类政治文明形态的新图景。

第二，以共同富裕实现了对劳动异化、人的异化的超越。被资本逻辑控制和主导的西方资本主义在走向现代化中，采取各种手段压迫工人阶级来实现资本的积累和增殖，但绝大多数财富被少数人占有，工人阶级的生活状况不仅没有改变，而且还陷入劳动异化、人的异化的深渊之中。中国共产党创造的人类文明新形态，完整、准确、全面贯彻新发展理念，不是以经济总量为现代化发展的唯一衡量标准，而是以满足人民日益增长的美好生活需要为目的，以实现全体人民共同富裕为最终目标，极大地破除了资本主义社会中"工人阶级作为物质文明创造者却不是享有者"的文明悖论，使人民群众真正成为自己经济关系的主人。

第三，以人民精神世界的丰富实现了对价值观迷失的超越。资本逻辑下单纯追求人与人的物化关系和资本增殖的发展模式，忽视了人的精神需要，不可避免地造成物质文明与精神文明的失衡，精神层面往往会出现道德滑坡、价值观迷茫，以及缺乏对自身的肯定等问题。与此相反，中国共产党始终坚持中国特色社会主义文化发展道路，坚持马克思主义在意识形态领域指导地位，推动中华优秀传统文化创造性转化创新性发展，致力于实现物质文明和精神文明的协调发展，为人的全面发展创造充分条件。

第四，以社会安定有序实现对社会动荡的超越。资本主义的寡头政治和经济的逐利性，决定了资本主义社会是为特权阶层谋利益，不仅导致两极分化严重、周期性经济危机频发、失业人数激增等社会问题，还导致社会深层次矛盾持续累积，影响社会稳定。在"两个一百年"历史交汇之际，中国共产党经过接续奋斗，在中华大地上全面建成了小康社会，历史性地解决绝对贫困问题，创造和发展了人民安居乐业、社会安定有序的良好局面，为人类文明新形态提供了现实依据。

第五，以人与自然和谐共生实现了对人与自然、生产和生态相对立的超越。西方现代化采取"先污染后治理"的方式对自然资源进行大肆攫取和极端破坏，企图在征服自然界中确证人的价值，但因违背自然发展规律，致使人与自然关系对立、生产和生态对立，不仅使自身付出巨大的环境代价，还给全球带来至今难以消除的生态危机。相反，中国共产党人尊重自然、顺应自然、保护自然，站在人与自然和谐共生的高度谋划发展，逐步走出了一条人与自然关系和谐、人类全面发展的文明之路。

中国共产党带领中国人民创造的人类文明新形态宣示了一种新的世界文明理念和追求：尊重世界文明多样性，尊重各国自主选择的发展道路和模式，以文明交流超越文明隔阂、文明互鉴超越文明冲突、文明共存超越文明优越，努力让世界多样性成为人类文明多姿多彩的天然形态。

（四）创造人类文明新形态的世界意义

人类文明新形态作为一种全新的人类文明观，始终致力于满足人民对美好生活的向往，致力于实现人与自然的和谐共生，致力于营造共商、共建、共享、共赢的国际环境。鉴于此，人类文明新形态既符合新时代中国特色社会主义的本质要求，又站在世界的制高点，科学回答世界之问、时代之问、历史之问，具有深远的现实意义和世界意义。

为世界文明的融合、创造与新生注入了新的力量。社会生产方式的创新和生产力的提升加快了社会变革的步伐，催生了特定时期的人类文明形态，并使之成为推动人类社会持续进步的创造性力量。中国共产党团结带领人民成功地开创了中国式现代化道路，推动形成人类文明新形态，这一动态过程符合世界现代化发展的客观规律，实现了对西方现代化模式的超越。人类文明新形态的形成，充分印证了坚持和发展中国特色社会主义的历史必然性，为更多国家特别是发展中国家向现代化迈进、形成崭新的文明成果提供了路径选择，使更多人类智慧的结晶以多元化的载体和形式呈现给世界。

塑造世界文明新格局。人类文明新形态的提出是人类文明发展进程中的重大事件、重要里程碑，标志着世界社会主义在历经艰难曲折后开始走向辉煌。人类文明新形态中所蕴含的以人民为中心的发展思想和开放包容的价值理念，顺应了和平、发展、合作、共赢的时代潮流和世界大势，契合世界人民的共同利益。长期以来，中国坚持走自己的和平发展道路，走出了"两极分化、阶级对立"的文明困境，破解了"扩张掠夺、国强必霸"的文明陷阱，拓展了发展中国家走向现代化的途径，给世界上那些既希望加快发展又希望保持自身独立性的国家和民族提供了新的路径和中国方案。

为构建人类命运共同体贡献中国智慧。当今世界，各国相互联系、相互依存的程度空前加深，人类生活在同一个地球村，生活在历史和现实交汇的同一个时空，越来越成为你中有我、我中有你的命运共同体。人类文明新形态强调中华文明对世界文明的伟大贡献，以广阔的世界胸怀把中华文明与世界文明联系起来，将中国的发展置于世界场域，以科学的思维方式把马克思主义与当代文明实践联系起来，为构建人类命运共同体提供了理论支撑；倡导和平、发展、公平、正义、民主、自由的全人类共同价值，以合理的价值规范找到了世界各国利益关切的最大公约数，为构建人类命运共同体奠定了价值基础；着眼世界大局和人类文明发展未来，以深刻的文明关切将各国利益提升为世界整体利益，为构建人类命运共同体指明了前进方向；强调世界各国在人类文明发展中积极作为，以科学的实践主张明确了人类命运共同体的基本内容，为构建人类命运共同体提出了具体要求。人类文明新形态蕴含的文明主张、体现的文明情怀、产生的文明影响，对于人类命运共同体的构建具有重要推动作用，为构建人类命运共同体贡献了中国智慧。

小结

中国式现代化开辟了发展中国家走向现代化的新路径，打破了只有西方资本主义道路才能实现现代化的神话，也用事实宣告了"历史终结论"的破产，宣告了各国最终都要以西方制度模式为归宿的单线式历史观的破产，它在让古老中华文明再度焕发青春的同时，也在积极回答时代之问中创造着人类文明新形态。人类文明新形态的创造，意味着经济文化落后的国家完全能够独立走出适合本国发展的现代化道路，创造具有民族特色的现代性文明。中国特色社会主义创造人类文明新形态，为其他民族国家提供了依托自身文明基因，实现古老文明现代化创造和转化的现实例证。各民族国家只有植根本民族的文明基因，才能在现代化社会的滋养下增强赓续自身优秀文明传统的自信，绽放出独特的文明色彩。

第四节　数字治理与人类命运

从历史的长镜头来看，中国发展是属于全人类进步的伟大事业。当前世界之变、时代之变、历史之变正以前所未有的方式展开，世界进入新的动荡变革期，全球治理赤字愈益加重。

中国正阔步走在中国特色社会主义的道路上，系统思考和探索面向中国式现代化、面向数字时代、面向人类命运共同体的国家治理，中国的国家治理为助力全球治理创造了条件、准备了资源、积累了经验。数字时代的到来，使世界日益成为一个数据联通、命运相通的共同体，中国作为负责任的大国，正通过加快国家治理体系和治理能力的现代化建设、倡导和弘扬全人类共同价值、推动共建人类命运共同体、高质量共建"一带一路"，积极参与和促进全球治理体系改革和建设，不断为破解全球治理赤字贡献中国智慧和中国力量。

一、面向数字时代的国家治理

（一）数字中国推进中国式现代化

2023年，中共中央、国务院印发了《数字中国建设整体布局规划》（以下简称《规划》）。《规划》指出，建设数字中国是数字时代推进中国式现代化的重要引擎，是构筑国家竞争新优势的有力支撑。加快数字中国建设，对全面建设社会主义现代化国家、全面推进中华民族伟大复兴具有重要意义和深远影响。

《规划》强调，要坚持以习近平新时代中国特色社会主义思想特别是习近平总书记关于网络强国的重要思想为指导，深入贯彻党的二十大精神，坚持稳中求进工作总基调，完整、准确、全面贯彻新发展理念，加快构建新发展格局，着力推动高质量发展，统筹发展和安全，强化系统观念和底线思维，加强整体布局，按照夯实基础、赋能全局、强化能力、优化环境的战略路径，全面提升数字中国建设的整体性、系统性、协同性，促进数字经济和实体经济深度融合，以数字化驱动生产生活和治理方式变革，为以中国式现代化全面推进中华民族伟大复兴注入强大动力。

《规划》提出，到2025年，基本形成横向打通、纵向贯通、协调有力的一体化推进格局，数字中国建设取得重要进展。数字基础设施高效联通，数据资源规模和质量加快提升，数据要素价值有效释放，数字经济发展质量效益大幅增强，政务数字化智能化水平明显提升，数字文化建设跃上新台阶，数字社会精准化普惠化便捷化取得显著成效，数字生态文明建设取得积极进展，数字技术创新实现重大突破，应用创新全球领先，数字安全保障能力全面提升，数字治理体系更加完善，数字领域国际合作打开新局面。到2035年，数字化发展水平进入世界前列，数字中国建设取得重大成就。数字中国建设体系化布局更加科学完备，经济、政治、文化、社会、生态文明建设各领域数字化发展更加协调充分，有力支撑全面建设社会主义现代化国家。①

（二）"数字中国"构建"数字世界"

数字化正在改变我们的生活及理解世界的方式，成为新生产力和新文明的源泉，任何国家如果不跟上数字化革命的步

---

① 《中共中央 国务院印发〈数字中国建设整体布局规划〉》，新华网，2023年2月27日。

伐,都将被远远地甩在后面且被动挨打。"数字中国"建设实际上是中国在现代化建设过程中对世界数字化革命的回应,所以,数字世界的到来是"数字中国"提出的时代大背景。

包罗万象的物理世界,归纳起来不外乎"人、事、物"三个维度。互联网、移动互联网解决了"事"的数字化、可视化、扁平化、透明化,只有"人、事、物"三个维度都实现了数字化,真正的数字世界才会诞生,物理世界与数字世界才能融合。

数字公民实现"人"的数字化。无论时代如何变迁社会如何变革,身处物理世界还是数字世界,"人"始终都是核心和基础,也是治理的目的和意义所在。"数字公民"是公民责、权、利的数字化呈现,是构成公民个体的重要组成部分。首先,"数字公民"使得人在数字世界中的身份可识别、可认证,人的行为轨迹变得可追溯,对人的监管更加便利化、系统化,也必然会使得社会成员更加自律地规范自身的行为,从而构建社会诚信体系。其次,运用大数据感知公民的痛点、难点、热点、焦点,从而主动提供个性化的服务,直击百姓内心深处的获得感和幸福感,进而倒逼政府优化流程、完善服务资源配置。最后,构建由大数据等信息技术推动的自下而上的公共服务创新体系,实现从政府单一主体的管理模式,走向多元主体的协同治理。因此,在国家治理主体、职能、范围、方法都亟待改革的当下,"数字公民"上承国家战略、下启社会治理,是国家治理的一把"金钥匙"。①

数字货币体现"物"的数字化。数字化的发展催生了数字货币的诞生，数字货币的信息携带功能使得交易关系不必以黄金或国家债务为载体就能被记录，真正体现出货币作为交易媒介的本质。数字货币将成为经济活动的天然的数据采集器，具有完整性、实时性、精确性、可信性等巨大优势，可以针对问题立刻判断，立刻定位，立刻分析，立刻予以干预。通过对数字货币编程，将经济治理的规则和政策转化为代码，这样一来，法律和政策的颁布就变成了代码的部署过程，法律的执行，就变成了代码自动化执行的过程。中央政府的政策，可绕过一切中间环节，直达基层原子场景，其执行力度之强、效率之高、规则之严格、对现有模式冲击之剧烈，是史无前例的。因此，数字货币是前所未有的政府对经济实施数字化治理的强大工具，数字货币的来临，意味着货币与金融的运行方式和国家治理正迎来一场革命。②

智能合约规范"事"的数字化。在物理世界中，人们运用契约这种经济和法律手段来约束自身及相对方的行为，以确保每个社会成员合理的利益关系的实现。从这个角度来说，在人类社会的普遍交往过程中所产生的"事"，都可以归纳为若干的契约性质的交往。智能合约旨在以数字方式促进，验证或强制

---

① 王晶：《提案选登"数字公民"创新，助推国家治理现代化》，人民网，2017年3月8日。

② 贾晋京、刘玉书：《数字人民币将带来什么影响？》，新华社，2020年9月9日。

执行合同的谈判或履行。智能合约可以在没有第三方的情况下进行可靠的交易，这些交易是可追踪且不可逆的，当触发条件满足预定义的规则时，协议将自动执行，通过可信执行环境的输出来验证和确认执行结果。智能合约技术能够采用自动化的流程，可减少人为参与，优势在于节省时间降低成本，且难以篡改，提高效率并降低人为参与造成的错误，使契约的实现都合于规则、合于正义、合于人的需求、合于社会利益。建立政务服务、城市管理、应急保障的治理体系，提升治理效能。

（三）数字中国助推国家治理

数字时代所带来的不仅是物质的、技术的和工具的变革，还是政治的、社会的和经济的。正如习近平总书记所指出的，数字信息技术的日新月异不仅"引领了社会生产新变革，创造了人类生活新空间"，而且还"拓展了国家治理新领域"，带来了国家治理体系和治理能力的变革与重塑。[①]

国家治理是一个永恒的话题，每个时期都有与之相适应的治理模式，作为新时代国家治理的引擎和抓手——"数字中国"所承载的，既不仅仅是以科学技术为代表的生产力的发展，也不仅仅是以数字化为手段的治理技术，更深层次的是通过数字治理推动的生产关系变革，以数字化驱动国家治理体系和治理能力现代化。

"数字中国"以多元协同推进国家治理共治化。推进国家治

---

① 鲍静、贾开：《习近平新时代信息化建设重要思想研究与阐释》，《中国行政管理》2018年第4期。

理体系和治理能力现代化,意味着以政府为单一主体的传统社会管理模式向多元主体治理模式转变,社会的各个主体都能够通过共享数据信息,不受时间和空间限制参与国家治理的全过程,使多元共治成为可能。

"数字中国"以高效精准推进国家治理科学化。在数字治理的环境下,政策制定者运用大数据、人工智能等信息化手段,更加精准有效地掌握事物发展态势,迅速作出精准决策,并根据相关数据的实时动态变化对决策进行适时调整和研判,有效避免了传统管理型政府根据领导者个人意志和经验进行决策的现象。

"数字中国"以公开透明的方式推进国家治理廉洁化。在数字治理的环境下,政府将决策、执行、管理、服务的全过程和各环节信息通过网络平台向全社会公开,同时能够减少人为的干预,通过数据监督、过程监督、事后监督,实现廉洁政府的主体多元化、过程复合化、方法法治化、手段多样化的要求,真正实现"让权力在阳光下运行"。

"数字中国"以全民参与推进国家治理民主化。数字治理为全民参与公共事务管理和政府治理的民主化创造了有利条件。通过网络连接千家万户,使得治理信息双向交流、政府民众互动成为可能,各地政府也积极通过数字网络推进全过程人民民主,并不断拓展公众参与公共事务管理的广度和深度。

如果说传统信息技术汇聚的数据构成的数字可视化(BI)像煤油灯一般让数据微弱可视,那么基于人工智能(AI)治理的 BI 则像一座巨大的发电厂，可以实现大规模、多场景、多样态的数据可视化，是一个结构化的、全面的、真实的、动态的系统，以更多范畴、维度和层次的审视来揭示国家治理生态系统及其生态环境。

（四）数字中国将带领治理走向"无为而治"

"无为而治"是中国古代国家治理的高境界，其所追求的是通过规范化的制度建构，促进国家治理效能的最大化实现。"道、法、术、器"出自老子的《道德经》，是中国传统文化中道家所强调的四个层面。所谓"道"即万物变迁循环中亘古不变的规律，是灵魂，是方向；"法"是在探求"道"的过程中经过实践思考、归纳总结出的规则体系和方法原则，是目标，是边界；"术"是在规则体系指导下的具体操作技术，是方法，是路径；"器"是我们常说的"工欲善其事，必先利其器"，是工具，是利器。简而言之就是，走正确的路、做正确的事、做成正确的事，以及成为正确的样板。

数字化转型的"道"——走正确的路。数字时代的治理不仅是单纯的数字技术或数字经济，其价值还集中体现在解决国家治理的需求上，从顶层设计出发重塑治理体系，在此基础上让数字化创新在国家治理活动中得到充分应用，实现治理能力提升，从而更好地解决"人民日益增长的美好生活需要和不平衡不充分的发展之间的矛盾"。在未来以数字化为主要特征的时代背景下，数字治理体系和治理能力现代化是国家治理体系和治理能力现代化的应有之义和核心动力。通过思想创新、理念创新、模式创新、机制创新、技术创新，数字中国已成为国家治理体系和治理能力现代化的新引擎、新抓手，数字治理不是数字技术与政府机构的简单嫁接，而首先是治理哲学、治理理念的对接与融合，最终形成治理哲学、体制、机制与技术的数字治理统一体。数字治理在与数字世界共同发展过程中将发展出自我完善的动力与能力，体现出对"善治"的要求，这也是国家治理的大道所在。

数字化转型的"法"——做正确的事。数字化使得国家治理生态环境朝向开放式、平台式、合作式生态系统演进。无论是政府、企业、社会组织还是公民个人，要想共享数字化成果、维护自身的合法权益、追求经济和社会效益最大化，以及谋求更好的生存和发展，都要逐步适应这种构筑在双重时空之中且同步开展活动的治理生态规模及作为物理实在镜像和补充的虚拟实在造就的新的生产和生活方式，并需作为积极有为的治理主体参与到国家治理数字化建设的竞争博弈和合作治理中去。在反映自身诉求、保护自身权益、追求自身利益、承担应尽义务和履行相互制约责任的同时，也利用公共资源、实现公共利益、保护公平正义、享受公共服务、分担责任风险，为提升国家治理实力及维护国家治理活动和事务的工作良性运行和健康发展贡献力量。

数字化转型的"术"——做成正确的事。伴随人工智能时代的到来，以数据和算法为核心的人工智能开启了社会治理创新的新征程。人工智能不仅可以自动整合海量需求信息和智能筛选有效需求信息，而且还可以精准识别并高效回应民众需求。将智能技术嵌入公共决策，能够实现对数据资源的智能筛选和归并处理，精准捕获并快速实现决策问题，科学确立公共决策目标，并对决策程序、内容和执行展开实时监控，不断推动公共决策智能化。智能系统通过设定算法程序，模拟执行场景，试验决策方案，评估决策效果，从而推出较优的决策方案。基于智能技术的公共决策监控系统不仅能够对决策内容进行智能审查，确保公共决策的合法性。利用数字与智能技术提高治理效率、破解治理瓶颈、化解治理困局，是大势所趋，势在必行。

　　数字化转型的"器"——成为正确的样板。随着数字时代的到来，原来的物理"围墙"逐渐被虚拟空间击碎；原来生物形态的身体、行为、言语，原来物理形态的财物、流转及其关系等，逐渐增添了一种"无形流动"的数字形态。作为数字化转型的"器"，算法、数据和平台成为数字时代社会运转的"三驾马车"，也是数字化转型中的"大国重器"。从生产意义上说，算法不仅是收集处理数据、挖掘数据价值的生产工具，还是人工智能时代平台的架构和运行方式；海量数据资源为算法运行和提升精确度提供物料基础；平台是支撑算法挖掘、生产、加工、分配数据资源和价值的动态组织系统。换言之，"算法、数据、平台"治理必须是一个系统治理和协同治理过程，需要建立在对现实的行与知的基础之上，方可为国家治理体系和治理能力现代化提供支撑。

　　"数字中国"是数字时代的"新文艺复兴"。面向数字世界和人类未来,"数字中国"开创出"连接、和合、共生、共创、共享"的全新文明格局。数字化将改变全人类的思维方式,重塑人的思想和心性,同时也重构人类社会生活的新空间、新秩序,而未来的思想解放在物理空间与数字空间的双重作用下,必定会更猛烈、更深刻、更彻底。①

几千年来,人类在赖以生存的物理世界的治理实践中,积累了无数丰富而宝贵的经验。"数字中国"正是站在前人的肩膀上,真正意义上把这些思想智慧和实践经验,以数字化方式定义的新时代中国特色社会主义国家治理模式。以此观之,"数字中国"作为中国国家治理体系和治理能力现代化的伟大实践,可以成为全球数字治理的一块试验田,并推而广之携手全人类共同构建未来数字世界,最终实现人类命运的"无为而治"。

二、走向人类命运共同体的国家治理

一部世界历史,也是价值观交锋和交融的历史。从中国的老子、孔子,古希腊的柏拉图、亚里士多德,到近代的康德、黑格尔乃至马克思、恩格斯都曾经从不同角度论述过人类社会的"共同体"问题。从"天下大同"到"人类命运共同体",从感知世界、认知世界,到融入世界,中国既是当今国际体系的参与者,也是其积极的建设者与贡献者。构建人类命运共同体既是中华民族传承创新数千年文化智慧的重要理论成果,也是

---

① 王晶:《"数字中国"助推国家治理现代化》,《学习时报》2019年11月22日。

"为人类作出新的更大贡献"这一历史使命的新时代宣言。①

（一）从感知世界到认知世界

以数千年大历史观之，自古以来，中华民族就以"天下大同""协和万邦"的宽广胸怀，自信而又大度地开展同各民族交往和文化交流，谱写了"万里驼铃万里波"的浩浩丝路长歌，创造了"万国衣冠会长安"的盛唐气象，以"开眼看世界"的目光感知世界、认知世界。

秦汉是中国历史上对外开放的奠基时期，大一统王朝的建立使国家在对外开放中的角色日益凸显，并逐渐成为主导力量，特别是西汉时期开辟的"陆上丝绸之路"，是连接古代亚洲、非洲和欧洲的大动脉，推动了沿线国家贸易发展，推动了东西方政治、文化、经济交流，在人类历史上产生了广泛而深远的影响；②魏晋南北朝是中国历史上对外开放的发展时期，各政权在对外开放上积极主动，民间交往则更趋活跃；隋唐是中国历史上对外开放的高潮时期，中国与域外交流的频繁成为这一时期对外开放的显著特征，特别是通过"海上丝绸之路"与东亚、东南亚、西亚、欧洲的政治、经济、文化交往繁盛；宋元是中国历史上对外开放的发展繁荣时期，这一时期对外开放的重心逐渐从陆路转向海洋，元代的大一统打通了陆上丝绸之路和海上丝绸之路；明清是中国历史上对外开放的持续发展与转折

---

① 秦树景：《从天下大同到人类命运共同体》，人民网，2018年11月14日。
② 南京市社会主义学院课题组：《人类命运共同体："天下"文明的高级形态——从明代"郑和下西洋"到新时代"一带一路"国际合作》，《广东省社会主义学院学报》2021年第2期。

时期，对外开放的领域和规模一度空前扩大，但政策却趋向保守，明代航海家郑和率领庞大船队七下西洋，沿中国东海、南海而下，远航亚非30多个国家和地区，开创了横渡印度洋的新航线，铸就了世界航海史上的一个新奇迹。遗憾的是，这样的局面没有长久延续，周边国家的变化与世界格局的转换，封建专制体制的固化、腐化与僵化，使对外开放渐渐步履蹒跚。清朝进入了较为严厉的闭关时期，直至1840年鸦片战争爆发，列强用坚船利炮打开了古老中国的大门。①

"开眼看世界"是近代国人主动参与的一次国际传播活动，新的世界概念得以被重新建构，晚清知识分子的思想在某种程度上也得到了启蒙和解放，开始走出中国中心的观念，以一种胸怀世界的国际意识参与到感知、认知世界的进程中去。在拥有国际意识的前提下，各类西学东渐、各种改良维新才有了实际推动力。因此，"开眼看世界"的思想意义不仅在于它是鸦片战争刺激下部分士大夫所拥有的一种政治眼光，还是重新开启中国认识世界和对外交流的新起点。当我们以今天的眼光和全球化的时代背景再去谈论"开眼看世界"行为时，它无疑是具有划时代思想解放意义的。

（二）从参与世界经济活动到贡献中国智慧

新中国成立初期，中国以谨慎态度参与全球治理，对国际事务的参与广度与深度都十分有限。究其原因：一是外部严

---

① 卜宪群、梁仁志：《从中国历史看对外开放》，《红旗文稿》2020年第7期。

峻的国际形势阻碍中国对全球治理的参与。二是国内战后经济凋零、百废待兴的内部实际致使中国全面参与全球治理受到限制，有心而无力，被排除在世界经济治理的体系之外。在此背景下，中国进行全球治理的目标局限在"巩固社会主义阵营，对抗西方国家孤立封锁，加强第三世界的联系，以维护自身利益，实现自身发展"层面，采取"排斥、抵制、选择性参与"的全球治理策略。

20世纪60年代中后期至80年代，国际格局和国际形势发生重大变化。在政治方面，中美关系的改善为中国全面参与全球治理清除了一大障碍。在经济方面，1973年一场席卷发达资本主义国家的经济危机直接导致了布雷顿森林体系的瓦解，全球经济治理体系迎来重大调整。1971年10月25日，恢复在联合国的合法席位为中国全面参与全球治理提供了重要平台。作为联合国安理会常任理事国，这一时期中国在维护国际和地区和平与安全、加强国际交流与合作方面发挥了重要作用。在全球经济治理方面，20世纪80年代初，中国先后恢复在世界银行、国际货币基金组织等重要国际经济机构的合法席位，并在推动改革现有的国际经济秩序、提升广大发展中国家在全球经济治理中的地位和话语权、建立公平公正的全球经济治理体系方面作出重要贡献。尤其是随着中国改革开放进程的不断深入和自身综合国力的不断提升，中国在全球经济治理领域的国际影响力明显增强。

国际格局在20世纪80年代末、90年代初发生激烈变化，苏联解体、东欧剧变导致持续近半个世纪的冷战宣告结束，两极格局也正式解体，国际格局进入了漫长而曲折的转换期。与此同时，改革开放以来中国综合国力迅速提升，参与全球治理的范围、规模达到前所未有的水平，在全球治理中的话语权也得到快速提升。在全球政治安全治理体系中，中国积极承担其作为联合国安理会常任理事国的大国责任，无论是地区热点问题的解决，还是在应对霸权主义、强权政治等传统安全威胁，或是应对恐怖主义、减少贫困、气候变化等非传统安全威胁方面都发挥了重要作用；在全球经济治理体系中，中国成为地区和国际经济增长的重要引擎。在全球层面，中国于2001年正式加入世界贸易组织。在区域层面，中国以自身的发展积极辐射、带动周边地区共同发展，展现了负责任大国的形象；中国在减少贫困、气候变化、环境保护、国际人权保护等发展议题上发挥了显著作用，成为中国参与全球治理规则制定、改革全球治理体系最重要的舞台之一。

进入21世纪，中国对全球治理的态度由审慎参与转变为积极参与，特别是2012年后，随着世界力量对比的变化和中国经济的崛起，中国以负责任的大国姿态通过主场外交的形式主动塑造全球治理平台，为世界提供了共建"一带一路"、亚洲基础设施投资银行、中国国际进口博览会等一系列促进和平与发展的全球公共品，其中最重要的便是人类命运共同体的理论与实践。

（三）推动全球治理和人类命运共同体

人类正处于百年未有之大变局中，各种风险与挑战的叠加加剧了世界格局走向复杂之势，人类社会面临前所未有的挑战，这就需要一个能够得到国际普遍认可，能够维护世界和平与发展的科学方案，为世界寻谋一条具有可持续性、包容性的能够实现合作共赢的发展方案，人类命运共同体正是实现全球共赢发展的唯一选择。

人类命运共同体是构建世界发展整体性的战略布局。世界越来越成为你中有我、我中有你的命运共同体，人类发展所面临的问题与挑战需要全人类去共同面对，只有同舟共济、守望相助，才能为人类更好地发展探寻出路。人类命运共同体以整体思维谋篇布局，高屋建瓴地把握和分析国内发展与国际发展的关系和趋势，关注人类社会的发展变化态势、科学把握发展态势背后所暗藏的发展规律，有效地提出具有针对性和时效性的实践举措，以解决在新发展环境下产生的新问题、新挑战。这一新的国际秩序不是关注某一阶级、某一国家的发展利益，也不是实现相对的合法与正义，而是强调为全体人类共谋美好出路、共创美好未来的崇高理念，它是突破阶级、突破地域、突破民族的局限，站在人类前途命运的高度，为世界发展给出的具有时代价值的中国方案。

人类命运共同体是完善全球治理法制性的正义弘扬。霸权国家凭借政治、经济、军事等优势，强硬制定国际法规与准则，使其能够在以符合霸权国家利益的规则下对其他发展中国家进行"合法"掠夺，以掩盖霸权国家的"侵略"本质。在这种国际环境下，所谓公平正义都是霸权国家所营造出来的虚幻假象，其内在实质还是资本逻辑主导的资本运行方式。中国倡导的人类命运共同体正是响应了国际社会对公平正义的呼唤，是摒弃旧的国际秩序中不合理的部分以构建具有法治正义性的国际秩序的价值选择，顺应了和平与发展的时代大潮，也彰显了公平正义的价值诉求。

人类命运共同体是推动人类社会应然性的实然选择。每个国家都在努力探寻能够实现本国社会经济快速度高质量发展的途径，全人类都向往能够生活在和平安定美好的世界家园中，这是对"应然"的追求。而在当前"实然"的国际社会中，仍然存在许多不公平不正义的现象，政治霸权、贸易保护、零和博弈、冷战思维等破坏"应然"世界建构的各种不利因素总是挥之不去，恐怖主义、民族主义、分裂主义等威胁人民生命安全、破坏世界和平稳定的安全隐患无法得到有效解决。因此，构建人类命运共同体正是为世界指明一条科学合理的发展道路，这是一种对人类未来社会理想构建的现实选择。

人类命运共同体是彰显协同发展公共性的价值共享。与以资本逻辑为核心的资本主义具有扩张性、侵略性、排他性的发展道路不同，人类命运共同体更体现了共商、共建、共享的公共性价值选择。这也充分证明了中国始终走不对外扩张的和平发展道路，人类命运共同体蕴含着较强的包容性与合作性，是世界共同的思想财富。构建人类命运共同体既不是靠"我"，也不是靠"他"，而是靠"我们"，这是发展主体的公共性，其目的在于促进共同发展、维护共同利益，建设安全稳定、发展繁荣的共同家园。在共同体中，人们守望相助、休戚与共，凝心聚力地解决在人类发展中出现的种种不稳定、不安全的问题，是对马克思主义共同体理论的新时代发展与创新。

人类命运共同体是促进社会发展科学性的文明场域。实现社会的发展，推动人类文明的进步是人们实践的目的，追求社会客体发展的同时也需要关注人们主体的价值诉求，只有符合人们对美好生活的期望、促进人的全面发展的社会发展状态才是真正的、完整的社会发展。人类命运共同体正是为解决当前国际社会发展中存在的诸多全球性难题而提出的具有国际性、建设性、长远性的合作方案，是一种旨在构建新型国际合作关系，打造共赢的世界合作平台，是中国在更高层次、更广领域、更深程度融汇于全球经济体系、政治体系、话语体系、治理体系的重要战略方案，是中国在不断地加强国际话语权，积极务实参与国际事务中，以不断提高国际战略地位的重要行动方案，在人类命运共同体中，各个参与国都可以搭乘世界发展的顺风车，每个参与国都会在其中实现科学性的社会发展。

构建人类命运共同体是世界各国人民的前途所在。万物并育而不相害，道并行而不相悖。只有各国行天下之大道，和睦相处、合作共赢，繁荣才能持久，安全才有保障。人类是一个整体，地球是一个家园。任何人、任何国家都无法独善其身。构建人类命运共同体理念回应了各国人民求和平、谋发展、促合作的普遍诉求，指明了不同国家、不同民族、不同文明的共同奋斗方向。面对复杂严峻的全球性挑战，越来越多的国家意识到，世界命运应由各国共同掌握，国际规则应由各国共同书写，全球事务应由各国共同治理，发展成果应由各国共同分享。无论前途是晴是雨，携手合作、互利共赢都是唯一正确选择，和衷共济、和合共生都是唯一出路。

小结

"道阻且长，行则将至；行而不辍，未来可期。"促进世界和平与发展，推动构建人类命运共同体，回应了国际社会对中国的关切，明确宣示了中国继续高举和平、发展、合作、共赢旗帜，矢志不渝走和平发展道路的坚定决心和能力，彰显了中国共产党为人类谋进步、为世界谋大同的宽阔胸襟，也体现了开放中国的责任担当、智慧中国的守正创新、文明中国的天下情怀。

后 记

世界之变、时代之变、历史之变，前所未有，方兴未艾。此时此刻，在这本《人类命运：制度治理》的撰写即将收官之际，回眸细数创作过程，仿佛穿越时光、千回百转，一路走来那些内心深处反复的追问，似乎在此刻都有了答案。

为什么要写书？于我而言，写书最大的意义在于：帮助自己也帮助人们在这个浮躁迷茫的时代里、纷繁复杂局势中、动荡不安的世界中，透过现象看本质，把时段化、碎片化、片段化、表象化的历史见闻通过体系化逻辑的构建，引导人们看清过去、当下和未来，也希望人们从书中洞悉人类世界发展逻辑和规律的真相，找到人类走向光明之"道"的源头。每一本书的创作都需要经历对写作初衷的反复灵魂拷问、思维框架的搭建、底层逻辑的确定、核心观点的凝练、持续创作的坚持、大量知识的筛选，等等。最终当一本书完全创作打磨完成的时候，我对自己写作的这个领域的认知也有了深化与升华，进而得到一个质的飞跃。

为什么持续写书？完成我的处女作《人类命运：治理简史》写作后，我仍未停止思考如何把人类社会兴衰的底层逻辑和深层原因真正地写实、写深、写透。随着认知的升维迭代、思路的跨界延展、视野的开拓升级，我更加全面和透彻地看待问题，从而更深入地理解事物的本质。由此，创作的激情便无法遏制。从早期的城邦到自然国家，从主权国家再到未来的后国家时代及最终的人类的全球国家形态，国家形态的变化是一个始终不断演进的历史过程，其实质就是为了实现人类社会的有效治理。"治理"实际包含"治国"与"理政"两个向度，过去人们常聚焦在理政，而我认为无治国则无理政，制度才是导致种种社会变迁和演进、国家兴盛与衰亡、人类命运动荡与起伏的深层次原因。正如诺贝尔经济学奖得主道格拉斯·诺思所言：制度变迁是理解历史变迁的关键。从世界历史来看，人类社会不断发展和进步的驱动力，在很大程度上来自制度的优势，而且制度的优势并非永恒，旧的制度会不断被新的制度所取代，如何保持制度的优越性，这才是人类社会不断前进的基础和动力。因此，透过制度变迁来理解历史变迁，是透彻理解人类治理和人类命运的最佳视角。

历史是一面镜子，它照亮现实，也照亮未来。历史见证了人类在社会分裂与融合、动荡与稳定、衰退与复兴的激烈较量中探寻前行的方向，更见证了人类文明变迁、制度变迁与命运兴衰的因果关系，因此要写未来首先要谈过去，脱离历史去预测未来，其结论必然是无根之木、无源之水。当我揭开历史尘封的印记，探寻先贤智慧哲理，便不能自己地写下了《人类命运：制度治理》。

在本书即将付梓之际，特别感谢国家行政学院出版社胡敏社长在本书出版过程中给予的大力支持及悉心指导，带领编辑团队对书稿的精心打磨。感谢中共中央党校出版社张爱东给予的帮助。同时，也向每一位为这本书的出版付出努力的伙伴表示深深的感谢。

本书于人类万年文明史之长河中穿梭，洞穿激荡的时代洪流，凝结闪光的文明碎片，其核心要义在于佐证——方向决定前途、道路决定命运、治理决定兴衰，"历史"远未到达"终结"之时。于读者而言，本书将在现实感知和真实认知的两岸建起一座桥梁，向人类展现未来路在何方。

"小治治事，中治治制，大治治人"，人类国家治理的境界也将实现从流程管控型、管理型的"治事"到制度变革的"治制"再到引领人心向善、"德法共治"的"以人为中心"的治理演进与升维。